最后一公里的哲学

电商物流全链条运营管理

张立民◎著

中信出版集团 · 北京

图书在版编目（CIP）数据

最后一公里的哲学：电商物流全链条运营管理 / 张立民著 . -- 北京：中信出版社，2018.6
ISBN 978–7–5086–8670–7

I. ①最… II. ①张… III. ①电子商务－物流管理 IV. ① F713.365.1

中国版本图书馆 CIP 数据核字（2018）第 036875 号

最后一公里的哲学：电商物流全链条运营管理

著　　者：张立民
出版发行：中信出版集团股份有限公司
（北京市朝阳区惠新东街甲 4 号富盛大厦 2 座　邮编　100029）
承 印 者：北京楠萍印刷有限公司

开　　本：880mm×1230mm　1/32　　印　　张：10.5　　字　　数：212 千字
版　　次：2018 年 6 月第 1 版　　印　　次：2018 年 6 月第 1 次印刷
广告经营许可证：京朝工商广字第 8087 号
书　　号：ISBN 978–7–5086–8670–7
定　　价：58.00 元

目录

推荐序一　刘强东　/ V

推荐序二　吴晓波　/ IX

自　序　物流之美　/ XIII

第一章　**新物种：电商物流**　/ 001

认知差异导致不满意永远发生　/ 005
电商物流七痛　/ 009
新物种——电商物流　/ 016
两个层面看电商物流　/ 024
电商物流与供应链、运营管理　/ 034

第二章　**速度的哲学**　/ 039

速度哲学体系：四个维度下的考量　/ 044
物流企业如何打造速度体系　/ 051
电商物流企业如何应用四种速度　/ 054
速度是可计划的　/ 059

速度的稳定性是前提和基础 / 064
速度制胜——快于竞争对手 / 066
速度与用户感知：快到用户心里 / 067
速度与体验和成本：寻求平衡 / 069
弯道超车——低成本构建速度品牌 / 073

第三章 **战略是方向，规划是道路** / 075

相宜与登山：战略的两把标尺 / 079
登山理论：快速决策比正确决策更重要 / 082
什么约束着战略的制定？ / 085
战略循环 / 087
战略规划第一步——分解 / 089
如何让计划赶上变化？ / 094
用规划打通流程的“任督二脉” / 099
规划的三大误区 / 101

第四章 **用户体验之道** / 107

为售货员立铜像 / 109
什么是用户体验？ / 112
用户思维第一步 / 117
用户需求的本质——“柜台理论” / 121
用户体验三部曲 / 124
尊重是体验的核心 / 127
看不到的体验太脆弱 / 131
量化体验管理 / 132
让用户的心理账户盈利 / 139

从流失到忠诚的 9 步 / 141
体验细节设计 / 146

第五章 **电商物流成本和效率** / 151

成本与效率管理的本质 / 154
规划是最大的成本 / 158
查找链条的手指缝 / 167
成本去哪儿了？ / 172
间接机会成本 / 176
电商物流的阿米巴经营：不变单价核算 / 178
效率成本管理支点 / 181
效率提升三把火 / 186
四种方式应对脉冲 / 189
打造最后一公里生态圈 / 192
原因比数据更重要 / 195

第六章 **辩证的质量** / 199

现代企业的质量起源 201
运营质量的基本架构 205
企业需要什么样的质量标准？ 207
四维质量管控 212
最糟糕的质量是没有质量 215
服务质量的 80/20 原则 218
用新供应链模式管理作业质量 221
作业质量管理的改进方法 227
用猫脸图看质量 233

7S 管理法的误区　235
质量管理的管理质量　237

第七章 **插上信息的翅膀** / 241

信息系统的作用　244
信息系统是自己的　247
信息系统开发的基础原则　253
双产品经理的项目研发　256
上线不比开发容易　259
用户为什么关注系统？　262
数据是死的，人是活的　266
移动时代的系统革命　269

第八章 **文化的力量** / 275

软环境的吸引力　277
“绿林好汉”与“铁血士兵”　280
换一种思维做培训　287
人人都是一把手　289

第九章 **电商物流的未来** / 293

技术　297
用户体验　302
网络化　307
平台化　309
社会化　310
社会化　310

推荐序一

初见立民，是在 2009 年 11 月，我从医院的病床上搬回办公室的第一天。我对那段日子印象很深，一是金融危机带来的资金压力和面对员工们的责任压力，让我的额头平添了一绺白发；二是腰椎的疼痛让我不得不躺在医院的病床上。

庆幸的是，那一绺白发没有白长。公司解决了资金问题，渡过了难关，并坚定不移地在物流基础设施建设上持续投入，继而使我们的用户体验得到了飞速提升。

一个月后，立民正式加入京东，任京东物流配送副总裁，跟我一起奋斗了五年。而今他创立了自己的公司，把自己所思所想所得分享出来，我真心为他高兴。

电商物流是一个庞大的领域，具有无限的潜力，也让人十分着迷。它已经渗透到人们生活的方方面面，将来还会继续延伸、演变。在京东的发展过程中，我们追求的核心就是：成本、效率、体验。我一直坚信物流是用户体验的核心之一，只有把物流做好，才能打造极致的用户体验；而有了极致的用户体验，公司的发展和盈利将顺势而来。

立民在物流行业摸爬滚打30多年，在运营管理、供应链掌控、物流规划上拥有足够丰富的专业储备和实践经验，长期带领万人以上的大型团队，也使他具备了很强的管理能力。尤为可贵的是，他通过亲身实践、潜心调研、勤奋思考，毫不吝啬地为电商物流行业总结和分享了切实可行的经验和办法，这样的精神值得赞美与鼓励，这也是京东所倡导的。

立民在京东的五年间，我们常有许多想法不谋而合，同时，他也能高效、严谨地去落实和执行公司的设想与决策。我在阅读此书时，内心产生共鸣，也看到了诸多“京东干货”。立民把京东自建物流中的重要思想进行了提炼和创新，它将帮助更多企业解决实际问题，这是本书的亮点之一。

京东创立20年，开展电子商务14年，自建物流体系亦十年有余。这么多年来，我们其实一直在做三件事：提升用户体验、降低成本和提高效率。符合这三个条件的事情，我们就会坚定地去做，因为只要做得够极致，就会成为第一。

立民到京东做的第一件事情，就和用户体验有关。

我记得那是2010年2月底，在广州他第一次提出“物流大提速”的设想，我毫不迟疑地给予了肯定和支持。

一周后，他写了一封邮件给我，报告了具体的实施方案。其中提到上午10点之前的订单下午送达，晚上11点之前的订单次日上午送达。我认为上午10点恰恰是用户下单的高峰期，如果不能满足他们当日送达的需求，体验会大打折扣，于是改成了上午11点之前的订单当日送达。这样，就明确了两个11点的时间节点，我把这个时限标准命名为“211限时达”，“211”也就这么诞生了。

让我欣喜的是，仅过了1周，方案就在上海顺利实施，到2010年4月10日已在全国范围内上线完毕。在运营体系和公司全体员工的配合下，“211”一炮打响。可以说，从那时起，京东就在引领和重塑行业的服务体验标杆。这也进一步证明了我们自建物流的正确性，增强了打造极致用户体验的信心。

我们曾经做过测评，物流对用户体验的影响一度占到70%左右，京东自营物流配送覆盖区域的订单增长量是相邻京东物流未覆盖区域的3倍，物流带来的体验非同一般。提升配送体验，实质就是提升用户体验。

现在来看，“211限时达”已经成为京东物流的普遍标准了。但在当时，这几乎是一个不可能完成的挑战。要知道，那时候京东配送覆盖的城市只有20个左右，员工不到900人。最终，立民经过前期准备和调研，很快接受并战胜了这个挑战，他的领导力和执行力令人赞叹。

京东在提升自我的时候，也将电商行业用户体验的门槛提升到一个新的高度。这件事情不容易，但更有价值。我始终相信，只要我们的用户体验比别人好，就可以超越任何对手。而我们要做到的，就是全球最好的用户体验。

立民在京东工作的五年，正是京东自建物流高速发展的关键时期。自建物流帮助我们缩短了库存周转天数、降低了物品搬运次数，实现了成本降低和效率提升。在这个过程中，流程的优化和标准的建立十分关键。在立民及研发同事们的共同努力下，京东成功研发了青龙系统，在质量、体验、速度、售后等方面建立了标准，树立起电商物流新标杆。这也是京东物流平台对外开放、开展社会化运营的重要基础。在此，我也要特别感谢立民及众多兄弟们理解我、支持我。在他们的鼎力支持下，京东自建物流的梦想得以实现，我们重新定义了中国电子商务的“体验”。

如果没有自建物流，我想京东不会有今天的大好局面，至少不会这么快达到今天的局面。一个企业存在的理由，就是为行业、为社会和国家创造独有的价值。

过去的坎坷和成果，让我们充满信心。未来的挑战，让我们满怀希望。随着无人仓、无人车、无人机的应用和普及，“AI+ 物流”将开启新的征途。在已经到来的智慧物流时代，我们将利用新的技术，把整个供应链成本降到极致，效率提升到极致。当商业活动的所有成本均达到了最低，消费者就能享受到最好的价格、最佳品质的产品和最优的用户体验！

祝贺本书的出版，相信不管是电商行业的朋友，还是从事运营管理、供应链管理工作的人士，只要读完此书，定会有启发和裨益。

刘强东

推荐序二

毫无疑问，中国是全世界被互联网改造得最彻底的国家，在电商领域，尤为如此。

根据国家统计局公布的数据，2017 年中国社会消费品零售总额是 36.62 万亿元，其中网购零售总额已经达到 7.18 万亿元，占比接近 20%，远高于包括美国在内的其他大型经济体。

对于中国电商行业的关键问题，如庞大的交易平台和市场、需求多元化的消费者、繁荣的网络购物节等，业界已经进行了诸多深入的研究与分析。而另一项对电商起到决定性作用的物流问题，则往往隐于这些问题背后，极少进入探讨研究的范畴中。

当下畅销的电子商务类图书，大多专注于运营推广，系统、全面讲述中国电商物流管理与经营的书籍凤毛麟角，能作为电商物流配送体系管理参考、提出一套行之有效方案的，则几乎找不到。

《最后一公里的哲学》生逢其时。本书的作者张立民先后在中国邮政、顺丰速递、京东集团等国内物流领域的代表性企业任职30余年，并拥有20多年的高层管理经验，不论是物流的规划、运营还是管理，均有相当深厚的功力。在担任京东专管物流配送的副总裁期间，他更是一手建立了以京东“211限时达”为核心产品的配送体系，树立了电商物流界的新标杆。

本书作者认为，商业物流的关键在于最后一公里体系的建立与管理。最后一公里，意味着用户可触达的末梢以及相应的微循环，是影响电商体验的关键要素。

仅仅数年前，类似的情况还时有发生：商品从商家发货，经过物流层层转运，在最后一棒的快递员即将把商品交给它的主人时，却出现了快递员一直联系不上取件人，或是取件人一直等不到快递员的现象。这意味着电商物流在最关键的一公里范围内，往往存在体验上的致命断点。

最后一公里难在何处？在于成本、效率、体验三者难以同时兼顾。

在本书中，作者以速度为锚，提出电商物流体系应该拥有“可计划的速度”，在速度稳定的基础上，以快制胜，快于竞争对手，深入用户感知和内心中。本书在用户体验、成本和效率、质量管理、信息系统，以及相配套的企业文化方面，单独列章，分别阐述了诸多基于作者过往成功经验的独到见解与方法。

中国产业经济正处在长期的转型通道中，以顾客为中心的柔性化生产、服务成为共识性的发展趋势。柔性化的本质在于根据消费者需求变化来灵活调节生产与服务，因此必须辅之以柔性化的物流和服务体系。

对于每一位希望在中国未来新经济中有所作为，尤其是从事电商、供应链或相关工作的朋友，本书一定有值得学习和借鉴之处。

吴晓波

自序

物流之美

30 年前的人们对快递是没有概念的。那时，寄送一封信或者包裹，长则一个月到达，短则一个星期左右，3 天收到都是惊喜。但是，人们习以为常。

实际上，自从有了商业，物流就一直存在，只是过去不叫物流而已。

30 年后，伴随着技术的进步、管理的升级以及理念的提升，人们对物流的研究越来越深入，物流作为社会基础功能的作用也得到越来越多的重视。物流的服务内容也越来越丰富，和时代的结合也越来越紧密。

电商物流伴随着电子商务的兴起和快速发展异军突起。

而隔日达、当日达、限时达已成为普遍时限

标准。在电商行业，以及新兴的O2O（线上到线下电子商务）企业中，半日、2小时、1小时甚至是30分钟送达十分常见。同时，互联网技术和新技术新设备的普遍应用，也让企业的成本持续降低。

按理说，用户应该欢呼雀跃、满意度很高才对。然而，现实有些残酷。看起来，用户的期望在同步提升，甚至超过了物流业本身的发展。

所以，我们看到，在新的消费时代下，电商物流行业依然存在纠结和困扰：

成千上万的配送员分布在大街小巷，怎样保证高水平的服务？

每天听到的都是投诉，到底如何做才能让员工主动提供优质的服务？

在实际作业过程中，如何解决动辄相差5倍以上的单量波动？

积压是客观的不能解决的吗？

如何低成本地做到用户最需要的时候出现？

……

值得庆幸的是，我在过去30多年的工作实践中，有幸在邮政、EMS（邮政特快专递）、顺丰和京东等非常优秀的企业学习和历练。更感谢京东，让我在电子商务发展的关键时期能够深入学习和实践电商物流的理论和知识。一连串的问题的考问，促使我对行业的一些痛点有了更深入的思考。比如：

物流的本质是什么？

电商物流是不是属于快递？

它们的本质区别是什么？

效率、成本和体验存在一个平衡点吗？

新的技术应用产生价值的原因到底是什么？

……

那么，应该以一种什么样的视角去看待电商物流？

经济学是最合理最理性的应用工具，它用基本的通用的原理去解释整个世界的现象，比如供求曲线。但面对不专注并且不守纪律的用户的非理性冲动，最理性的科学又该如何解决？

行为经济学家们将经济学和心理学相融合，似乎给出了一种全新的方法。

但物流行业的特殊性在于，它所提供的服务是物品的位移，服务的形态是链状的，相应的问题也是链状的。

而电商物流是商品的位移，在此基础上结合了更多的维度，问题也更为多元和复杂。

事实上，电商物流是六种维度下的产物，它是一个网络、一个生态、一种文化、一种产品、一个服务、一个系统，在后面我会详细阐述。那么，这六个不同的维度，在企业的运营中是怎么体现的，也就是和后面的四维八流如何呼应呢？

为了简单、直观地查找运营流程本身的情况，我将六个宏观的维度分解为时间、空间、作业和职能四个维度共八个流：速度流、人力资源流、商品和订单流、资金流、体验流、数据流、技术流和质量流。四维八流从微观层面研究供应链的整体链条的运营情况。

这两个不同的体系将宏观与微观层面相结合，既能从宏观上把握电商物流的特性和发展方向，也能从微观上分析运营中的问题，确保电商物流的发展与商业模式的变革和时代的进步同频共振。

因此，电商物流是综合性命题。首先，它是服务业，用户体验是关键。“用户体验”这个词是线上反哺给线下的，最早的“用户体验”是互联网电商的术语，相对狭义一些，综合囊括了界面的友好度、支付的便捷性、商品的质量等。现在我们应该思考如何调动用户的全感官，感知全流程，并获得好的体验。这就需要从选品、仓储、运输到配送系统等各个环节的联动。

以提升用户体验为核心看待电商物流这个综合性命题，需要把多个学科的知识放到同一个场景去研究，应用时注意结合企业不同的发展阶段以及当时的外部场景，区域差异、用户群体、产品线定位都会对结果产生影响。出发点是满足用户需求，满足企业盈利的需求。

因此，物流行业发展至今，无限垂直细分而又融会贯通。就像德鲁克认为的管理一样，管理并非科学，而是艺术，人的艺术。同理，电商物流不是冷冰冰的科学体系，而是涉及环节众多、异常繁杂，却又将所有物事与最复杂的终端——用户——连接起来。

1935 年，美国销售协会最早提出物流的定义，“物流”一词已有了 80 多年的历史。如今，中国的电商及电商物流已经走在世界前列。

广义的物流行业有着复杂的供应链，标准变动频繁，有着难以量化管理的庞大的组织文化体系。电商物流作为最具时代感的物流分支，既具有物流业的基本规律，又具有鲜明的销售色彩和时代特征。

开始我的分享之前，有必要介绍一下我的个人经历，也是我个人对电商物流知行合一的过程。

与物流结识

1985 年，我进入大学，学习邮政企业管理专业，算是开始结识物流，那时 EMS 业务刚刚开始一年。

当时邮、电还没有分营，邮政主营业务是信件、报纸和包裹。那个时候，邮政几乎承包了国人对“快递”的认知，不管是速度还是服务。邮政自身的业务线也很分明，25 元钱每单的 EMS 和几元钱起价的全国范围的包裹，各自的速度和价格成正比，实际上都是负责寄送私人财物的第三方物流体系。

20 世纪 90 年代初的 EMS 快递，速度和现在不可同日而语，但是用户很少抱怨，或者他们根本没有抱怨的意识。用户自身的定位也不是上帝甚至消费者，一定程度上，选择的匮乏制约了人们对快递的认知。

自那时与物流结缘，30 多年后再回顾当时的心态，细细品味，我自己都觉得不可思议。时代不同了，现在的光景跟当时已经是天差地别。但也正是因为时代的不同，物流行业的日新月异，我们身处其中的人，要想更好地发展它，一定要从认识它开始。从政府、国企到民企，再到电商，从国家专营到服务型企业再到电商产业链下游的自建物流体系，我的从业经历基本上是物流行业发展的一个缩影。

1988 年 8 月，我进入北京邮政管理局，开始了第一份工作。同年 11 月，我被抽调至邮政管理局企业管理科，管理流程、操作标准的方法论研究和应用。工作中接触到很多当时看似非常先进的管理思想、业务流程、操作标准，我发现实际的执行和应用却是“两张皮”，思想是一回事，落实到操作又是一回事。1992年3月，我被任命为前门大街邮电局局长。1995年之后，我来到邮政航空公司工作，这是一家负责EMS航空运输的专业公司。其间，我不仅经历了末端物流的管理，还参与了干线网络的组织、控制与实施，对于物流网络战略与规划、路由规划设计、陆空结合的干线运输管理有了深刻的认知。

2004年，我来到顺丰集团负责北京区的管理，收获了“实事求是”的真谛。顺丰是从华南发展起来的，完全是实事求是地随着企业的不同发展阶段匹配不同的作业规划，没有什么条条框框，只有创新和实施。在实战中，相宜的管理思想和模式逐步成型。

2009年底，我进入京东，在京东加深了对互联网及零售的理解，尤其深刻理解了“用户体验”的含义。早在2007年，老刘（京东创始人刘强东，在企业内大家都亲切地称他为老刘，以下同）高瞻远瞩地洞察到物流的基础性作用，在互联网和电商的大潮中清醒地逆流而上，全力打造自有电商物流，时间充分证明了这一决策的正确性和重要性。

在长期的管理实践中，我会自觉不自觉地把企业的运营管理和之前学习、接触到的管理思想和知识进行对照，慢慢发现，理论的内核没错，错误往往出现在应用的方法上，要么盲目照搬，要么机械地创新，没考虑企业发展阶段，没考虑企业经营环境，没考虑用户的思维，没考虑综合的成本，可以说是刻舟求剑吧。

近两年，我也接触过一些创业公司，其在运营上的“巨大浪费”让我感到震惊，让我体会到运营、供应链、物流管理问题的严重性。

行业里人云亦云，公司内盲目照搬。其结果就是钱花了不少，用户不买账。

物流与电商物流

1985 年，我读邮政管理专业的时候，第一门课就讲到包裹速递（那时没有物流概念，书上说的是包裹的业务）的概念，当时油印版的课本上对于包裹业务的定义是：客观存在的空间位移。然而，我学了四年依然对这个物理层面的概念似懂非懂。

后来我对包裹的认知更新为：客观存在的时空流动，算是进了一步。

顺着互联网变革生产力的脉络再去梳理，现在我对物流的认知是：客观存在的时空位移和流动服务过程。

在我看来，物流业的性质是可以被定性为服务业的，明确了这一点，我们在提升物流效率的时候，才能把核心放在提升用户体验上。

这就是关于物流本身的理解过程，别看只有几个字的变化，但实际上，物流的内涵已经发生了变化，物流行业再也不是一个只有时空性质的名词，而是流动的、动态的服务业。

说到这里，有一些概念我必须先向读者传达，或者说是澄清。

本书想谈的是电商物流，具体定义是为电商服务的物流，在第一章中我会详细阐述。

为什么要单独强调这个概念？因为电商物流虽属于物流，但又有其鲜明的特质，从某种程度上来讲，把它看作一个新兴的行业或许更合适。

可以说，电商物流是随着电子商务的发展而兴起的一种新的物流业态，且不断地、持续地影响和改变着传统物流。而广义的物流，是物体的位移，包括海运、铁路运输、汽车运输、大型企业之间的供应链、仓储、超市的配送等涉及物体空间的移动。

电子商务时代的来临，给全球物流带来了新的发展机遇，使物流具备了一系列新特点。科技的快速发展使得物流信息化、自动化、网络化、智能化的趋势更明显，在扩大作业能力、提高劳动生产率、减少作业的差错等方面都取得了显著的成绩。主要体现在以下四个方面：

1. 物流网络已成为以商品集散地为中心的区域轮辐式网络和全向网络的集合体。

2. 物流和生产的融合度日益提高：电商物流将商品生产转化成订单，是订单和快递的结合体。

3. 物流和销售日益融合：物流过程已成为销售活动的关键一环，被赋予更加明确的营销内涵。从这一点来讲，说物流是全部的用户体验都不为过。

4. 借助信息技术平台形成物流、数据流、实物流、货币流的超强结合体。新的信息、智能技术使作业及运营管理发生了翻天覆地的变化，对电商物流的管理也提出更高的要求。

本书所要探讨的是电商物流，是围绕电商物流的运营、供应链的管理和用户体验展开的。

本书要解决的问题

如今，在电商物流的实践中，任何一个环节的问题都会导致整个服务体系饱受诟病。

比如，战略与规划解决的实际是导向的问题，那么企业选择的道路是用户导向还是成本导向？如何使企业在不同的阶段使用综合性价比比较高的方式满足用户的需要，做到投入少，体验好，而成本相对较低，建立自己的竞争门槛？

本书正是根据中国电商企业存在的一些物流相关共性问题给出一些方向性的建议和方案，希望读者朋友能从中受到一些启发，而不是机械地照搬套用。否则，环境不同、阶段不同、战略不同，会导致实施结果与期望南辕北辙、大相径庭。

本书希望解决的就是电商物流的现实问题，并提供一套行之有效的方法论，这些方法并非毫无根基，它融合了经济学、心理学、物理、金融等诸多学科的交叉内容和我在管理实践中总结出来的方法论。

接下来，我将首先带领大家重塑对电商物流的认知，然后就电商物流运营管理中的流程环节——战略与规划、服务与体验、效率与成本、质量管理、信息系统、组织文化——结合自己的实践经验进行问题的梳理。

三十几年来，物流早已从粗重的搬运发展到无人机、无人仓的智能物流时代，能够经历这一发展过程是我的幸运。

更幸运的是，我越来越深刻感受到物流的魅力，越来越近地感受到物流之美。

物流之美，在于我们发现问题、解决问题过程中的风景；在于流程的线条之美和路由的网络之美；在于创新的火花燃起腾腾火焰的震撼。

给我一个机会，和您一起共赏物流之美。

第一章

新物种：电商物流

互联网时代，大型的电商节日有诱人的折扣力度，常常引爆狂欢。顾客能以极低的价格买到心仪的物品，这是很棒的体验。“6 · 18”“双 11”，往往是商家开怀、用户惊喜，但请别忽视，狂欢之下还有令人纠结和忐忑的物流。海量订单的背后是山一般的物流运营压力。尽管近年来中国的快递、配送取得了长足进步，但仍有数量可观的用户咨询、投诉，还存在到达时间迟、商品质量差、退货等问题，给电商物流造成了很不好的影响。

我们再看快递员。快递员，在不同企业有不同的称呼，如速递员、快递员、收派员、小件员等，本书统一用“快递员”称呼。

我讲一个普通用户的小故事，大家就能感受到电商物流和用户之间微妙的矛盾关系。

小李是一个互联网工作者，俗称“码农”或者“程序猿”，日常比较关注耳机、键盘、索尼、苹果等电子产品。一天晚上，他刷到一篇推荐提高生活品质的帖子，里面推荐了充电收纳盒，看起来很实用的样子。想到自己工位上的电脑充电线、手机充电线、耳机充电线、鼠标线等时常绕在一起，占了很大空间，而且还存在安全隐患，于是他点进链接迅速下单买了一个收纳盒，然后就美滋滋地期待自己焕然一新而又干净整洁的桌面……

另一端，这款充电收纳盒的物流状态依次更新为拣货、打包、出库、运输……终于等到了最后一站——配送的这一天。

一大早，快递员小汪早早地来到了配送站点，和往常一样，帮助同事们一起将自己负责区域内的订单整理出来，完成系统录入等工作，他按照自己的一套排序方法，迅速将包裹装进配送小车，填得高高的，开始了一天的配送工作。

小汪最先到达的地点是一座写字楼，那里是互联网公司的集中区域，大楼里出入的多数是年轻人，每天的快递也最多。由于这栋大楼物业不许快递入内，小汪在到达后拿出手机开始挨个通知。

“快递到了，下来取，只等 5 分钟。”接到电话的小李正在完成一个关键的计算，听到小汪在电话里命令式的语气，他觉得有些烦躁，但无奈还是跑下楼去拿快递了。

当小李到达取货点的时候，已经有三五个人在排队取件了，小汪要核对取件人的电话号码后四位之后才能递交物品。想到还要排几分钟队，小李更不高兴了，随口嘟囔了一句：“催我们快下楼，效率还这么慢。”

但实际上，小李不知道的是，小汪每天要送至少 60 个快递，刚开始几个还能一一微笑面对，但每一个用户的性格、脾气和态度差异也很大，甚至有些用户语言刻薄、要求苛刻，到后来自己都觉得疲于应对，更别说笑脸相迎了。因为个别人的拖延，在小李取件后，小汪还在楼下等了很久。

很熟悉吧？这是生活中常见的电商购物配送场景，尽管双方有一点小的不愉快，甚至是冲动的小情绪，但已经是相对平稳正常的互动了。

再比如，更常见的一种配送现象是，快递员一直联系不上取件人，心里会窝火；取件人一直等不到快递员派送，等得很焦躁……在双方见面时，这些矛盾往往会以埋怨、质问等不太友好的形式爆发，双方都会很生气。

我们时常面对上述现象和问题。物流是一个开放作业的行业，不能人为地制造一个封闭空间来完善流程、质量和运营，电商物流行业蕴含在各个领域中，不但面临 B（企业）端企业，而且直面 C（客户）端用户，它就像触角一样延伸到社会的各个角落。追根溯源，这种冲突和矛盾很大程度上是因为双方对订单（商品、包裹）的本质认知不同。

这说起来似乎毫无关联，但实际上，用户与接触他们的末端环节（电商物流）的触角（快递员）之间，存在着巨大的认知差异，正是这种差异，导致整个行业与最核心的检验对象（用户是电商物流整个流程的终极检验官）之间发生了某些表面的冲突。

那么，这到底是什么样的认知差异呢？

认知差异导致不满意永远发生

从事电商物流的人，每天都被各种抱怨和投诉包围着，不满意永远在发生。一个用户投诉可能会影响一个员工的饭碗，所以每个电商物流人每天都是小心翼翼，如履薄冰。纵观电商物流发展史，其实就是从业人员与用户关系的磨合过程。从矛盾重重到尽可能互相体谅，这条路走了好几年，还将继续在路上。

寻根溯源，认知差异的核心问题是什么？根源在哪里？

我们首先要从消费者购物流程切入。

线下购物的流程是“浏览（咨询）—选择—支付—带离”；

线上购物则是“浏览（咨询）—选择—支付—出库—配送—签收”。

也就是说，线下购物的物流配送由消费者自己完成，而线上购物的物流配送交由电商企业或者快递企业完成。当消费者自己“护送”物品的时候，即便不小心损坏了，也只会怪自己粗心大意；但是，当物品在第三方物流配送的时候被损坏了，消费者就会很生气，他们会觉得物流配送公司服务很差。

让我们来看看出了什么问题，为什么用户与物流配送公司之间会出现这种感知的不同？

在用户的感知里，从下单之前的咨询开始，消费行为发生，体验、情感变化都是整个消费行为的过程。下单之后，用户认为这已经是一次不可撤销的消费行为，情感诉求随之升高。线下购物中的互动体验转移到购物后对快递服务的期待，物流自然成为消费活动中营造良好体验的重中之重。此时，物流的快慢、快递员的语言和态度都影响着消费者的感知和情绪。当消费者收到一件破损的商品时，会下意识地认为是物流人员对其施加了“暴力”，所以他们会很生气。

在消费者意识里，订单付款后，该商品的所有权已经转到了自己手中。这样的想法源于传统零售建立的认知，付出金钱，即可得到商品。比如，在超市商场付款的下一步，往往就是提着购物袋回家。

再往深层次考量，用户之所以会认为电商物流配送应该按照要求把商品完好地送到自己手中，这是因为电商物流的本质是销售。

电子商务相对于传统的零售业态，更新了陈列形式，丰富了商品品类，具有更大的购买便利性。在消费者为订单付款后，该商品的所有权已经转到了消费者手中。但在传统的交易过程中，只有商品真正交给了用户，交易才算真正完成，因此，在用户的认知中，电商必须履行交易的全部职责，按照订单约定将商品交付给自己。

用户认为，这是消费活动中最后也是最重要的一个环节，而且商品的所有权已经是自己的了，企业负责把商品送上门只是销售的后续环节。而传统物流企业认为，这是一种委托服务；电商企业认为，物流配送是一种附加服务。

可是，物流配送人员，尤其是那些直接与用户面对面的快递员，他们的工作是把货物送达特定的地点，而这些物品与他们没有直接的情感联系。快递员们常常感到委屈的是，我就送个东西，为什么总被刁难?

快递员觉得只是受委托将与自己不相干的商品送到用户手中，至于商品是什么，对用户是否重要，这些都与自己没关系。因此，我们便可以见到快递员的各种冷漠行为。但是，也有电商的快递员让用户非常满意，原因就在于电商的快递员都知道自己送的快件是自己企业卖给用户的商品，自己必须让用户满意才能让他们再次购买自家的商品，才能让用户更信任自家企业。

对物品所有权的认知不同，这就是我想表达的看法。

那么，快递员一定要尊重用户和他的商品吗？答案是肯定的。原因很简单，当下过订单，付完款之后，商品的“所有权”就是用户的了。或者说，在用户的心理认知中，这个商品就是“我”的了。我们听到的用户问询就是：“我的货到哪里啦？”

快递员送的商品不是自己的，也就意味着他们不能像处置自己的商品一样随心所欲，更不能向用户甩脸子。如果没有用户的订单，快递员就会失业，因此，快递员必须尊重衣食父母，给他们提供最满意的服务。

但现实往往不尽人意，快递员认为自己已经做到了最好，但用户还是会有各种不满意。出现这样的认知差距，根源在于电商物流和消费者之间的情感严重不对称。

不同的认知是矛盾的根源，道理浅显，但并非人人都能理解并应用。通常的论调是，双方都多点同理心：用户多体谅快递员的辛苦，快递员也多理解用户的心情，彼此都尽量以好的态度对待对方。

这种方案看起来可行，实际非常理想主义，因为它试图对不可控的感性状态进行理性的管理。而作为物流行业从业者，我深切感受到的是电商购物后物流配送中存在的不对称性。

以上仅是配送端的一个常见场景。其实，物流企业、用户、商家对电商物流，甚至是电商供应链、电商运营管理都存在诸多认知上的偏差。这些偏差会形成冲突和矛盾，这些矛盾又会演变成现实作业、运营管理中的痛点。

电商物流七痛

电商物流要应对的问题，远不止认知上的差异。从认知根源出发，又扩散出许多的痛点。电商物流本身的链状结构及在流程中所处的位置，决定了其每一个问题都涉及多个点，解决起来往往无从下手，因此有众多“物流之痛”。

这些痛点就像数学题一样，可能有一种解法，也可能有多种解法，我们做的，是让每一道题解答得更简洁、更漂亮。

中国电商物流的发展是被动的。1999 年，随着国家信息化工作领导小组的成立，中国电子商务之旅开启，到现在，中国电子商务的发展已经经过了近 20 个年头。1999 年是中国电商元年，随着第一家 C2C（消费者对消费者电子商务）电商平台“8848”的成立，中国电商进入了实质化商业阶段。2000 年，中国网民暴增至 890 万，能上网的计算机有 350 万台。

2003 年，淘宝成立，成为我国第二家 C2C 电商平台。2008 年，淘宝启动 B2C（企业对消费者电子商务）业务，成立淘宝商城，2012 年改名天猫。2004 年，京东商城的前身京东多媒体上线，2007 年正式更名为京东商城。

2011—2015 年，中国电商发生了翻天覆地的变化。从营销方式到营销平台，电商的变化日新月异，O2O、新媒体、移动端 App、电商金融、“互联网 +”，成为电商物流的新挑战和新的盈利点。

需求和技术驱动电商平台不断变革，从 B2B（企业对企业电子商务）、B2C、C2C、B2B2C、B2C2C 到现在火热的 O2O，每一种电商业态的产生，都需要物流同样做出相应的改变来匹配电商物流的发展。虽然我国物流业起步较早，但是能够满足电商需求的电商物流却起步较晚。

1984 年，EMS 的实施是快递的开端，那时候只是一个概念雏形。1999 年，美国的联邦快递（FedEx）通过和中国的大田公司合作进入中国，但它最初是以国际业务为主。

现在我国市场上知名的快递公司顺丰速运于 1993 年在顺德成立，同年，申通快递在上海成立，之后是 1999 年的韵达快递、2000 年的圆通速递、2002 年的中通快递，直到 2003 年才有了汇通快运（于 2010 年被杭州百世网络公司收购后更名为百世汇通）。

从电子商务和快递的发展过程可以看出，二者的井喷期是重合的。快递企业的早期目标并不是电商物流，随着电商需求的不断爆发，才发现了物流领域的新大陆。物流快递是电商快速发展的基础和保障，电商平台如今已成为多家大型快递企业的重要利润源，二者共生竞合，都处于高速发展期。

电商业务的迅猛发展，直接刺激和带动了电子商务物流的发展。2016 年，中国电子商务交易额达到 22.97 万亿元，同比增长 25.5%，比 2005 年 6800 亿元的交易额增长了约 33 倍。其中，B2B 市场交易规模 16.7 万亿元，网络零售市场交易规模 5.3 万亿元，生活服务 O2O 交易规模 9700 亿元。

1992—2016 年，中国民营快递经历了从无到有、从小规模到蓬勃发展再到高速增长的过程。当然，这个过程中有计划经济转型市场经济、中国 GDP 的高速增长、互联网技术的迅速发展等要素的作用。

在以京东、淘宝为代表的电商兴起的时候，并没有相应的为电商配套的物流技术和运营系统。仓储是原来的商业仓储，只不过发货不是批量发货，也不是发给运输公司，而是发给门到门的快递公司或落地配公司，配送也是利用快递的网络和技术资源。

比如宅急送，在1999年前后就开始了附带仓储业务的电商配送业务。再如圆通速递，在2000年才成立，但是，依靠淘宝海量商家的发货需求，圆通得到了超速的发展。

2016年，顺丰速运实现净利润41.8亿元，中通快递的营业利润为20.52亿元，申通快递的净利润为12.62亿元，圆通速递的净利润为13.72亿元，韵达快递的净利润为11.76亿元。据艾瑞咨询提供的数据，我国快递市场票件量“十二五”期间的年复合增长率高达54.1%，超过电商业50.3%的增长率。此外，预计至2020年，快递市场的票件量将达到600亿件，年复合增长率仍在21%以上，超过电商业的增长水平。“四通一达”的先后进场以及快速发展正是电商业务对快递需求的促进的充分体现。

总的来说，目前从事电商物流的企业的发展模式可以总结为四类。

• 大而全型

大而全型是指不仅企业规模大，而且网络健全。此类型的典型代表是中国邮政。

中国邮政经过了一百多年的发展，历史积淀出的作业质量、作业规范度、公信度和覆盖面都是最好的，因为它不仅仅是一个快递企业，同时也是一个兼具国家普遍服务职责的国有企业。因此即便到现在，部分物流企业在末端仍然会转发给EMS。

• **自营型快递**

自营型快递的典型代表是顺丰，其特点是服务极佳。顺丰纯粹地在业务上追求服务标准和服务质量，从顺德向香港，从广东向华北、华东辐射，其管理精髓是“实事求是”。

• **自营型电商物流**

自营型电商物流企业的典型代表是京东，其优势是专业的服务和极致的体验。自营型电商物流企业对电商物流的管控力强，员工拥有家的归属感，将物流服务看作销售活动的一部分。

• **加盟型快递**

加盟型快递企业的最大优势是可以低成本地实现快速扩张和全国覆盖，但是其不足之处是对加盟商的管控力较弱。加盟型快递的典型代表是“四通一达”，其发展路径是从核心城市快速复制，迅速连接出网络，先覆盖，再去提升服务质量和水平。

然而，迅速做大的蛋糕，存在的问题是根基薄弱。这些年，中国电商物流的高速发展支持和带动了国民经济发展的需要，且具有良好的发展趋势，但同时也面临着一些发展困境。我国电商物流企业虽然已经实现了较全面的人员和网络覆盖，企业不断成长，市场规模不断扩张，但在团队管理、服务、系统、管理理论的研究等方面仍然需要不断提高和完善。

造成这种现象的原因，一方面是国外相关理论和经验对我国电商物流和快递行业的适用性有限；另一方面，国内目前也没有将电商物流当成一个专门的学科去看待和研究，甚至快递类的学术研究和著作也非常少。

如同中国改革开放近40年的发展历程，试出来的理论在整个改革过程中发挥了巨大作用。单纯从电商物流行业来看，没有可以照搬的模式，也没有现成的经验可循。我在实践中总结出电商物流的七大痛点，这七大问题已经伴随了电商物流很久，需要引起我们的思考和关注。

1. 最后一公里的煎熬

物流领域有一个老生常谈的话题，最棘手的“最后一公里”难题。

最后一公里到底难在哪儿呢？难在各企业的配送成本一直居高不下，时效却一直不能让用户满意，用户体验也难以提升，而且逆向物流频率高，成本难以控制。

最后一公里是完成“交付”工作，是整个电商物流整体势能的最后释放，就像我前面介绍过的——终极用户检验。

最后一公里面对需求各异的众多用户，同时，投递的商品也是千差万别，但每一个用户都想在第一时间收到订单商品。

2. 过山车式的单量波动

电商物流的订单量在重大节假日，尤其是电商节日都会产生重大的波动，如“6 · 18”“双 11”。实际上，年季月周日的订单量波动也有一定的规律。比如下半年通常比上半年高，四季度通常比其他季度高，星期一是一周小高峰，晚饭到睡前的时间段较一天中的其他时段有显著波动……

这就好比游戏里的过山车，忽高忽低，让人在眩晕中痛并快乐着。

过山车式的波动造成的困扰时时刻刻都存在，企业不能按照高峰时的单量配备人员、设备等，但是又要满足用户体验的要求，那么，电商企业有没有独特的平衡之道？单量波动对供应链和运营有什么影响？

3.“苛刻”的用户

每一个快递员的性格都不一样，用户也是千人千面，有宽容的，有挑剔的，有严肃的，有和蔼的。商品也是海量，对配送的时间、方式、包装等要求都不一样。

电商物流属于销售，不仅是物流本身，商品咨询、商品价格、商品使用等也会给消费者造成各种各样的困扰。

另一方面，国家在法律层面不断完善对消费者权益的保护，消费者维权意识逐渐增强，客观上对电商物流企业的服务提出了更高的要求。电商物流企业普遍存在困惑，如何才能建立良好的用户体验，并在用户体验和成本之间进行平衡？

4. 30 分钟的承诺

物流之痛，速度一定是一个不可忽视的方面。

实际上，30 分钟的承诺反映了激烈的竞争，导致配送速度的标准不断提升，其实达成率堪忧。

用户对配送速度的要求越来越高，这一挑战也将使电商物流企业进入进退两难的境地：“进”（即提供更快的速度服务），如果企业自己来做，则需要大量投入；如果寻求第三方的帮助，则在管理和用户体验方面又很难加以控制。“退”（即不提供更快的速度服务），一方面，同行业企业都在提速，只有自己不提速，竞争力马上就会消失殆尽；另一方面，消费者已经养成了“快”的消费习惯，有了更快的速度，马上会对慢速心生怨言。

电商物流企业，尤其是 O2O 企业，应该一味地迎合用户越来越高的要求，增加投入，提升速度吗？如果是，不同的企业在什么阶段、什么节点应该设定什么样的速度标准呢？

5.“血流不畅”的供应链

在电商物流企业中，常常能看到订单积压、订单大旅行、配送延迟、调度混乱等现象。电商物流系统中，穿梭有“八流”，流程规划不好，就会在众多业务环节形成山谷和高峰，也就是浪费和瓶颈环节，会影响环节效能和系统整体顺畅性。如何保证血管（供应链）的顺畅？一旦堵塞，又是哪里堵塞，什么原因导致的？

6. 冤枉的 ERP

物流行业中有句玩笑话：上 ERP（企业资源计划）找死，不上 ERP 等死。好像企业上了 ERP 之后所有问题都是它导致的，而且上也不是，不上也不是。

到底为什么？

主要是因为目前并没有普适版的 ERP 适用于所有的快递企业或电商物流企业，每个企业的组织架构、业务特点、规模都不一样，选择信息系统时必须是个性化、定制化的。同时还要考虑物流信息系统与财务、人资等系统的对接问题。

一个系统稳定运行后，如果出现了新业务和新流程，系统能否很好地适应？这是物流信息系统研发和使用中面临的难题。

因此，要开发一个与自身业务相匹配的信息系统并不容易。但是，互联网技术和计算机技术的发展使得商业环境、经济环境等都发生了很大的变化，没有自己的信息系统根本就无法立足当今社会。那么，企业到底怎么做才能开发出独特而又能适合自己的信息系统，而不是无论如何都会致死的ERP系统呢？

7. 遍布大街小巷的员工

有网络的地方就有电商，有电商的地方就有配送，有配送就有快递员。这些快递员要覆盖大城市、小城镇，甚至小山村的每一条街。可想而知，快递员的队伍有多么庞大。对这支遍布大街小巷的团队怎样进行仪表仪态和话术培训？怎样才能保证每个人都是按照同一标准去敲门？怎么监督他们的工作效率？……每一个问题都是让人头大的难题，因为，快递员太分散，太个性。有没有什么好的办法呢？

种种物流之“痛”从何处着手纾解？我们需要重新认识电商物流这一新物种。

新物种——电商物流

毫不夸张地说，中国的电商物流业经历了阵痛式发展。我们每一个身在其中的人，都是在高压下活过来的，痛并快乐着。对于电商物流，人们的感受各有不同。

在中国古代，马匹驮着物资走过茶马古道，这是一种物流活动；各地设立的镖局、驿站，做的就是贵重物品的“物流”生意；最形象的莫过于“一骑红尘妃子笑”，快马加鞭地赶路送荔枝，只能看到滚滚烟尘却没有看到烈马掠过。那时候，谁能够想到今天的每个人都能享受贵妃的待遇呢？

我国现代意义上的快递源于中国邮政，1980 年开办了国际 EMS 业务，1984 年开办国内特快专递业务。20 世纪 90 年代初期，顺丰、“四通一达”才陆续发展起来。我国电子商务的发展开始于 20 世纪 90 年代，1998 年第一笔网上交易成功，1999 年随着“8848”等 B2C 网站的正式开通，开始进入网络消费的实质性阶段。

我国电商发展速度惊人，电商企业从起步较早的京东、阿里巴巴，到当当、苏宁、亚马逊、国美等，把几乎所有的传统产业都搬到电商里面，创造了另外一个活生生的现实世界。2016 年，我国网上零售额 51555.7 亿元，拉动社会消费品零售总额增速 3 个百分点左右，经过十几年的市场培育和发展，网络零售市场成熟度越来越高，线上线下融合加速。

电子商务产生以后，就有了对物流的需求，电商物流便应运而生。随着行业竞争的日益激烈和用户需求的日益严苛，在技术、物流网络、成本控制、行业竞争和用户体验等核心驱动力的作用下，电商物流的作业效率越来越高，速度越来越快，网络越来越健全。

追根溯源，电商物流可以说是电子商务和快递相结合的衍生物，是物流业在电商影响下的新产物。眨眼间，电子商务和物流的结合已经近二十年，是时候重新认识一下电商物流概念本身了。

我记得读书的时候，老师的讲义上对“包裹业务”是这样定义的：物流是客观存在的空间位移。到了后来，认识了物流，我认为，物流是客观存在的时空位移和流动。

从空间到时空，这是物理范畴的延伸，从单纯的位移到流动，是物流行业自身的动态性特征。如今，我对物流有了更深刻的理解：物流是客观存在的时空位移和流动的服务过程。我坚信，物流是一种服务过程，也正因此，我将电商物流认定为一种新物种。

说它是新物种，是因为把它放在任何一个维度下考量，都并不适合。电商物流是物流吗？是电商吗？是单纯的配送吗？是单纯的销售吗？

恐怕都不是。

电商物流与物流

先来看看，电商物流与物流到底有什么区别。

简单地说，电商物流属于物流的一个分支，物流在根据电子商务的业务特点、为完成电商销售而开展服务的时候就转变成了电商物流。

可以说，电商物流是随着电子商务与物流融合而兴起的一种新的物流业态，且持续不断地改变并促进着电商的发展。因此，与传统物流相比，电商物流不仅更注重服务性，同时也是电商销售的重要组成部分。

电商物流的配送与传统物流的配送

电商物流的配送与传统的物流配送又有什么区别呢？

电商物流的配送跟过去所说的配送相比已经发生了质的改变。

过去的配送是指，在经济合理区域范围内，根据用户要求，对物品进行装卸搬运、拣选、加工、保管、包装、分割、组配等作业，并按时送达指定地点的物流活动。一般是指从城市分拣中心到大型商超、零售门店、酒店等商业、服务类企业。配送几乎包括了所有的物流功能要素，是物流的一个缩影或在某小范围中物流全部活动的体现。这种传统的配送属于物流的业务环节，不涉及终端的销售，主要面向 B 端用户。

比如一个品牌服装的中心库房，覆盖某个片区，库房职责就是按照该区域内门店的订货要求和周期，把它们所需要的服装分拣出来，按照一定的配送路线，用一辆或几辆车完成配送。

我们现在所说的电商物流的“配送”，一般是指面向 C 端的物流服务，且其作业内容通常仅仅是分拣和送达，对象是各种商品的包裹物，如京东、当当等自建电商物流服务，顺丰、“四通一达”等第三方电商物流，以及落地配。其作用不仅是电商销售的最后一个环节，同时也是提升用户体验的关键环节。

打个简单的比喻，从消费者角度来看，大家以前想起物流就会联想到笨重的大货车，上面装着与自己无关的货品；而现在，一说起配送，消费者首先想到的是小巧的快递配送车，车上有自己网购的商品。

电商物流的配送与快递

另外，电商物流的配送与快递是一回事吗？

在广泛意义上，电商物流和快递之间并没有明显的行业界限。我们在电商平台上购物，实际的配送方经常是快递公司，这里的快递公司就行使了电商物流的职能，只是不同的快递公司承担电商物流的订单量不同。

萝卜快了不洗泥。我国主要的快递企业在经济发展需要和电子商务发展的驱动下，经过短短二十多年的发展已经在网络建设等方面取得了骄人的成绩，但是在管理、用户体验、文化建设等方面仍然存在一系列的问题，距离电子商务“销售”的本质要求和电商用户体验需求还存在一定的差距。这也是京东等大型电商进行巨额投资自建物流的原因。

那么，电商物流与快递到底有哪些差异呢?

第一，销售属性不同。

电商物流与快递之间既有联系也有区别，最主要的区别在于，电商物流是销售的一个环节，而快递仅仅是受委托的物流服务。

快递是单纯的物品使用权转移的服务，将一个用户的物品送到另一用户的手中，用户之间并不存在交易关系，因此，快递员在服务时并没有主动提升用户满意度和忠诚度的意识，只是在完成一个工作而已。这也是快递在做电商物流时服务经常出现问题的主要原因。

第二，商品所有权归属不同。

从商品交易的角度来看，一旦用户下订单并进行了支付，则电商物流配送中，不管是自建物流还是快递，其所配送商品的所有权都是消费者的。

但是从快递员的角度看，他们会认为商品是属于商家的，他们自己与商品没有直接的情感联系。由此，两者对商品所有权的不同认知，带来了许多矛盾。

第三，作业层面的区别。

作业层面的差异主要体现在收寄派送比、仓储、订单波动、截单时间等方面。

（1）收寄派送比不同。快递企业的收寄派送比总体上是1∶1，电商物流则绝大多数都是派，几乎没有收。在快递行业中，因为营销的需要，收寄要比派送的提成高，因此，造成快递员都是重收寄不重派送。但是，在快递企业从事电商配送时，没有意识到并重视这种激励差异带来的影响。电商物流中的配送是快递员的全部工作，但是目前快递在承担电商物流的配送时，仍然会将快递的这种意识带进其所承接的电商配送业务中，影响了用户体验。因此，在我国，电商自建物流和第三方电商物流之间的服务差异还是比较显著的。

（2）仓储。物流才有仓储的需要，快递则是“无库存仓储作业”，只有中转和分拣中心的概念。快递的集散是实时进行的，也许某个时刻会有大量的包裹集中在某个地点，但更多主要是持续地按照不同的交通方式和路径进行分拨和分拣[①]，每一个环节都是零积压。形象地说，传统的仓储是整存整取，电商物流是整进零出。

（3）波动性。电商物流订单的波动性大大超过快递。以一天时间为例，上午10点会出现一个订单高峰，下午3点30分到5点再次临近峰值，一天中的最高峰往往出现在晚上10点左右。前面两个高峰的日订单波动曲线被称为驼峰曲线，直到出现了第三个峰值。但是快递每天的发件量波动性则不是很明显，这使得二者在资源配

① “分拨”是指按照大的区域干线路由的订单分类，“分拣”是订单到达站点之后，按照每个快递员的服务片区将订单分开，这两者是“干线”和“末端”的概念。

备、效率和成本的平衡方面均存在较大差异。

（4）截单时间。快递的集中作业时间在22点至凌晨2点，时间衔接非常紧密。从封箱、分拨，再到装车，每一个环节都进展顺利才能赶上特定运输路由批次的要求。

快递的截单时间通常是18点或19点，超过这个时间即使快递员愿意取单，也赶不上最近的一个批次分拨，送货时间也会相应延迟一天，这就是商家经常无奈告知用户“我不保证今天能发”的原因。而电商物流的生产截止时间是24点，库房实时处理订单，凌晨2点前分拨完毕，当天上午就能送达。

在厘清了电商物流与快递的区别后我们发现，对于快递而言最重要的是提升客观速度，而优化电商物流的体验更需要把它置于电商物流整个供应链中去分析。

由此不难发现，电商物流的销售属性、对商品所有权的认知，以及其作业的特点，使其与传统物流、快递等具有明显的差异，我们必须明晰电商物流这个新物种，才能掌握其内在规律，分析问题的本质，进而低成本、高效率地提供好的用户体验。

电商物流的特点

电商物流既脱胎于物流，又有别于物流。一方面，电商物流的核心是销售，其作业时间尤其是截单时间与快递有显著差异，具有有别于传统物流系统的轮辐式网络架构。另一方面，电商物流的业务特点决定了其发展具有以下特点：

智能化、科技化、技术化

电商物流业是以物流信息技术为依托的复合型服务业，是电子商务快速发展的需要。我国电商行业的竞争日益激烈，随着人口红利的逐渐消失，电商物流只能以智能化和科技化实现成本和效率方面的优势，运用互联网、物联网、大数据、云计算等技术，构建全国性互联互通的物流网络，在企业内部也可以实现整个运营过程的可视化管理，保证每一环节、每一部门的作业质量和效率，为用户提供理想的体验。

用户体验至上

电商物流远远超越了传统服务的要求，强调的是用户体验。这两者之间到底有什么差异呢？用户体验是以末端消费者的需求为出发点和终极目标来设定发展战略、业务流程、作业方式和方法；而传统服务只是从企业的角度考虑什么样的服务是经济合理的。

这种差异本质上是两种管理理念和服务意识的差异。这主要是由市场竞争导致的，企业必须不断满足社会发展和用户多样化、个性化的需要。

资源整合

目前我国已经是物流资源大国，但基本上处于分散、分裂、分割的状态，重复建设，缺少协同与整合，更谈不上大规模的个性化定制服务。对于电商物流企业而言，未来物流的建设，就是要以开放的心态，整合社会资源为己所用，实现共利、共赢、共享的发展新格局。资源的整合主要包括前端商家平台的整合、服务过程中物流资源的整合，以及末端城市和社区配送资源的整合。整合过程中，企业必须要有自己的核心，如管控能力，才能继续保持物流带来的竞争优势。

两个层面看电商物流

一辆马车行驶在路上，如何才能又快又好地到达目的地？

第一，路线必须正确；第二，马和车的速度都要快；第三，车夫要好，车夫是企业的大脑，他决定了车行进的方向和速度。

电商物流就像一辆马车，行驶的主线是速度，方向是战略和规划，效率和成本、用户体验、质量管理好比是车前三匹并行的马，而信息系统平台和企业文化是两个支撑的车轮。电商物流的链状结构从这个形象的比喻中就可见一斑。

速度是贯穿始终的主线。为什么这么讲？第一，物流服务的效率是以时间来衡量的；第二，营销作业质量、用户体验、成本、效率、系统等运营管理的各个层面都是以时间为基准来匹配的。用户下单后多久订单成立，订单成立后多长时间商品生产完成，耗时多久分拣完，运送到站点花费了多少时间，到最后送达用户手中花了多少时间，这些都是用速度来衡量的，因此速度是主线。

战略规划是电商物流发展的方向盘，是指电商物流发展的方向是由企业战略决定的，战略决定了业务重心是集中力量降低成本提高效率，还是专注提升用户体验，或是增强质量管理，指导业务层面的落实。效率和成本、用户体验、质量管理都重要，但如果视为同等重要，那企业发展就没有重点，在用户的角度就没有差异化的竞争力，并且企业在不同的发展阶段也需要不同的战略。

那么将效率和成本、用户体验、质量管理看作车前三驾并行的马就不难理解了，三者在战略的驱动下以具体业务去推动企业前行。而信息系统平台和企业文化正如两个支撑的车轮，是基本也是保障。健全的系统和同心的文化能够帮助物流企业规避重大安全风险，支撑企业平稳运转。

这一辆三驾马车是一个有机整体，在物流企业的高效运转中缺一不可。我们可以从内外两个层面来深刻理解电商物流的内在结构。第一个维度，“六只眼看物流”，是从外部宏观层面看物流；第二个维度，“八流合一”，是从企业内部运营的角度看物流。

那么，什么是“六只眼看物流”呢？

1. 电商物流是一种服务

服务是用于出售或者是同产品连在一起进行出售的活动、利益或满足感。[①] 服务中有服务消费方、服务提供方和服务接触。电商物流不仅符合服务的概念，同时具备了服务的三要素，电商是服务提供方、用户是服务消费方，而物流配送 [②] 是服务接触阶段。

2. 电商物流是一种产品

产品是指能够提供给市场，被人们使用和消费，并能满足人们某种需求的任何东西，包括有形的物品，无形的服务、组织、观念或它们的组合。

电商物流作为一种服务，属于无形的产品，属于电商的延伸产

① 服务的概念由美国市场营销协会（AMA）于 1960 年提出。

② 这里的物流配送即配送，对于电商物流来说，配送可以称为“末端配送”。

品，能够提供将商品从电商的仓库交付给用户的服务。在制定电商发展战略的时候，一方面要了解并满足用户对电商物流的需求，另一方面要从体验、速度、效率等方面引导并创造需求，建立独有的市场竞争力。

3. 电商物流是一种网络

物流活动是在线路和节点的不同组合方式下进行的，传统的物流是一种点对点的网络，电商物流则是轮辐式的网络（见图 1–1）。比如，京东物流网络是依托七大区域轮辐式的综合网络，是落地配公司的网络。快递网络则是由中转中心、站点以及快递员构成的全向型网络。

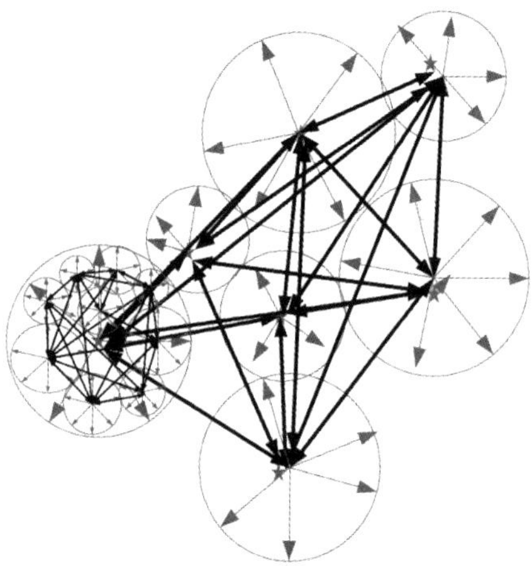

图 1–1　电商物流轮辐式网络结构

总体来说，电商物流是由轮辐式网络与全向型网络组成的复杂网络。

电商物流轮辐式网络结构的中心是一个站点或快递员，位于一个轮辐服务范围中心的分拣中心将包裹物送到站点或快递员处，然后由快递员交付到各自服务范围内的用户手中。

结构决定功能。由轮辐式结构可知，线路和节点的不同组合方式、不同的配送方式，以及包裹物不同的放置位置，会形成不同的网络结构，进而决定了电商物流在业务流程、作业方式、时间要求等方面均不相同。当然，其所表现出来的功能如服务、速度、质量、效率、成本、体验等都是不一样的。

4. 电商物流是一种生态

生态系统指由生物群落与无机环境构成的统一整体。物流生态则是指物流可持续发展的一种平衡状态，构成物流的各个因素和环节井然有序、互相依存、互相协调，融合为一，形成统一循环发展的物流生态链。

电商物流作为一种生态，其最终目的是以最低的成本、最好的服务质量、最便捷的方式，通过订单生产、运输、配送等业务环节与信息流、商务流、资金流等的有效结合，实现商品安全、快捷的送达，以有限的物流资源实现最好的用户体验。

电商物流生态的构成要素主要有大大小小的商家、拣货员、打包员、货车司机、快递员、供应商、商品入库、库存控制、订单生产、分拨、运输、分拣、配送、逆向物流，以及相关的人流、商品订单流、体验流、信息流、商务流、资金流、政治经济环境等。

当系统达到平衡状态时，系统内各组成部分之间保持一定的比例关系，结构和功能处于相对稳定状态，在受到外来干扰时，能通过自我调节恢复到初始的稳定状态。

生态平衡是一种动态的平衡，也是一种相对平衡。电商物流的平衡可以体现为较长时期服务、效率、成本、体验等的稳定性。当系统受到行业竞争的干扰或破坏时，则要启动自我修复功能慢慢恢复，或者转型升级。

5. 电商物流是一种文化

文化是人类在不断认识自我、改造自我，不断认识自然、改造自然的过程中，所创造的并获得人们共同认可和使用的符号与声音的体系总和。电商物流在不断探索、不断成长的过程中也形成了上百万的快递员队伍认可的军队文化、绿林文化、基层文化和家文化。

电商物流文化的核心是服务、责任、忠诚、仗义、协作、家的意识。文化是无形的，但不是可有可无的。电商物流文化可以改变基层队伍文化水平普遍较低所带来的一些问题，同时，也是管理高度分散化的庞大队伍的最好武器。

6. 电商物流是一种系统

钱学森认为，系统是由相互作用、相互依赖的若干部分结合而成的具有特定功能的有机整体，而这个有机整体又从属于更大系统。系统具有一定的结构，并具有一定的功能性。电商物流中有人、商品和订单、信息、资金、作业、工具、用户体验等组成要素，且具有一定的网络结构。同时其目的也很明确，即帮助电商企业完成商品交易，为用户提供商品配送服务。因此，电商物流是一个系统。从这一角度来看，强化系统功能就是如何改善电商物流系统（包括实体和软件系统）的转化机制，即不同要素的组合方式，提高对订单商品输入的转换能力和效率，最大化其产出。

服务、产品、网络、生态、文化、系统是从思想层面对电商物流进行不同维度的分析。从这六个维度来看物流，能够发现企业存在的问题，找出问题所在，但在解决问题时，就要从电商物流系统中存在的八个流束进行具体决策了。

电商物流是一个复杂的系统，在实现商品时间转移的过程中，伴随着一定的速度、相应的工作人员、订单在各个环节的流动、交易资金和支持资金、用户的体验、一定的技术支持和质量保障。好比基础建设的管道，里面有电信的宽带、网通的宽带、移动的宽带，还有各种直线电话，可能还同时承担着煤气、液化气等的运输职能，是多个链条的集合体。不同的链条反映了电商物流不同的业务需求，我们可以从相应的方面落实解决问题的措施，优化整个系统，提升核心竞争力，并挖掘新的竞争优势。

（1）速度流：速度流是指速度的信息流，在电商物流系统中，可以准确地知道每一个作业环节的作业进度、完成情况等，如订单接收、拣货完成、等待揽收、运输、配送等信息。路由时刻表、流程作业时间要求、快递员时间要求、对用户的时间承诺等都是速度在运营体系中的时间反映。这不仅决定了作业效率、系统效能，而且还影响到用户对企业服务的直观感知。

（2）人力资源流：电商物流是一种服务，其服务的对象是个性各异、需求千差万别的消费者，服务的提供者则涉及流程中每个环节的作业者，有库管员、理货员、拣货员、打包员、司机、快递员等，同时还必须得到供应链商、商家等的支持和配合。各环节人员的需求和组织信息能够很好地用于企业作业质量、人员作业效率、流程优化、市场需求预测与管理等运营管理和绩效考评方面。

（3）商品和订单流：在用户下订单之前，电商企业出售的物品是商品，当用户下订单之后，商品则转变为订单，订单信息是驱动所有业务活动开展的原动力。商品和订单流是电商物流系统中的实物流，是电商物流系统的核心。电商物流的服务目标是实现商品从商家到用户手中的时空位移，体现在系统中就是订单的信息流。商品和订单流的流速、流向和流量决定着业务流程、作业效率和资源配置。

（4）资金流：电子商务是用户确认购买商品后，将购物款转移到商家账户，而商品则由商家转移到用户手中的过程。资金流与物流是相伴而生的。但是，电商物流系统中的资金流，不仅仅包括用户和商家之间的资金往来，还包括电商物流企业每一业务部门、每一作业环节所发生的各种费用和成本支出，以及由于业务活动而发生的资金往来。电商物流中资金流的管理，必须与商流、物流、数据流等统一管理。

（5）体验流：电商物流作为一项服务，消费者的体验和反馈是最重要的向导。在电商供应链中，从 SKU（库存量单位）开始，一直到配送和逆向物流，每一个环节都会影响用户的体验。电商物流企业只有在了解了用户体验的生命周期、用户接触面之后，才能更有针对性地提高用户体验。因此，体验流的战略目标和发展策略，直接影响到其他流束的流动方式和企业品牌的建设。

（6）数据流：电商物流系统内流动着订单、商品、资金、物料、人员、车辆等诸多信息，通过日、周、月、季度相关数据流的分析，为运营管理相关决策提供支持。随着信息技术和大数据技术的迅速发展，我们所说的电商物流数据流不仅仅包括上述基本信息，还包括利用大数据等协助运营决策。信息系统和大数据已成为当今企业发展的必备基础，也是抢占市场先机的利器。

（7）技术流：电商物流已逐渐成长为劳动密集型、资金密集型和技术密集型企业。电商物流融合了包装技术、运输技术、储存保管技术、装卸搬运技术、流通加工技术和配送技术等。在电商物流应用相关技术时，必须注意相互之间的匹配性，并非越先进越好，如自动化分拣系统，必须与前端的包装相匹配。电商物流的特点决定了它是先进技术的使用者，而不是先进技术的创造者，如自动分拣设备、机器人分拣和配送、无人机配送等。技术流早已成为电商物流在速度、时间、用户体验等方面竞争的助推器。

（8）质量流：质量是整个系统性能的表现，不仅包括整个系统的质量，还包括单个作业环节的质量。具体来说，每个作业环节都是有质量的，有工作质量、服务质量、体验质量、管理质量等。质量流决定了整个电商物流系统的效能和用户体验。

电商物流系统中的每一流束都以两种形态存在：业务流程中相应的业务操作，以及信息系统中相应的信息流。在这八种流束中，商品和订单流是核心，人力资源流、资金流、数据流、技术流是基础，速度流和质量流是保障，体验流是最终输出的效果表现。八种流束各自独立，又相互影响，是一个整体。每一个流束反映的是电商物流系统的不同方面，但每一流束又都是重要的，不能顾此失彼。

对于物流而言，“六只眼看物流”和“八流合一”虚实结合，都对企业的经营管理有着至关重要的影响。运营管理过程中的各种决策，都是在物流的管道里去流通和试验，不管实现的方式和设备怎样，都必须使里面流动的链条能顺畅地良性循环。

在实际应用中，基于前文所提到的新供应链模型，对每一环节进行“八流”的分析，其应用主要分为两步：

第一，对供应链的每一环节分别从八个流束进行分析，也即从横向（整个供应链的所有业务环节）和纵向（八流）全方位地进行诊断分析。

第二，对每一环节的“八流”在制度、标准、规范、流程等方面的一致性和差异性进行统计分析，重点解决“八流”相互之间的冲突，更全面地设计和优化供应链。

如电商物流的订单生产环节，从商品和订单流、速度流等角度来设计其流程时，遇到一单多件时可以考虑拆单，尤其是大促期间，用户一个订单包含了多种不同品类的商品，可能要前后几天才能把一个订单的商品全部生产完毕，此种情况下，就可以将不同时间拣选出来的商品分别配送。但是，从体验流、资金流、数据流和质量流的角度来看，尤其是体验流，这严重影响了用户体验，且增加了配送成本。这就是冲突的地方、需要解决的问题。

类似的问题有很多。也就是说，只要能把八流相互之间的冲突解决了，那么，在实际的操作中就能够顺畅地运营下去。

因此，不管是前期的规划设计，还是后期的优化控制，“八流合一”都是简单易行且能全面解决问题的有效方法。

需要强调的一点是，“六只眼看物流”和“八流合一”的宏观与业务层面相结合的方法，是针对我国电商物流的发展特点而提出的。

不管是国内的还是国外的理论方法，其宗旨是一样的，都是为了解决企业的实际问题，提高效率，降低成本，但在具体运用过程中，必须注意理论与方法的适用性及其应用环境，不同性质的企业、企业不同的发展阶段所要使用的管理方法和策略都会存在较大差异。尤其在我国，地缘辽阔，电商物流面临的环境极为复杂，不仅有边远山区基础设施的障碍，城市之间的情况也千差万别。比如，东莞是一个没有主城区的城市，由 29 个镇组成。按照物流的逻辑，就要建 29 个中心区域，但这肯定是不可能的。武汉，一条长江横在中间，看着近，却过不去，必须围绕长江大桥设计作业路线才行。北京，四四方方一座城，看上去很规整，但各个区域功能分区明显，每个区域又该设计不同的作业特点。重庆，著名的山城，作业半径确定后，交通工具的选择又是难题，配备一块电池的电动车，也许跑两个用户就要折返。

……

在电商物流运营过程中，因为一个细节的不注意，就可能阻碍系统的流动，导致流通不顺，甚至停滞。而想要电商物流领域表现优异，思考和解决问题的逻辑最好是找出企业的特点，战略与具体突破口相结合，统筹“六只眼”和“八流合一”的各个层面和各项要素，找出企业运营的业务流程和管理中存在的问题。这就好比是人体的血管，只有相互配合着正常流动才能维持生命成长壮大。

电商物流与供应链、运营管理

在一些经营分析会上，或是管理决策中，我们经常会听到运营效率、运营成本、供应链、物流这些词，那么运营、供应链和物流之间到底是什么关系呢？相互之间有什么样的影响呢？

运营是对企业经营过程的计划、组织、实施和控制，是与产品生产和服务创造密切相关的各项管理工作的总称。电商物流的运营管理则是指，对电商企业为实现商品销售所提供的物品转移服务的系统进行设计、运行、评价和改进。电商物流的运营管理涵盖电商物流运作过程中的方方面面，包括新产品研发、供应链、质量管理、销售和营销、资金、人力资源、设备、安全以及环保等。简单来说就是，用企业所有的资源来优化电商供应链，将具体措施落实在执行层面，展现在我们面前的就是物流作业。

那么，供应链和物流是一回事吗？

供应链与物流的管理目标是一致的，都是为了满足用户需要而产生的商品的时空位移，但是可以肯定的是物流与供应链是不一样的。供应链就像覆盖全国错综复杂的交通网络，通过不同的业务往来解决了不同节点之间的供求关系。物流则是围绕着供应链上的某个企业的需求所开展的将商品从供方送达需求方所涉及的所有业务。

由此可见，供应链是运营的组成部分，物流则是供应链的一部分（如图 1–2 所示）。运营管理是供应链管理的大环境，涉及供应链的资源配备及其对整体组织架构的要求。而供应链对物流又具有决定性影响，供应链的发展战略和环境决定了物流运营模式，在实施层面，物流的成本、用户体验都要从供应链的角度来考虑。

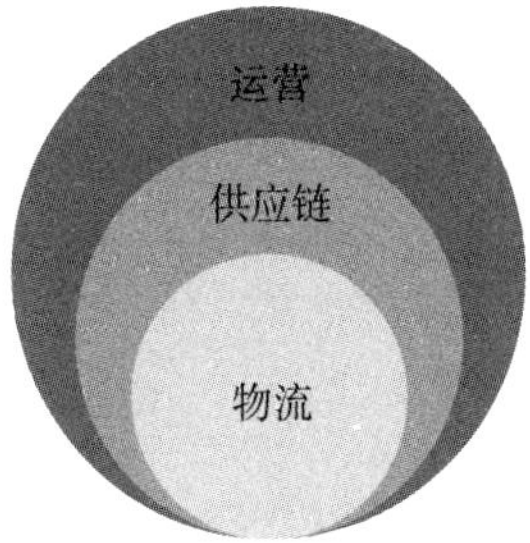

图 1–2　物流、供应链与运营管理的关系

建设物流体系，第一步要从运营和供应链角度来分析问题。首先，分析物流体系的运营环境、运营条件与运营资源；其次，要看到现有的物流体系是一个链网，牵一发而动全身。

结合实践，本书提出了独有的电商物流供应链模型。该模型是一个闭环，在传统供应链的基础上，前端增加了战略与规划、SKU 环节，业务环节增加了日结交接，末端增加了效益、质量、效率和体验环节。管理和具体业务相结合、运营体系的定期循环评估和改进，是本供应链模型最大的特点（见图 1–3）。

从管理的角度来看，新的供应链比传统供应链具有更强的可应用性和执行性。具体体现在以下几个方面：

闭环供应链

闭环供应链主要是指导企业在一个循环周期末制订下一循环周期的规划时主要解决的两个问题：一是要解决的当前问题，二是上一循环周期存在的问题。闭环供应链主要是培养供应链主动提升、自我发展的能力，需要在公司预算、规划会议上得到解决。

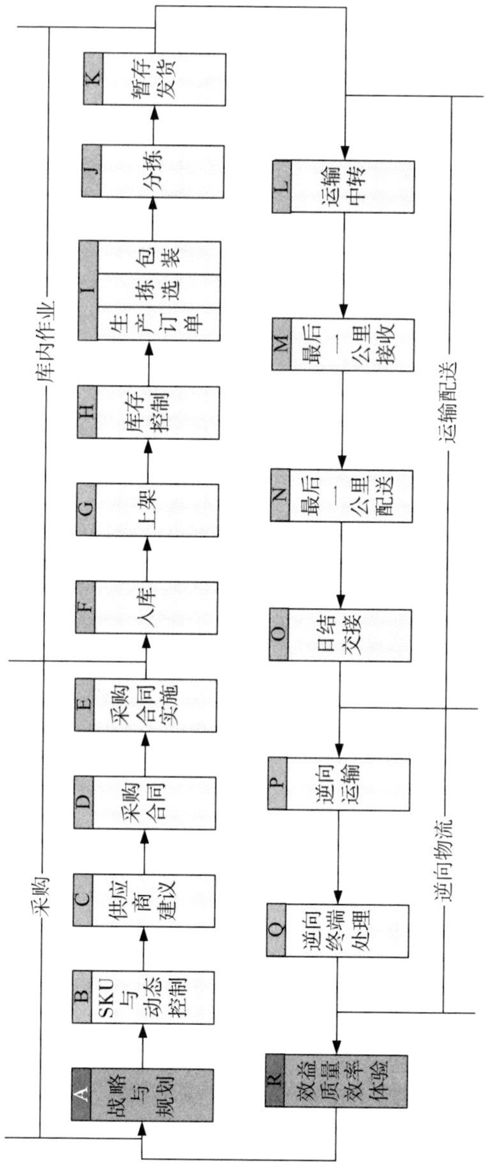
采购
库内作业
运输配送
逆向物流
A 战略与规划
B SKU与动态控制
C 供应商建议
D 采购合同
E 采购合同实施
F 入库
G 上架
H 库存控制
I 生产订单 拣选 包装
J 分拣
K 暂存发货
L 运输中转
M 最后一公里接收
N 最后一公里配送
O 日结交接
P 逆向运输
Q 逆向终端处理
R 效益 质量 效率 体验

图 1–3　供应链模型

需要说明的是，对企业的管理流程而言，供应链是闭环的，但就企业整体运营而言，供应链又是一个开放的系统。时代的发展和组织形式的变迁需要一个开放的、社会化倾向的供应链。

链上与链下相结合

链上与链下相结合是指供应链上的业务环节与链下支撑体系的衔接关系，如信息技术、人资、设备、用户体验等对供应链的支持作用。根据链上产能的需求，实现企业资源的优化配置。

CT 与造影

CT 与造影主要用于量化诊断供应链的顺畅性和每个环节的效能，找出供应链上的瓶颈与浪费环节，并对每一环节的效能（效率、效益）进行分析诊断，找出问题，提供解决方法。

多链通道

供应链是“八流合一”的复杂系统，通过供应链模型可以找出到底是八流中的哪一流束出现了问题，对症下药。

战略的量化分解

根据企业总体的战略规划，结合电商供应链模型，将宏观战略从时间、空间、组织与作业四个维度，以量化的标准分解到每个业务环节，使得整体战略更具有可执行性和可评估性。

供应链模型可以解决运营管理中的诸多问题，那么到底如何应用呢？运营管理的关键问题主要有效率、成本、资源、体验等，这些问题的解决在供应链模型中具体体现在哪些业务环节呢（见图 1–3）？

- 效率提升的关键控制点主要有 F、I、J、K、L、M、O 业务；

- 成本控制的关键点主要有D、H、I、J、K、R环节；
- 财务控制的关键点主要有F、H、J、O、P、S；
- 好的用户体验的打造重点关注K、M、N、O；
- 人员管理的关键环节有I、K、L、O；
- 货物交接的关键控制点主要有F、K、N、P。

新供应链模型根据我国电商物流企业的特点，不仅能够为企业运营管理提供分析问题、解决问题的工具，同时还能从四维八流评估供应链的运营质量，如供应链系统的产能与战略目标的匹配度、整个供应链的顺畅度、系统中浪费与瓶颈环节、节点的效能等，具有较强的可执行力和可衡量性，能够从本质上解决运营中存在的一系列问题。

在下面的相关内容中，如效率与成本、质量管理、用户体验等章节都会借用供应链模型作为分析工具，因此，本章只是简要地向大家介绍一下新供应链模型，在具体的应用环境中，会根据企业和问题的不同，对供应链模型适当做出调整。

第二章

速度的哲学

在电商物流的生态体系中，速度是贯穿始终的主线，这并不难理解，因为所有的业务流程效率都是以时间来衡量，所有运营管理的业务流程都是以时间为基础相匹配的。因此，速度是整个电商物流三驾马车中的核心。

那么，企业应该如何理解速度？

由于电商物流满足的是消费心理，从消费者角度出发，“快”就成了速度的代名词。看起来似乎是这么回事，但“快”仅仅是现象，并不是本质。认清速度的本质，需要从包裹在外的属性外壳入手，依次剖析，再把它分解成本质上各不相同的若干因素。

我们可以从两个不同角度去理解速度。

假定用户分别在两家电商平台购买了不同的商品，他的清单中包括电脑、手机、背包、衣服、鞋子等，下单的时间为本周四的下午，用户希望能够在下周一前收到所购商品，因此选择了同城商家。

事实上，用户分别在星期六、星期日收到了电脑、手机、背包、衣服，最后一件商品鞋子，到了周一还没有收到，用户选择打客服电话，但客服人员无法给出明确的送达时间，且没有第一时间解答他的问题，导致用户对于这次购买更加不满。

从这个案例中，我们会发现，用户对于速度的感知体现在几个方面：第一，在期待的时间内能够送达；第二，选择周末两天的时间档期收到；第三，发生问题时，客服的及时响应。这就看出，用户对于速度的理解并不仅仅是快。

现在换个角度，我们看一个电商物流企业的案例。

有一家主做同城配送的企业 ELA，日均订单量 5000，最近半年的月度经营分析显示，其订单量正在逐渐减少。经过市场调研得知，用户满意度为 80%，92% 的投诉是由时效问题引起的。通过与同行业平均时效相比，ELA 的时效确实落后。同城配送的行业时效标准是 80% 的订单次日达，10% 能够当日达，还有 10% 则要隔日达。而 ELA 的时限标准是 50% 次日达，50% 隔日达。

为了扩展市场，ELA 投入了 200 万元，用于系统研发、增加作业班次、加密配送频次，增加作业设备等，并对现有流程进行调整、优化和革新。经过三个月的运营，公司做到了 15% 当日达，80% 次日达，5% 隔日达。ELA 认为在时效上已经达到甚至超过了竞争对手，对于赢得更多的市场份额自信满满。

但是经营分析数据显示，经过三四个月的运营，ELA 公司的订单量非但没有增加，反而有继续下滑的趋势，而且个别时间段，关于时效方面的咨询和投诉反而略有上升。

问题来了。

第一，ELA 的“速度”提升了，甚至比竞争对手还要快，为什么用户还不满意？为什么没有迎来预期的市场红火局面？第二，企业为了提升速度，投入了大量的人力、物力和财力，短时间内运营没问题，可是用户不买账，长期下去，企业的成本能否扛得住？第三，速度提升后，市场没扩展，用户投诉却增加，提速与问题处理哪个更重要呢？二者的优先级又是怎样的？第四，怎样的速度才是用户满意的速度呢？

层出不穷的难题，促使这家公司开始反思，有没有其他巧妙的办法能够解决速度问题？或者，他们是不是漏掉了什么关键点，造成了如今的事倍功半？

分析后 ELA 发现，其一，虽然整体速度有了明显提升，但是订单时间不稳定，且配送不准时。有的订单三天到，有的订单当日达，而且用户不知道要等多久才能收到商品，有损用户体验。其二，为了保障速度，ELA 抽调客服、售后等人员，降低了对用户需求的反应能力，反而使用户满意度下降。

从上述两个案例来看，速度并非仅仅绝对时间一个维度的考量。比如，用户选择在周末收货，其实是选择了一个对时间弱关联的区间；再比如，用户希望能够第一时间得到反馈，这是对电商物流环节中反馈速度的需求。再从企业角度来看，ELA 问题的根本在于对速度的理解产生了偏差，仅仅认识到了绝对的物理速度，没有从用户需求、用户体验和竞争的角度去考虑。

由此，我们来看速度的哲学体系。速度应包括四个维度，即绝对速度、相对速度、感知速度和响应速度。

绝对速度：从接到用户订单到将商品交付至用户手中所消耗的纯作业时间，即绝对的作业时间。

相对速度：也叫竞争速度，是相对于同行业企业而言，本企业的物流服务速度。

响应速度：是服务补救的速度，是指对用户需求，包括咨询、要求、异常、售后等的反应时间。

感知速度：是用户主观感受到的从下订单到收到商品，以及逆向等消耗的全部时间。感知速度是核心，是服务和业务管理的集成。

这四种速度不是在运作过程中实际存在的，而是企业战略、管理上的一种思维方式。它们相互之间不是简单的加减关系，而是相互影响、相互制约的，因此，我称之为“速度的哲学”。

从两个不同的角度看速度，也让我们更进一步理解了速度哲学的内涵所在。四种速度之间并不是简单的物理关系，而是能够产生新的动力和能量的化学关系。也即，它们之间不是1+1=2的关系，而是管理思想和理念的体现。

速度哲学体系：四个维度下的考量

物流将物品从甲地运送到乙地的服务性质，决定了速度的重要性。而电商物流，是将电商平台仓库里的商品按照订单配送到特定的地点，转换了传统零售中柜台的时空，实现了交易的及时性和面对面的互动性。

由于替代时间跟柜台不同，用户对于速度的感知不仅仅是绝对速度，而是整体速度的比较，包括机会成本、服务体验、品牌效应等。

绝对速度

这是速度组合中最基本的要素。

用户理解的速度与绝对速度并不相同。

从用户的维度来衡量，他们其实并不关注绝对速度，绝对速度只是一个模糊的概念，用户由此形成一定的期望值。绝对速度是一个物理概念，是一个完整的闭环过程。

绝对速度是由行业平均水平决定和规划设计出来的，是配送网络、作业流程相互作用的结果，是企业打入市场的基础和核心。就好比一家企业自主研发一款产品，产品的好坏由企业自身实力决定。企业要做的是发挥自主能力，投入成本去打磨产品，提升质量和产品竞争力。这和训练田径运动员的道理是一样的。每一个运动员在平时训练时都要进行大量的体能训练，基本功足够扎实才有望在赛场上创造佳绩；而在正式踏入赛场之前，需要不断地模拟比赛场景，有针对性地提高表现力，不断提升自身的绝对速度，赶上并超越行业平均水平。

绝对速度的优化与商业模式、网络架构、业务流程、战略定位等密切相关。需要说明的是，绝对速度的稳定性至关重要，我们在分析和比较速度因素的时候，绝对速度的稳定性是一个重要前提。同时还要考虑，绝对速度的提升能带动相对速度、响应速度和感知速度提高到什么水平。

相对速度

相对速度，可以称为“竞争速度”，具体就是企业与竞争对手相比，速度到底是快了还是慢了，领先的优势有多大，是不是足够成为一个速度品牌的门槛。

在市场上，提高相对速度更能满足用户预期，这在快递业发展过程中体现得尤为明显。两个用户聊天，其中一位说："我这次网购的快递太慢了，三天还没到。"另一位"安慰"他说："没事，还好不是用的 ×××。"

这是一个吐槽某物流公司慢的玩笑，但在现实中也真实存在。在用户对速度的认知中，相对速度是不能调和的，即便两家物流企业的绝对速度并无差异，但只要其中一家相对速度比另一家快且稳定，用户的品牌认知就会逐步固化到速度相对快的物流企业。

相对速度并不是企业运营中存在的速度，是企业在确定自身时效产品时的一种战略选择，是一种管理思想。

相对速度由战略决定，并决定与主要竞争对手或行业平均水平之间相对值的大小。只有建立了稳定、可靠的绝对速度，才能建立具有优势的相对速度。

比如，一家快递公司，要将自己的产品定位为当日达、次日达还是隔日达呢？一般情况下，企业不会单纯地定位要做当日达或者次日达，而是先看看行业平均水平。如果企业的战略是产品战略，则要建立明显的相对优势；如果企业的战略定位是成本，则只要与平均水平持平即可，但是不建议低于行业平均水平，用户在谈体验的时候是不会考虑企业的成本因素的。超低成本、负相对速度，势必会影响体验乃至品牌。

有些企业认为只须埋头提升绝对速度就一定会成为行业第一。对于一家物流企业来说，盲目追求绝对速度是不科学的，至少是不全面的。绝对速度的提升可能得不到用户应有的满意度，企业的后续发展乏力，巨大的成本压力甚至会导致企业运营的崩溃。

速度，需要在控制中提升。相对速度，就是一个控制器，能够帮助企业找到合理的绝对速度。有句话叫“永远比你的竞争对手快一秒”，这对于电商物流企业也是很好的战略准则。

比如说，大家普遍感觉现在的快递速度比之前有了显著提升，主要是将现在的物流企业跟中国邮政做了对比。从北京向西藏阿里地区寄快递，以前 EMS 需要半个月骑毛驴送达，现在部分物流企业通过努力能够实现七天送达，相对速度快了一倍，切实提升了绝对速度。顺丰也正是通过差异化的相对速度迅速占据了市场，而京东率先给出次日达的承诺，在定位上也占据了优势。

因此，只有在绝对速度的基础上建立相对速度优势，或者感知速度优势，才能不断提高用户满意度，打造好的用户体验，建立竞争优势。

相对速度就像一个实时变动的参照物，促使企业及时调整战略。尤其是电商物流，要辨别自身相对速度的优劣，调整策略，在确保竞争优势的同时，平衡资源、用户和战略相互之间的关系。

响应速度

响应速度，是当用户出现任何需求时，企业第一时间出现在用户面前的速度，包括咨询、订单变更、出现问题 / 异常、用户投诉等，尤其是出现问题或异常的时候。企业出现的“形式”包括电子、书面、线上、语音、人工服务等。

流程上，这个速度是前面绝对速度和相对速度的延续，更是前面几项呈现效果不佳时的一种弥补，尤其当服务出现问题时，响应速度意义重大。

响应速度与用户体验强正相关，它对用户体验的作用就像“拱猪”游戏里面的梅花 10，能起到“翻倍”的强化作用。

响应速度快了，慢的速度也会有快的感知；反之，则极易造成投诉升级变质。一般来说，用户的标准期望是，问题发生后 30 分钟内，企业有一个完整并且能够落实的解决方法。用户的容忍区间是 1 个小时，如果超过这个时间，他们很可能就会成为别人的用户。

响应速度还有一个很重要的内涵——响应的同步与跟进。第一时间做出回复，给出解决方法是必要的，但后续的跟进和支持更重要。这就好比承诺和兑现，承诺很重要，而兑现更加重要。

比如某用户在某天上午给配送站点打电话说，希望快递能够在某天送达。配送点负责人明确回复，物品可以在晚上 6 点前送达，用户对这个承诺很满意。结果配送途中出现了一点问题，快递 6 点 30 分都还没有送到。

这时候，用户打来第二个询问电话。同时意味着，配送站点在上午的响应速度已经失效。响应速度是一个流程指标，必须各个环节协同作用。通常来说，类似的情况如果发生两次以上，投诉就会升级，用户投诉针对的就不再是事情本身，而是服务质量了。

电商物流企业受限于资源等因素，绝对速度、相对速度的表现可能并不好。但如果能做好后期的响应速度，就很可能及时挽回用户，甚至赢得忠诚用户。

感知速度

感知速度是从用户角度出发的速度，是绝对速度、相对速度和响应速度综合作用的结果。

感知速度，顾名思义是用户感受到的速度。为什么要单独定义？因为大多数情况下用户感知到的速度未必是企业的实际速度——绝对速度。

什么时候用户才会真正感知到快？绝对速度和相对速度落后的企业还有机会吗？答案要从感知速度说起。

感知速度和绝对速度有关联，但不是强正相关的，用户感知到的速度会由于感知盲区等因素的影响而与绝对速度产生差异。由于物流企业本质上属于服务型企业，因此从用户体验出发的感知速度是提高用户满意度的核心。

那么如何打造感知速度呢？首先我们要具象化那些影响用户对速度感知的因素。

比如某用户在周六上午 10 点在某一电商平台下了一个订单，下午 6 点已经收到。晚上 10 点又下了一单，第二天 9 点 30 分收到了商品，哪一种方式用户觉得很快？

虽然前一个订单经历了 8 个小时，后一个用时 11 个小时 30 分钟，但用户的体验却是截然不同的。上午 10 点的订单，经历了上午、中午、下午三个时段。在这漫长的 8 个小时里，用户可能一次次地刷新物流跟踪页面，这样的等待，无疑是煎熬的，尽管是当日达。

第二个订单就不一样了，晚上 10 点到第二天早上 9 点 30 分，中间隔了 11 个小时 30 分钟，虽然比白天等待的时间长了 3 个小时 30 分钟，但用户会觉得异乎寻常的快。因为在用户的感知里，自己睡了一觉，一睁眼就收到货了。

在睡觉的时间，用户是不关注订单状态的，潜意识里认为在这几个小时，订单也是不会动的。这时候，第二天他还没来得及关注订单状态，就收到了商品，心里自然高兴。

这就是感知速度为用户体验带来的意想不到的惊喜。

我们可以用相声艺术中的“贯口”技艺来描述感知速度。以广为人知的《报菜名》节目为例，相声台词是：

> 我请你吃：蒸羊羔、蒸熊掌、蒸鹿尾儿，烧花鸭、烧雏鸡、烧子鹅，卤猪、卤鸭、酱鸡、腊肉、松花小肚儿、晾肉、香肠，什锦苏盘、熏鸡、白肚儿、清蒸八宝猪、江米酿鸭子……

大家留意一下就会发现，相声演员在讲这段贯口的时候，不会保持一个固定的快频率，而是采取由快到慢再加快的节奏。在观众听来，这样的频率比同一个快速的节奏还快。

其实，这就是感知的速度。相声演员通过对节奏的快慢控制，给观众制造了一种错觉，让人误以为整体速度很快。但要真正比起来，他们背得未必快。

除了“花式”节奏调节时间之外，电商物流还可以从用户心理着手，提升大家的速度感知。简单来说，就是让物流信息更透明，即实现物流的可视化，为用户营造一种随时能够监测物品动态的氛围。

利用物流信息系统，通过企业内部与上游供应商、内部业务流程、下游用户等相关信息的协同共享，实现整个供应链的可视化，让终端用户能够在第一时间知晓商品订单状态包括分拣、打包、出库、分拨、转运、到达目的地站点的配送人员和时间等每一步的详情，就像用户自己亲临现场一样，这样会大大增加用户的安全感，让他们提前享受到对物品所有权的心理体验，有效地缓解用户等待快递时的焦灼。

可以说，感知速度是速度提升成本投入最少、建立差异化优势效果最明显的一个优化途径。

物流企业如何打造速度体系

品牌速度与以上四个维度相关，用数学公式来表达它们的关系是：

$$品牌速度=（绝对速度+相对速度+感知速度）\times 响应速度$$

在意识层面，速度是一种哲学。就像打太极拳一样，有快有慢、有进有退，功力彰显其中。

首先，品牌速度是一个系统工程，各部分要齐头并进才有可能实现目标。只有每一种速度都加快了，品牌速度才是真的提升。而每个部分的提升，都需要一定的时间周期，这是一个循环的过程。

其次，四种速度相互关联、相互作用，张弛有道才能为品牌速度保驾护航。

再次，四种速度有先后顺序，绝对速度是基础，相对速度为其辅助，响应速度是前两种速度的延续和补充，感知速度是前三者完成后的一种策略效果。

最后，品牌速度有虚有实。绝对速度、相对速度、响应速度这三种是有数据可计算的，而感知速度是一种虚拟的感受，属于人类无形的意识。

在电商物流体系中，四种速度的综合作用构成了关于品牌速度的哲学体系。电商物流是和时间做朋友的行业，懂得时间，才能合理规划时间，调节好时间的速度，最终与时间融为一体。而时间是相对的、变化的，正因如此，才有了速度的比较。

速度是一个整体

企业要想打造速度的品牌，就要从整体去考虑，企业实际运营中的绝对速度和响应速度只是其中的两个方面，如果只是单纯提升运输配送的速度，其他辅助措施没有跟上，仍然无济于事。

更直接地说，速度提升一小时或者一天是一回事，让用户感知到企业品牌速度的提升是另一回事。

速度是一套组合拳

在打造速度品牌时，四种速度缺一不可，但四种速度在企业中的地位有主有次、有先有后。

企业在不同的发展阶段、不同的战略定位下都要有不同的速度战略与之相匹配。换言之，企业应该明确什么阶段、什么战略下应该重点发展哪一种速度，其他的速度应该达到怎样的水平。以某一速度为核心，其他速度配合，才能在合理的成本范围内建立自己的竞争优势，同时打造良好的用户体验。

前述 ELA 的情况就是只做到了绝对速度的提升，没有做到相对速度的领先，同时，由于服务质量下降，以及对用户问题反应时间变长，反而使得响应速度和感知速度下降，速度组合的最终效果显然是下降的。因此，ELA 应该在提升绝对速度的同时，建立相对速度优势，同时保障响应速度和感知速度，如此，便能达到提速的目的。

速度要保持节奏性和稳定性

在企业成长的生命周期中，每个阶段发展的侧重面是不同的，在速度方面亦是如此。速度的节奏性体现在四种速度不是齐头并进，而是有节奏、分阶段来发展的。

ELA 的案例中，应优先提升响应速度，然后建立相对速度优势，再考虑发展感知速度。一个阶段设定一个重点，有主有次，才能逐步建立自身的优势，甚至行业门槛。

从用户的角度来看，企业的速度不管是快还是慢，都一定要保证时效的稳定性，这样，才能建立可靠的形象。

从企业的角度来看，只有稳定的时效产品，才能快速打开市场，建立竞争优势。

一条铁轨上的快与慢

一条铁轨如果只是高铁铁轨，或者只是普通特快铁轨，其成本都是稳定的，且能得以有效控制。但是，如果一条铁轨既可以运行高铁，也可以运行普快，相应的成本一定比单独的高铁或普快的运行成本都要高。

在一个电商物流企业中，可以把绝对速度做到很快，比如，同城可以做到 100% 当日达，全国 100% 次日达，在这种情况下，企业的成本仍然可以维持较低的水平。但是，如果为了满足不同的用户需求，在现有的网络上提供较慢的时效产品，如提供全国隔日达的服务。在同一个平台同时存在两种不同时效的产品，相当于建了两张网络，因此成本会比只建设一张网络高。

这是因为，物流配送是一个分段的任务，提高每一环节的效率都很重要，比如压缩分拨的时间，比如选用合适的交通工具减少在途的运输时长。但是，对物流企业来说，环节交接时的畅通性也很重要，每个单环节快不代表整个链条快，每个环节的效率也不代表整个链条的效率，只有购、存、产、运、送各环节自身以及传导效率都高，整个物流链条才能做到高效。如果一条路线，既跑快车，又走慢车，快、慢车对接的作业模式不尽相同，需要不停地切换，其中产生的交叉成本无法估量，对调度的能力也提出了更高的要求。

电商物流企业如何应用四种速度

速度是一个体系，而速度发展战略与企业的商业模式与战略选择密切相关。那么什么是速度发展战略？

既然速度分为绝对速度、相对速度、响应速度和感知速度四种，那么企业应该先发展哪一种速度呢？或者如何进行速度组合？如果实施速度发展战略，能够领先竞争对手多少？这些问题很实际，也很迫切。

商业模式决定了企业的绝对速度，绝对速度是由行业平均水平决定的。那么，绝对速度在行业里的地位，即相对速度的行业竞争力如何，需要根据企业的战略定位来相匹配。速度品牌是电商物流企业追求的最终目标，必须依靠加速器的响应速度和稳定的感知速度来实现。

战略不仅决定了与之相匹配的速度，同时也决定了速度的组合。比如市场战略、成本战略、产品战略和用户体验战略，每一种战略目标的实现，都不是单一速度策略就能够实现的，必须依靠不同速度的组合拳，相互促进，相互作用，才能最终实现市场和用户战略。

用户体验战略，要求电商物流企业的绝对速度至少达到平均水平，同时将相对速度和响应速度做到行业领先，以此建立具有行业优势的感知速度，打造良好的用户体验。由此，明确了速度的决定因素，再根据整体战略，结合用户的阶段性需求灵活地把四种速度有机地整合在一起，应用到企业运营管理实际。

绝对速度是由商业模式决定的

企业的业务是全国性配送、区域性配送，还是同城配送？是自建物流还是加盟模式？是 B2B，B2C，B2B2C，还是 O2O ？商业模式的差异，决定了其行业平均水平和网络结构的差异，也就决定了其绝对速度的不同。

就目前的电商物流而言，绝对速度的标准已经有了行业共识。比如 O2O 的时效能达到 2 小时，快餐类可以做到 40 分钟；同城配送能做到当日达或次日达；跨区域配送一般是 3 天以内。

相对速度是企业战略决定的

这里所谓的战略包括企业阶段性战略、物流战略和速度战略。

产品导向战略的企业是强产品、弱服务型经营模式，也就是说企业的产品在行业里的技术、性能、功能等方面具有绝对的领先优势，甚至是垄断地位。在这种情况下，用户在意的只是产品本身，对支持其销售的物流服务要求并不是很高。

比如苹果手机，当 iPhone 8 上市时，很多地方都需要预订，但是你可能要等 10 天、两周、20 天，甚至一个月的时间才能拿到商品。只是这样的配送服务丝毫不会影响用户对 iPhone 的疯狂和热捧。

服务导向型的企业则必须把服务做到极致，尤其是电商企业，所销售的大多是替代性很强的产品，品牌相同，质量相同，快递企业的服务内容也是相同的，能与竞争对手拉开距离的就只有服务了。电商物流企业竞争的是不同的物流模式和服务战略所带来的用户体验。比如大家都很熟悉的顺丰速运，就是通过建设比同行快的相对速度，以及非常好的用户体验，多年来一直在快递行业的中高端市场上称雄。

响应速度是用户体验的系数和变压器

响应速度能够强化绝对速度和相对速度的优势，弥补二者的不足，极大地影响用户感知，决定了用户对速度品牌的信任度和依赖度。

影响响应速度的因素主要有客服电话接通率、售后服务态度、退换货速度、问题一次性解决率等。

感知速度决定企业的品牌形象

感知速度是其他三种速度的综合，同时还与用户自身的一些因素相关，如用户期望、消费习惯、性格、心情等。企业在提升感知速度的同时，还可通过对用户期望的引导和服务的可视化提高感知速度。

京东的“211”大家都很熟悉，用户对其配送速度的感知就是：服务好、速度快。正是以用户体验为导向，才打造了如今京东“快”和“准时”的品牌形象。

那么，在企业速度品牌层面，四种速度如何相互作用才能打造企业的速度品牌呢？下面我们来看一下四种速度的关系模型。

图 2–1　四种速度的地位和作用

企业的发展阶段和资源状况决定了其战略定位，企业的发展战略又决定了其速度战略，通过四种速度的不同组合来实现其速度品牌战略。

从企业的管理层级来看，绝对速度和响应速度都是由作业层面来实现的。在体验层面，企业通过不同的相对速度和感知速度来提升用户体验。但在品牌建设层面，并不是有了好的相对速度和响应速度就会有好的感知速度，也并不是有了好的感知速度就会建立速度品牌，而是必须在具有稳定优势的相对速度和响应速度的基础上才能打造良好的感知速度，只有快且稳定的感知速度，才能形成速度品牌（见图 2–2）。

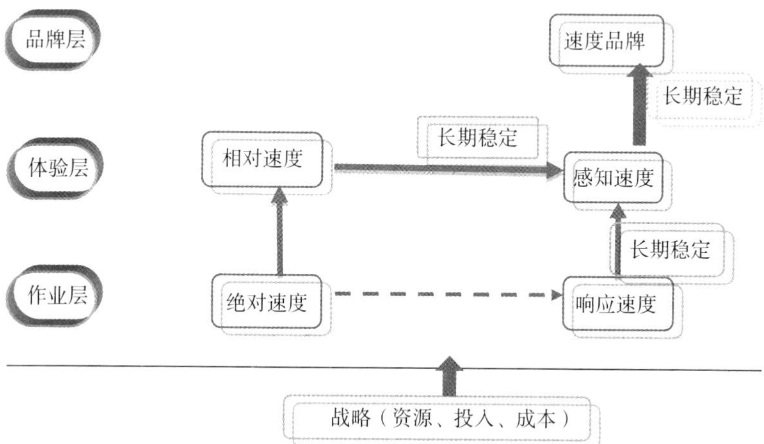

图 2–2　从企业管理层级看速度

绝对速度、相对速度和响应速度是由企业的商业模式和战略决策决定的；感知速度是由前三种速度的综合作用以及用户自身的作用相互融合而形成的，也可以说，感知速度是由用户决定的。

那么，回过头来我们再来回顾一下 ELA 的问题，应用速度的哲学思想，不难发现，其原因主要在于：

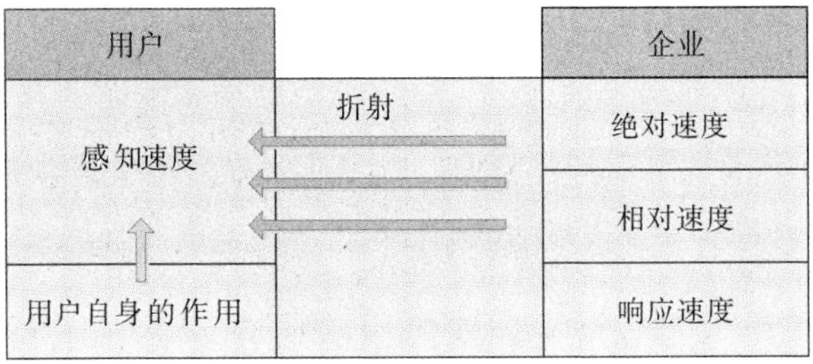

图 2–3　速度关系图

1. 没有明显的相对速度的提升；

2. 作为变压器，响应速度是下降的；

3. 感知速度没有从用户期望、心理需求方面采取行动，仅仅依靠绝对速度的提升去竞争。但是绝对速度的提升是短暂的、不稳定的，结果用户体验反而下降了。

显然，ELA 没有将四种速度作为一个整体来看待，不能以合理的速度组合拳、有节奏性地建设不同的速度，提供稳定的速度感知，在用户心里建立可靠、可信赖的企业形象。

在建设速度品牌的过程中，首先，速度的稳定性是速度哲学应用的前提和基础；其次，要像打太极拳一样，有虚有实、有快有慢、有进有退，才能积蓄功力，为企业的快速发展助力。

速度是可计划的

在前面的章节里，我们理解了速度的四个维度，每一个维度都指向了一个更优的提速之路，但在实际运用过程中，就速度发展的优先顺序依然会有困惑，那么有没有一个最优解呢？

答案是：有。

速度是计划出来的，最重要的决定性因素是企业物流战略，即在设计企业速度发展计划时，必须在企业整体规划的框架体系下，以企业总体物流发展战略为导向，决定速度的竞争地位和参照对象。

首先，明确速度实施的对象和主体，结合成本、产品和业务优势等条件进行分析，以确定四种速度的轻重缓急。其次，企业需要明白，速度提升计划不是绝对地、单一地提升某一个速度，而是要在四个维度中确定企业发展的重点，相辅相成地打造出一个速度的组合，树立速度品牌。

比如，如果企业着重产品端，产品品牌线都是全国独家代理，只有某个平台能够买到，别的地方都没有。那么，行业平均速度配送就能满足用户的期待。对应到速度四个维度的规划中，关注的重点可以放在感知速度和响应速度。如果产品已是一片红海，竞争非常激烈，如大众的3C、快消品，哪儿都能买得到，如果绝对速度和相对速度的表现仍相对较弱，竞争对手的速度门槛一旦建立，用户很有可能为了同等替代品转向其他平台。

正如京东建设了以仓配一体为基础的自有物流，甚至将全供应链的服务、“211”、极速达等时效产品做得风生水起，物流成为其核心竞争力。如果一家电商物流企业，战略和思路与京东基本一致，投入相当，但是在前期忽视网络规划和速度战略的话，也不一定能建立起自己的物流品牌。

物流企业的产品和竞争力辨析

物流企业在规划速度之前，先要对速度实施的对象和主体做一个辨析，这一点前文提到过。

在实践中，对于电商物流企业或快递企业而言，产品战略的重点是与同行业企业相比，具有明显优势的服务产品或时效产品，必须将相对速度和响应速度同时做到行业领先，在突出产品优势的同时，也一定会创造优良的用户体验。

如果是制造生产企业，其产品战略则完全不同，就像前面说的苹果手机，由于产品在市场上具有寡头垄断地位，用户下单以后等待一周，甚至两周，在接到商品时仍然是非常兴奋的。也就是说，强势而优质的产品型企业不需要强势的绝对速度，较低的异常产品率使得其可以低成本地将响应速度做得非常好，最终提供较好的用户体验。

进入市场的先后次序考量

考虑实施速度战略的主体是企业，一个后进入市场的挑战者，绝对速度重要吗？这是必然的，达到行业平均水准才能谋求差异化的核心竞争力，挑战现有的市场格局。如果是业绩增长进入平稳期的企业，战略中心可能更多地向感知速度和响应速度倾斜。

对于后进入企业而言，在市场战略下，企业的目标是快速占领市场，其必须在绝对速度达到行业平均水平的前提下，建立具有优势的相对速度，迅速打开市场。成本战略下，只要做到绝对速度与行业平均水平持平，甚至略低于平均水平即可。

速度战略规划的周期

一般的电商物流企业的速度发展规律如图 2–4 所示。在发展初期，电商物流企业要获得相对速度的领先，快速打开市场；在快速发展阶段，要以响应速度弥补服务的不足，赢得更多的忠诚用户；到了发展稳定阶段，需要巩固企业品牌，不仅仅包括速度品牌，还包括用户体验，因此，要做到行业领先的感知速度，打造更好的用户体验。

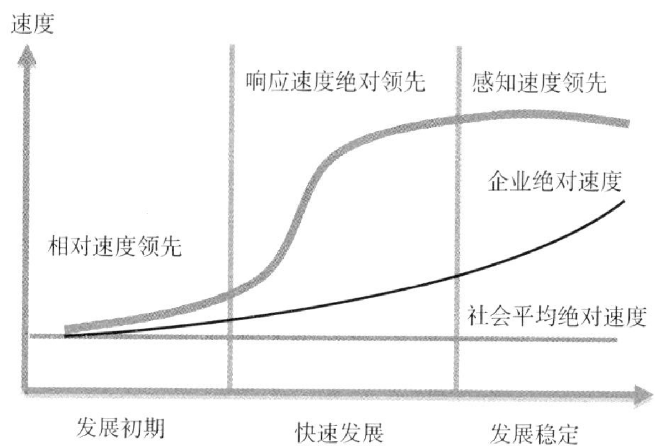

图 2–4　一般电商物流企业的速度发展过程

图 2–4 说明了一般电商物流企业建设发展速度的过程。初期以发展相对速度为主，快速发展期以提升响应速度和绝对速度为重点，发展稳定期则要不遗余力地实现感知速度的优势。这个过程对于资金雄厚、实力强大的企业并不适用。如果一家企业的业务需求强劲，自身的实力也足以支撑其战略发展的需求，则可以在发展初期就建立具有绝对优势的相对速度、响应速度和感知速度，迅速建

立行业竞争门槛。

综合来看，企业速度策略，或者相应的速度组合是在企业战略指导下，同时考虑不同发展阶段的特点来确定的（见图 2–5）。

	发展初期	快速发展	发展稳定
用户体验	绝对速度	响应速度+感知速度	响应速度+感知速度
成本	相对速度	相对速度	相对速度
市场	相对速度	感知速度+响应速度	绝对速度
产品	绝对速度	绝对速度	绝对速度

图 2–5　速度策略

需要指出的是，企业自身的绝对速度不是一成不变的，势必会随着企业的发展和管理的提升而逐步提升。同时，社会的平均绝对速度也会随着企业管理水平的提升而提升。

如图 2–5 所示，在发展初期，如果企业整体战略是产品和用户体验战略，则要制定绝对速度战略；如果是市场和成本战略，则要优先发展相对速度。在快速发展阶段，产品型企业战略下可制定绝对速度战略，成本型企业战略下可确定相对速度战略，市场和用户体验企业战略下则必须采取“感知速度 + 响应速度”的组合拳打法。在发展稳定阶段，产品和市场战略下，企业坚持一定的绝对速度即可；成本战略则只要采取一定的策略提升相对速度即可；但是在用户体验战略指导下，企业仍然必须坚定“感知速度 + 响应速度”的信心和决心。

那么，企业在不同的发展阶段如何提升速度呢？

永远提升绝对速度是不可能的，不仅企业成本无法承受，可能也得不到用户的认可；永远靠投入去提升速度也是不现实的，边际效益会逐渐递减。速度的提升是一个阶段性的任务，具有战略规划周期。当一个阶段性任务完成后，再根据下一阶段的具体场景确定下一个战略重点。

比如，在第一个周期内，先提升绝对速度，达标之后，再根据实际情况选择下一个维度进行突破，比如相对速度。这样一个接一个地按计划推进，既能具体问题具体分析，也能避免一口吃个大胖子的妄想。

这种循环上升的过程，有时候是企业及时调整战略的主动选择，有时候是根据竞争对手的发展情况而被动跟进。像永远一捧一逗的可口可乐和百事可乐、总是距离肯德基百米内的麦当劳，多少市场份额占据第一第二的行业龙头，都是在这样的相爱相杀中共同进步的。重要的是，循环上升是企业逐渐塑造品牌的必经过程。

需要知道的是，速度的提升具有一定的周期性，阶段性任务达到后，再根据下面的战略布局确定下一个速度战略。

速度的稳定性是前提和基础

在生活中，你可能有过这样的经历。选用同一家快递公司，接收同一城市寄出的物品，结果，有时三天能收到，有时要四五天才能收到，让人很无奈，体验就不好。

这就是速度稳定的重要性，它是速度品牌的前提和基础。不稳定的速度不是真正的快，不仅没有意义，而且企业成本还比较高。

到底为什么呢？用户有一个期望从优原则，即把好的服务当标准，哪怕你只做到过一次。比如，当你多次用同一家快递企业寄件时，中间有一两次是隔日达，其余的都是三四天。在用户看来，你是能够做到隔日达的，他对你的期望就是隔日达，而对于三四天才到的情况，他就会认为太慢了，因此，在用户心中，你还是很慢。

速度的不稳定同样会因为近因效应让用户产生不可靠的感觉，不仅不会提升用户体验，反而产生负面效果。

速度的稳定性还体现在对突发事件的应对上。我们知道，对于联邦快递公司而言，一年中圣诞节是最大的礼物配送时间，假定航班因暴风雪、机械故障、规划失误导致了物品无法送达，在这种情况下，如何保证稳定性？

我们看联邦快递的做法：它具备垂直一体化的功能，能简化全球产品开发和供应流程，快速反应并高效地完成产品从初步设计到批量生产、测试、分销及售后服务等过程。

此外，联邦快递建设的一体化工业园区充分发挥了其全球化、大规模、高产量的能力。它设址于低成本地区，但靠近所有主要的世界市场，极大地降低了生产成本。其工业园区包括波兰的格但斯克、匈牙利的萨瓦、墨西哥的瓜迭拉哈拉、巴西的索罗加巴、印度的钦奈和中国的上海。伟创力（全球著名的电子专业制造服务供应商）也鼓励它的供应商在园内落户，这样，产品就可以在工业园区现场生产，并直接运送给用户，减少了零部件运入和产品运出的费用，而不在现场生产的产品则可以从附近的伟创力区域制造网络获得。

所以，对于电商物流企业来说，不管其速度是快还是慢，一定要保证速度的稳定性，在用户心目中树立安全可靠的企业形象，才能通过有效的战略调整、管理策略的实施提升用户体验，获得市场和用户的认可。

速度制胜——快于竞争对手

兵贵神速是硬道理，物流企业要想获得竞争优势更是如此。四个维度的速度理念可以带给我们的启示有两层：

第一，“快”的含义是比竞争对手快。

这一层旨在强调“快”的定义，企业的目标或者战略层面一定有对于“快”的追求。战略是自上而下贯彻执行的，实施层面的理解是，既然这一阶段我们追求的是“快”，那么我们需要升级设备，改造流程……这个“快”一旦被解读成对于绝对速度的极致追求，很容易误入歧途。

绝对速度的提升很可能伴随着固定成本的支出，最终的投入产出比可能会拖累企业的营收情况。

那么，真正能产生效益的、值得追求的“快”应该是什么样的呢？实践证明我们定义为比竞争对手快是一个比较合理的标准。一方面，这其实是对“快”这个抽象的形容词进行了具象化。什么才算快？高于竞争对手创造的数据。如此明确的目标分解到执行层面，也会更有针对性，对标双方的流程、设备、管理，查漏补缺，及时跟进。

第二，不一定非要绝对速度比竞争对手快。在市场格局既定的情况下，弯道超车不失为一个可取的策略。

把速度分解成四个维度后，不难发现，竞争的格局也发生了变化。原本的单项比赛变为团体赛，个人先到达终点并不意味着比赛的胜利，加权下的团队表现才能决定花落谁家。

因此，一个绝对速度落于下风的物流企业，是有很大的机会通过其他的赛道来赢得最终胜利的。

这就是比竞争对手“快”的另一层含义，差异化的快。

在激烈的物流市场竞争中能够取得一席之地，速度快很重要。这里的“快”可能不是绝对速度的极致，而是比竞争对手快。即使绝对速度上有硬件投入的局限，也完全可以弯道超车，塑造出差异化的竞争力。前提是，对速度的哲学，即四个维度的相互关系能够精准把握，具象化地落实到业务流程中。

速度与用户感知：快到用户心里

速度的四个维度，对用户感知的物流服务体验来说，绝对速度弱相关，相对速度强相关，感知速度强正相关，响应速度极强正相关。这就要求我们在提升物流企业速度时，结合企业的实际情况整体设计各个维度的速度，规划出最优方案。那么，终极问题来了，到底什么样的速度是最快最好的？

答案在用户那里。

1. 适度超出用户期望；

2. 要符合用户的需求，即：快要快到用户的心里。

与传统实体销售相比，电商物流配送与传统柜台的作用是相同的。下单以后，用户都希望在最短的时间内收到购买的商品，并能快速解决交易过程中和商品交付后的一系列问题。

为了让用户满意，电商物流企业就必须适当地超出用户预期，给他以惊喜，才能获得更好的用户体验。比如，用户在电商平台下完订单以后，一般只要第二天能收到商品已经很满意了，但如果上午 10 点下的单，下午就收到了商品，用户会更激动和惊喜。

另一方面，是不是用户想要多快电商物流企业就应该多快呢？对此，企业不能盲目提速，指的是不能盲目地提升绝对速度，而且要知道应该提升哪一种速度、提升多少合适。

企业在提速时，首先要准确地知道用户的需求和期望。用户的期望绝对不是单一的绝对速度的快，而是用户能够感知到的相对速度、响应速度和感知速度齐头并进，重点突出，相互配合。

比如，同行企业全国基本上都是隔日达，企业的目标是只要能和其他企业持平即可。对此，企业一定要重新审视自身的战略定位和服务对象，再确定是否提速。提速是提高绝对速度，还是相对速度，抑或是感知速度和响应速度。提速是通过增加投入，还是优化流程。

当然，对于企业来说，满足用户的需求永远是自己追求的目标，如 O2O 的半小时达、京东的京准达等。

归根结底，快到用户心里，做好用户体验，有两个基本原则：

第一，在用户希望时出现，包括稳定、快速、及时；

第二，满足用户心理感知的需求（让用户知晓、遵守承诺等）。

据此原则，一方面，企业必须保证速度的稳定、快速、及时，在用户需要的第一时间出现在其面前。另一方面，提速不仅仅是企业单方面的事情，还要利用盲区等让用户感知到速度的提升，并能够准确地知道每一个环节的进程和状态，信守对用户的承诺，让用户在心理上对企业产生安全感和信赖。

速度与体验和成本：寻求平衡

我见过许多拥有超级装备的企业，它们都非常舍得投入。有的企业斥资购买飞机，有的拥有最先进的分拣设备，有的致力于人力的扩张。它们所做的一切努力，都是为了提升速度，打造好的用户体验。

那么，速度和用户体验之间到底是什么样的关系呢？速度快体验就一定好吗？

首先，从速度的四个维度来看，绝对速度是打造好的用户体验的基础，相对速度的领先和响应速度的强化作用，是形成稳定的感知速度的催化剂，进而打造良好的用户体验。每一种速度或者速度组合的提升，都需要投入一定的资源。提升方案不同，所需投入差异也较大。

其次，从技术的角度看，系统的可视化和新技术的应用，不仅是企业竞争力的体现，更是赢得市场和用户认可无形的广告。比如，通过物流信息系统，用户可以清晰地知晓所购商品的物流状态，满足了用户对商品所有权的心理需求，但是，系统的研发和维护费用是非常高的。

在运营层面，为了提升作业速度，在仓储、分拣、配送等环节甚至引入全自动化设备，以及更高智能化的机器人。

比如，一架载重 12 吨的全货机，包括燃油、地服等成本在内，一飞一落就是十多万元的总成本。在全部装满的情况下，每公斤的运费为 2 元。但在货源不足的情况下，每公斤运费成本相应提升，甚至有可能高达一公斤 50 元。这样的成本，显然是亏损的。如果线路规划失败，舱位利用率不高，一个航班就可能亏损数万元甚至超过 10 万元。

再如，从目前应用来看，智能 AGV 机器人已经走进了各大电商 / 零售仓库，充当起实实在在的劳动力。它们主要分担物流搬运、上架、分拣、补货、退货、盘点等流程的工作。这些 AGV 机器人不仅可以让整个物流环节更加精练，降低错单率，而且能减少劳动力成本，提高整个仓库的运营效率。

从供应链角度分析，每一个流程的优化升级，都通往绝对速度的极致，看起来是完美而正确的道路。尽管大型电商物流企业选择了一项或多项，但很少有企业能够在全链条进行最新技术投入。用技术提升速度，看起来简单，但风险很大。谁都无法担保烧掉的钱能够在某一天赚回来，巨额的投入，很可能是一场空。

由此可见，企业在提速的同时，往往会造成无法承受的成本压力。那么，速度和成本之间如何平衡呢？

我在实际运营中常用的方法是先固化其中一个因素，再解决另一个因素的问题。然后将两者结合起来，就形成了有效的解决方案。由此，可以将速度与成本的平衡问题看成两个问题：

首先，如何在速度一定的情况下降低成本？最佳办法当然是流程优化。

从供应链管理的角度来看，我们要做“流程搬运工”，通过业务模块位置的调整、班次的变更、上一环节与下一环节的交接、作业时间的调整等，就像玩积木一样，调整相互之间的组合方式就会产生不同的效果，我们的流程会更顺畅，整体通过效率得以提升，也就做到了在保证速度的前提下，选取最有效的组合方式，即优化方案，提升整体作业效率，降低成本。

其次，在成本一定的情况下如何提高速度？这就要抓住核心节点了，常用的方法有削峰填谷、提高核心作业时间等。

在作业流程中，往往存在一些浪费和瓶颈环节。如仓库的作业时间、准确率会影响到订单商品到达分拣中心的时间以及拣货的准确性，而分拣中心的完成时间则会影响发车时间。或者作业环节之间的衔接不顺畅，比如分拣完了，打包不及时，打包完了装车不及时。这一连串的关联影响，在高峰期，如“6 · 18”“双 11”的大促期间，表现更为突出，高峰时忙死，低谷时又比较闲。如果能够有效控制好核心节点的作业节奏，保证业务量的均衡性，在不增加人员、设备投入的情况下就可以提高速度。

综合起来考虑速度、用户体验和成本，三者之间又会是什么关系呢？我们从速度的四个维度分别来看。

绝对速度是企业的基础投入，是由运营质量、速度标准、网络设计与预算等决定的，不同的建设标准和网络结构，绝对速度的成本差异也较大。绝对速度不能直接影响到用户体验。

相对速度是尽可能少地投入。企业没必要为了竞争优势而过多投入，只要建立相对优势就可以了，除非想要建立绝对的行业门槛，比如具有绝对优势的跨区域速度。企业可以在两者之间进行衡量。在运营过程中，要确保相对速度的稳定性，稳定的相对速度能够提升用户体验。

响应速度与运营质量及其稳定性紧密相关。建设初期，其总额度一般较高，但是响应速度稳定以后，单均成本虽然高，总额度是下降的。响应速度对用户体验十分重要，其变压器的作用加上稳定而领先的相对速度，自然就能让用户感知到该企业不仅“速度快”，而且“服务好”。

感知速度是以上三种速度综合作用的结果。感知速度完全可以低成本，甚至是零投入地来实现。在运营过程中，可利用可视化、协调、提前告知等方式，并改进最后一公里面对面地与用户交接的效率和沟通方式，低成本地打造高品质的用户体验。

所以，物流企业要重点考虑响应速度和感知速度。

响应速度更多的是考量解决问题的时效性，最生动的例子就是将服务做到极致的海底捞。在海底捞就餐，除了等待期间用户能够嗑瓜子、吃零食、享受做美甲等增值服务外，用餐过程的服务也是零差评。无论出现任何关于菜品分量、口味的问题，都能迅速得到解决。如果一位用户事先并没有打过招呼，上菜后因为虾滑上点缀的香菜而拒绝为所点的虾滑买单，这样纯粹私人的拒绝也可以被接受，并且服务员很可能会在征询用户意见后重新定制一份用户满意的版本。

这样的快速响应和及时处理增加了额外的成本，但海底捞至少会获得一条高品质的点评曝光，甚至获得一个持续输送客源的忠实粉丝。究其原因，是对服务人员的充分授权优化了售后响应流程。一套完整的服务包括了可能产生的售后问题、客服流转质量和话术、售后处理以及升级问题的流程的优化，处理快速得当，将给用户带来“处理问题速度真快”的感受。

感知速度对用户体验的影响最大，稳定的用户体验能够形成速度品牌。感知速度的成本主要投入在对用户心理的钻研上。巧妙地利用睡觉时对时间感知模糊的间隙，可实现次日达比当日达“感觉更快”的效果。同时，物流的可视化（实时更新物流状态）给予用户“正在顺利进行中”“就快要送达了”的积极暗示，能够极大地纾解用户等待过程中的焦虑感。深溯流程链，当然还有很多这样的“窍门”等待我们开发。

弯道超车——低成本构建速度品牌

若一家企业的速度在行业中处于中等水平，但企业又没有足量资金投入以提升绝对速度，那么该企业还能树立速度品牌吗？还能打造优质的用户体验吗？

答案是肯定的，那就是弯道超车！

弯道超车是指低成本、差异化地构建速度品牌，出奇制胜。如何通过提升相对速度、响应速度和感知速度来制胜，或者利用主要竞争对手的弱势来制胜呢？

假设有两家定价基本一致的物流企业：

A 企业送达平均速度虽然比其他企业快，但是过程不透明，常常签收后物流状态才滞后地更新到“货物已发出”。退货流程也非常复杂，需要专门打电话给人工客服，手动调整订单状态。

B 企业由于人力投入不足，送达的速度总是比 A 企业慢半天到 1 天，但是它送快递的时间非常固定准时。另外，收派快递的流程简单，快递员的服务也很人性化。用户能够在智能设备上自动完成退换货申请，企业负责上门收取货，省心又方便。

两家企业相比较，用户会选哪家？

其实，这也要分不同的场景。一些对时间要求高的订单，比如寄送文件、资料等，可能会更倾向于选择 A 企业；但相当一部分的用户会被 B 公司的感知速度和响应速度所吸引，对其产生好感，采用 B 公司的服务。

在现实中，这个例子有一定的局限性，我们很少看到诸如 A 企业、B 企业这样优势和短板都很明显的企业。不过，企业在制定战略时，像 B 企业一样在其他方面下功夫，弥补短板，未尝不是一个好的选择。

在绝对速度这条直道上，企业或许会掉队。但在遇到相对速度、感知速度、响应速度这三条弯道的时候，如果能够抓住机会，企业就有可能超过那些在直道上原本领先的对手。要知道，每一个优秀的赛车手，都是弯道超车的高手。对于企业而言，很多时候在市场格局既定的情况下，弯道超车不失为一个好策略。

第三章

战略是方向，规划是道路

企业管理中有一个经典问题："Do right things"（做正确的事）还是"Do things right"（正确地做事）？哪个更重要？

在日常生活中没有绝对的对和错，"做正确的事"也许可以让我们少走弯路，"正确地做事"也往往能从细节入手收获极致的效果。

但对于企业来说，"Do wrong things well"（努力做错误的事）可能是最糟糕的结果了。比如我们赶一辆马车从南京到北京，有充裕的时间。那么，确定了从南到北的方向后，它可以走大路也可以走小路，可以选择最短的路往山东、河北进发，也可以绕远一点去河南、山西，甚至游览一趟大西北再往东走。赶路的节奏上，可以前松后紧，也可以前紧后松，或者干脆三天赶路两天休息，保证最终能如期到达目的地就好。

而如果一开始我们选定朝南方进发，那无论选择的道路再好、赶路再辛苦，也是枉然。战略就是对方向的选择，方向错了，一切都无济于事。

在历史的舞台上，关于战略的故事也有很多。

沃尔玛凭低价战略起家，定价比凯马特等大型超市低5%。为了执行低价战略、控制成本，沃尔玛省略一切中间环节直接从工厂进货，严格控制营销成本，配备了高效率的配送中心、快捷的机动运输车队和全面覆盖的卫星通信网络系统。正确的战略和正确的执行使它迅速拿下引领潮流的指挥棒，叱咤零售业多年。

GE（通用电气）、3M（明尼苏达矿务及制造业公司）是多元产品战略的制定和执行模范；联想、格力危急关头得益于单一产品战略的拨乱反正；曾经的空调市场绝对霸主春兰集团，却在从单一产品战略转型多元产品的路上，狠狠地栽了一个跟头。

那么，发展历史并不太长的电商物流企业，如何做战略呢？我们要清楚地知道，物流战略的制定是要回答以下问题：一次性铺设还是逐步到位？什么类型的网络架构？战略导向是成本导向、用户导向，还是覆盖导向？如何和公司战略一脉相承？战略调整的成本有多高？

这些问题都很重要，但还只是战略需要回答的一部分而已。当然，其中还有许多问题是不必要的，我们称之为“伪命题”。比如，最典型的就是有人问“自营还是第三方”，对于这一问题，本章亦会给出分析。

对于电商物流企业来说，“Do right things”很重要，选定了正确方向，一是方式选择较为灵活，二是纠偏相对于战略而言成本较低，都能最终实现自己的既定目标。

这就是我们这章开始讲述的：物流企业的运营实战，从战略与规划开始。

相宜与登山：战略的两把标尺

合适的战略能够为企业基业长青奠定良好的基础，“合适”的奥义就在于因地制宜，具体问题具体分析。那么，如何检验企业的战略是否合适，有无通用的行之有效的标准？

多年以前，我曾经到一家物流公司考察，看到这家公司包括主管和员工在内的大部分人都在画公司战略图，我感到非常震惊，就问道：“你们为什么要画战略图？是公司要求的吗？”

员工回复说：“这是自发的，每一个人都需要考虑公司的发展。是否了解公司的战略规划，是公司员工绩效、晋升、考评体系的重要标准之一。”

我继续问：“如何理解公司战略？公司处于哪个发展阶段？公司核心业务是什么？”

面对这些问题，员工们面面相觑，没有人能够回答。

接着我了解到，在这家公司，一两个月就会开一次战略会。在会上，大家一起讨论公司的发展方向，而且每次讨论都会做出新的战略规划。奇怪的是，经常上次会议上确定的路线方法，下次会议就否决了，然后又敲定新的方向。如此来回往复，浪费了许多时间和精力，出不了实际成绩。

企业战略，乍一听感觉很高级。人们也常以为，研究战略是一件高大上的事情。因此，有的公司天天把战略挂在嘴边，常常做一些形式化的事情。比如上述企业要求每个员工画战略图，即便每个员工画了一张图，那么对企业发展真的有指导意义吗？我想，可能性极小。

战略大会天天开，却没有人去传达和执行。这样的结果就是，战略永远被束之高阁，毫无实际效用。对企业来说，光有理论高度，没有实际执行，就好比建了一个空中楼阁，看起来美丽，实际没有任何价值。

那么战略如何做到务实呢？这正是我们接下来要回答的问题。

相宜理论：战略的匹配考量

企业在做战略的时候，要考虑自身处于什么样的发展阶段。相宜理论是指，在企业的不同发展时期，企业需要不同的发展战略，以及相应的规划、策略和资源来匹配。

战略是企业在某个阶段的一种选择。评判战略对错，就得看它是否匹配企业所处的发展阶段和拥有的资源。

以速度战略为例。

如果公司处于发展初期阶段，销量、单量情况一般，那么电商物流就应当以体验为主。单量小的时候，往往更容易做好每一单的响应速度，及时响应用户需求，尽快解决用户问题。

当企业处在高速发展阶段时，既享受着用户迅速增长的甜美，又要处理各种纷繁复杂的问题，此时，电商物流也应该把响应速度放到主要位置。服务好一个用户，他可能会在一个朋友面前表扬你，如果得罪一个用户，他会在100个朋友面前讨伐你。

如果不想失去用户，那在增长的同时，就要把感知速度放在第一位。

到了发展成熟期，业务增速平缓，市场进入竞争红海，战术层面陷入束手无策的局面。这时候，从战略上分析，可以在感知速度上创新，创造优于其他竞争对手的用户体验，强化速度品牌。

发展初期主打响应速度，快速发展期全力打造速度品牌，瓶颈期在相对速度、响应速度和感知速度上创新，制造竞争门槛。结合企业的发展阶段，电商物流的战略制定更具象更灵活了。

梳理“四通一达”各家公司的发展脉络可以发现，它们几乎都是在初创时期采用了成本战略，互相比拼价格，掀起疯狂的价格战。到了发展稳定期，价格战引发了诸多矛盾，原有的成本战略难以持续下去。这时候，各企业才停止了无序的价格战，转而从服务、体验等感知层面升级，加入更多差异化的产品和服务来吸引用户。

相反，顺丰采用了差异化战略。一开始，顺丰是以快取胜，随着行业的发展，绝对速度优势逐渐变弱。于是，除了保持在速度上比其他公司稍快之外，顺丰着重加强了运输规范、人员管理、签收、客服等方面服务水平的提升，通过提高感知速度、响应速度来创造差异化竞争优势。

在企业实际发展过程中，每种战略都有存在的价值，各自拥有适应的环境，没有绝对的好坏。通常，只有能够灵活运用战略的企业，才能够更快地适应环境变化，抓住发展的机遇。

接下来，我们再看企业资源对战略制定的作用。所谓资源，是指企业是否拥有相应的人力、财力和物力，有能力在市场中获胜。光有完美的战略，没有足够的资源支持，战略就只是不值钱的想法。

通常，支持电商物流战略的资源包括仓储、设备、资金、人员等。没有金刚钻，揽不了瓷器活。比如自建物流，如果没有足够的资金投入，再多的人干活也无济于事；如果只有资金，没有系统，也建不起来。

战略的制定，就好比买鞋，合脚最重要。根据企业的资源条件制定物流战略，因地制宜，物尽其用，才能成就一个好战略。很多时候，面对一个高速发展的市场，大家蠢蠢欲动，做了天衣无缝的战略规划，期望成为市场中的佼佼者，然而，一旦分解到执行的各个层面，才发现每个部分都差了一点。于是，一个满分的战略沦为不及格。如果企业一开始就能根据自身的实际情况规划，从点滴做起，或许还能在稳定发展中逐步壮大实力。

登山理论：快速决策比正确决策更重要

“摸着石头过河”，不仅是对中国改革开放的形象描述，也能够运用到企业战略制定中。这样的行动依据，我们称之为“登山理论”。

当几乎全行业都在谈及 O2O 的时候，超市零售也没有例外。相比餐饮等其他本地生活服务，超市零售 O2O 触网更晚，模式上也没有主流定论，更多是在探索借助互联网转型，找准切入点，从不同角度尝试零售 O2O 的线上线下融合。

某连锁超市 O2O 的线上线下融合把强调线下购物体验作为切入点。此线下购物体验并非超市中的购物体验，而是其电商平台商品配送的体验。

该零售 O2O 模式是先自建一个 B2C 网站，超市作为辐射据点，在人口聚居区选择每 5000 户家庭为一个单元，每个单元招募一个创业合伙人，负责推广、配送、维系、售后，合伙人是顾客唯一接触到的配送员，也是实现极致体验的关键。此模式的难点在于驱动合伙人为顾客提供极致购物体验。一方面，由于配送费定价低，合伙人从配送获得的收益只有当用户达到饱和状态时才能逐渐实现盈利，所以合伙人更多的收益会落在用户每单消费的提成上；另一方面，每个合伙人覆盖 5000 户，只在晚上配送，随着顾客数量的增长，较大的配送需求与用户极致体验之间的平衡点并不好拿捏。这个项目正处于实践检验阶段，将在试错中逐步完善。

由此可见，找准前进方向是创新和战略决策最主要的目的，然后在前行中不断试错，以快速抢占市场先机。

登山理论正是为了解决创新、创业以及战略决策行为而提出的，其本质是，创新没有一条可知、顺畅的道路，必须在第一时间起程（见图 3–1）。

登山理论强调在创新创业过程中，快速决策比正确决策更重要。不是说正确决策不重要，而是说通过比较，利用各种工具、流程等进行决策，拖慢了决策的速度，浪费了大量的时间，可能已经错过了占领市场的先机。快速决策可能会犯错，但是只要及时纠正，保证大的方向正确就可以。

登山理论的内涵包括四点：

1. 把目标的实现比作到达峰顶，唯快不破，最快到达峰顶的攀登道路才是最好的。谁都不知道面前的路能不能到达峰顶，在未知面前，路都是靠人一步步走出来的。

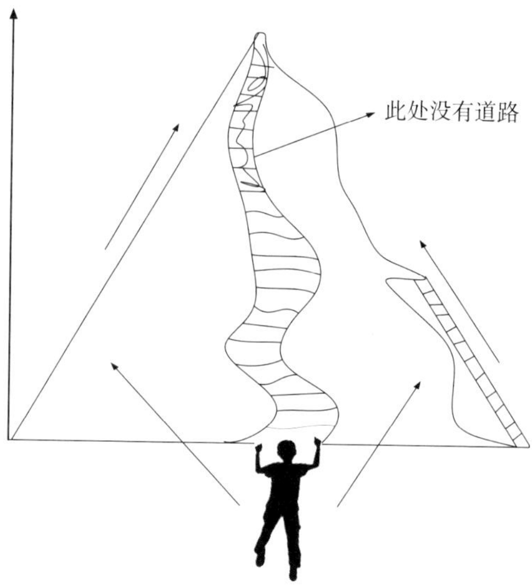

图 3–1 登山理论示意图

2. 攀登一座没有被开发的山，“快”比“正确”更重要。所谓正确的道路也许更便捷、更安全，但对于目标的实现，尤其是在竞争环境下，意义不大。如果别人从别的道路超越了你，你可能永远都追不上了。

3. 迅速出发比站在山脚观望更重要，前方没有道路了可以迅速改道，只要整体是在向上攀登，就不与目标相悖。

4. 登山的过程中，不要因为暂时的落后而沮丧。在没有登顶之前，结局是个未知数。

尤其对于制定战略的初创企业，和那些要做创新决策的企业来说，与其犹豫不决浪费时间，不如一鼓作气，勇敢尝试。美国创业家、作家埃里克·莱斯在其著作《精益创业》中提出，在精益创业模式下，所有的创新行为和想法都必须在最短的时间内呈现出来，抛弃一切暂时不重要的其他功能，把极简的功能展现给用户，无论成功或失败，都能够以最快的速度知道结果。

也就是说，只有不断试错，并且从错误中修正问题，才可能达到心目中阶段性的完美状态。那种想要一步登天，又犹豫不决、左右徘徊的人，最后都会在半空中掉下来，结局凄惨。

什么约束着战略的制定？

即便清楚地知道企业需要什么样的战略，在实践过程中，仍会有很多企业的决策者叫苦不迭：知道相宜理论和登山理论内涵，为什么依然制定不好企业战略？

——问题来了，是什么约束着战略的制定？是什么阻碍了企业的战略制定？

诸多因素制约着企业的战略制定，其中有主观的，也有客观的。以下三种因素比较常见：

第一，团队的眼光。一个企业最大的隐患，就是创新精神的消亡；最大的财富，就是创始人的深度或远见。

在英文中，“entrepreneur”（企业家）一词来自法文，其原意是指“冒险事业的经营者或组织者”。而企业家就是从事组织、管理并承担经营风险的人。

对企业家的认识可以追溯到18世纪，法国的管理学先驱们将经济中承担风险的行为与企业家联系起来。在英国的同一时期，工业革命正在进行，企业家在其中扮演着重要的角色。

熊彼特曾在创新理论中提出，企业家是从事“创造性破坏”的创新者，凸显了企业家精神的实质和特征。

在一些初创企业中，许多决策都是创始人一人说了算，他的决策能够决定一家企业的生死，以及到底能够走多远。一个缺乏远见和自主学习能力的领导人，无法做出正确的战略规划，也不可能带领团队登上巅峰。

第二，市场环境。当你穿好了登山衣、登山鞋，备好了干粮，做足了万全的准备，这时候突然风云大变，狂风不止，如果坚持攀登就是送死，你是按计划登山还是等待天气好转呢？

相信更多的人会爱惜生命，不愿白白送死。市场环境，就好比天气情况，它的好坏直接影响战略的制定。

因此，当企业制定战略时，抬眼看看头顶的天空，梳理一下自己身处的环境，根据环境的变化，做出相应的改变，这样才能做出负责任的决策。

第三，市场需求。如果企业的产品或服务不被用户需要，那么它的价值何在？你千辛万苦地付出所有，最终却因用户根本不需要而白费力气，没有比这更悲惨的事情了。

在互联网时代，的确有一些供需关系是在服务或产品出现之后培养而成，但我们不能错以为用户的需求不存在。正好相反，那些一夜之间火起来的市场，其实早就蕴藏着巨大的潜在的用户需求，只不过这些需求此前没有被充分发掘或被满足罢了。在创业领域，大家把这种潜在的需求称为用户痛点。

解决用户痛点，就是满足用户需求，两者是共通的。通过大数据分析、市场调查等方式，企业可以得到用户需求的调查报告，然后联系内外情况，做出战略决策。

比如，一家电商物流企业开通一小时达业务，初期必然会导致成本增加。消费者的需求能否为这项新业务买单？是否需要这项业务？企业需要进行市场调查，并且在成本可控的情况下进行尝试，然后做出理智判断。

当然，一些独家的稀缺产品会拥有天然的需求。比如，每次全网通的苹果手机发布，用户关注的点一定是哪个平台可以拿到首发。因此，有独家产品的企业应该从战略上更多地关注备货、库存变化和售后服务。与此同时，有些产品是非常普通的，比如日常喝的牛奶。在销售普通产品的时候，感知速度的比拼就变得更重要了。

企业战略要考虑的其他因素

- 企业的发展阶段；
- 用户结构以及需求特征；
- 资源投入；
- 职能的约束条件；
- 实现战略的时间周期，或者说战役实施时间；
- 物流的营销；
- 战略的阶段性。

战略循环

长期以来，人们都认为那种十年不变的才是战略，而战略必须得管十年。这种想法是有偏差的。在科技日新月异的今天，战略的周期变得越来越短。企业的发展，要依靠短期战略和长期战略的配合。长期战略可以是三五年，而短期战略的周期可以短到三个月。

一般来说，新创立的企业环境比较动荡，战略周期都比较短。严格来说，这不是大刀阔斧的战略变革，而是快速迭代的战略循环。我们看一些历史悠久的国际大企业，它们在上百年的成长过程中，都会经历许多称得上是生死攸关的战略变革。

在今天这个快速变化的世界里，短期战略和长期战略同等重要，有时候还会起到关键作用。或者说，每一个大战略目标，都是随着一个个小战略目标的达成而实现的。企业在不同的发展阶段，有不同的战略目标，而每一个阶段，都能够设计一个战略循环。一个战略循环有五个步骤：战略制定、战略分解、实施与绩效、评估与调整、反馈结果与新战略（见图 3–2）。

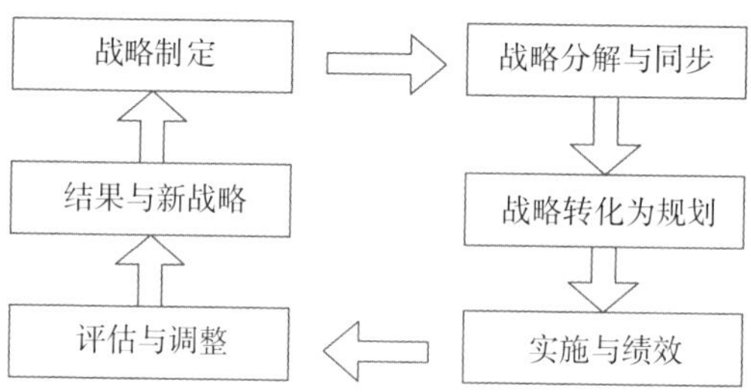

图 3–2　战略循环示意图

制定战略，最关键的是明确目标。当前阶段应该达成什么目标？下个阶段达成什么目标？有了明确目标，才有努力的方向。一个目标的达成，意味着下一个目标的开始，同时也意味着新战略的实施。

紧接着是战略分解与同步。战略是宏观的、全面的，但它一定是表述清晰的，可以分解成局部的、业务层面的执行要点。这种分解既可以在空间上把战略目标分解成部门、业务、作业流程的具体目标和具体任务，又可以分解为更小时间单位的目标，比如月目标、周目标、日任务等。战略只有经过分解，变成具体的规划和举措之后，才是可执行的。

在分解中需要战略同步，战略同步与战略分解是相互结合的，各层级、各部门必须根据整体战略及时调整和制定分解战略，在目标和行动上与整体战略保持同步。

然后是实施与绩效，为了对企业管理的活动进行准确的衡量，战略应该是定量分析、可检验的。通过产出要求、收入、成本要求、截止时间等检测指标，企业要对战略的实施进行检验和考核。数据可以告诉你一个战略是否有效。

通过绩效考核，评估战略效果如果出现偏差，或者阶段性成果不达预期，企业要根据阶段性的结果修订战略，并重新制定下一周期战略，这才能完成完整的战略循环。

无论战略怎么变化，以上五个步骤都是战略的主要阶段，随着战略的升级，它们也不断地循环进阶，保证战略的顺利进行。

战略规划第一步——分解

许多企业管理人员把战略看成虚无缥缈、不可量化的东西，其实是因为没有真正的战略分解。其判断标准为：（1）有没有在宣布完之后束之高阁；（2）有没有建立战略和经营、财务、绩效、资源、投入之间的关联；（3）有没有战略实施回顾；（4）有没有把战略导向作为评估行为正确与否的标准。这些都需以战略分解为前提和基础。

一大块牛排摆在面前，你会一口吃下去，还是使用刀叉一口一口地吃？相信大家会毫不犹豫地选择刀叉。只有一口一口地吃，才能品尝到牛肉的香美口感，让人回味无穷。一大块吃下去，不仅享受不到美味，还可能噎着。

我们如果把战略比作一块完整的牛排，那么，第一步就是分解。只有分解战略，才能一口一口"吃"完，达到最终的目标。那么如何分解战略，才能更好地落实到执行层面的细节呢？

首先，进行体系分解。这是指对企业战略进行定性的侧重点分析，可选择的包括竞争战略、经营战略、发展战略、品牌战略、成本战略等（见图 3–3）。战略体系化分解的过程，就是敲定企业核心战略的过程，如图 3–3 中指针指向代表的是核心作战方向，以便为后续锻造企业核心竞争力配置资源。

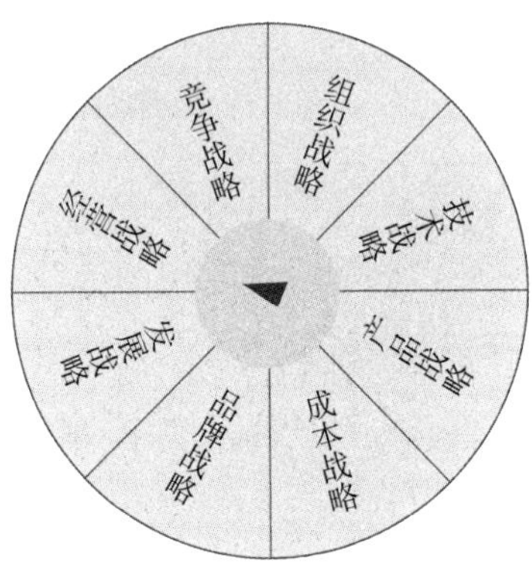

图 3–3　战略分解

比如，企业选择了成本战略，就要把重心放在成本上，低成本就会转化为高收益。在选定了核心战略之后，接下来的各阶段和各环节才有了主心骨和规划的依据。

战略制定之后，就需要企业各个职能部门的配合实施。一个电商物流公司内有诸多部门，包括战略、财务、人力资源、固定资产、物料设备、信息系统、运营管理等。战略的成功实施，要依靠组织的支持。

因此，各职能部门应当有清晰的规划，知道自己的任务和目标。比如人力资源，在新的战略中，应该如何安排人员？新招多少人？是否外包？对这些问题要做出相应分析。

战略制定完之后，如果不进行职能分解，而让各个部门根据自己的理解，各做各的，就容易产生偏差，甚至出现两种极端情况：战略制定结束后，没人理睬，没人落实，无限期拖延；或者各个部门都按照自身最好标准来做，互不交流，造成资源浪费。

迈克尔·波特对战略的定义是企业在各项运营活动中建立的一种配称。这种配称，能够让企业建立一种独特的可持续性的定位和竞争优势。如果各项活动之间缺乏配称，战略也将失去独特性和可持续性。也就是说，战略是企业各项运营活动之间的配合和协同，它讲求的是整体的联动性。

那么，如何让战略的各部分融为一体，让各部门发挥整体作用呢？这需要企业从多个方面去细细考量，做出更细致的分解，将目标任务落实在各个部门、各个流程环节，并让它们发挥协同效应。

从时间、空间、作业和内部职能四个维度（见图 3–4），可以帮助电商物流企业更好地梳理战略分解步骤。

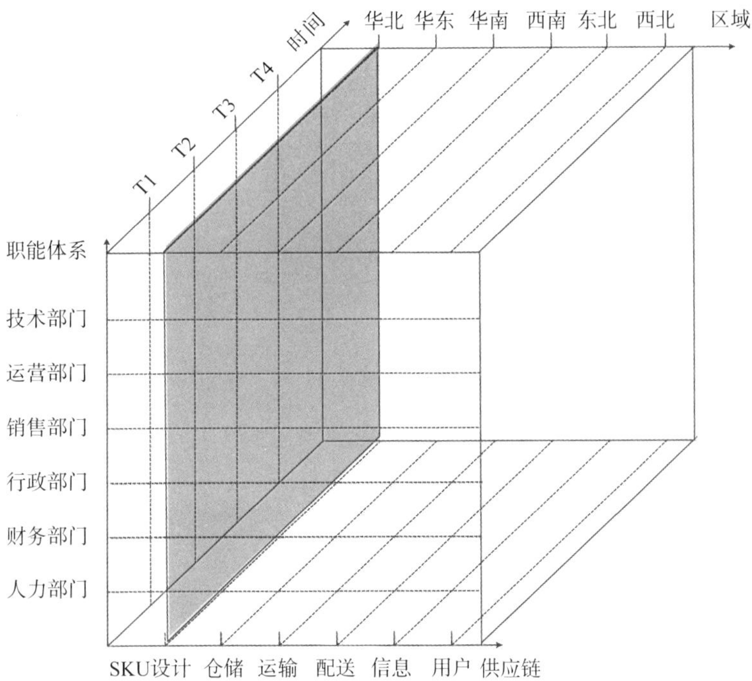

图 3–4 战略的四维分解

第一，从作业维度展开分解，以供应链的作业环节为分解单位，疏通供应链业务流程。从后端到前端运营的整个流程，从产品的开发和设计到终端的用户体验，从库房到分拣、运输再到交接，从供应链业务链条着手分解，不容易漏掉重要环节。

第二，从组织维度展开分解，协同组织内各部门、各团队，明确每一个部门、每个人为了共同实现企业战略所需做的工作。细化到每个人在每个周期内需要在哪个流程环节完成什么样的工作，都是具体而清晰的。各个部门不仅要理解和完成自己在战略中的任务，还要结合自己在整体战略中的位置，与其他部门互联互通，共同努力完成战略的执行。

第三，从时间维度展开分解，是把战略性的任务和工作，落实到年、季度、月度。这是一种目标管理方法，而目标管理与预算、KPI 都是相互关联的。通过一天天的积累，企业才能登顶，完成战略计划。

在时间维度上，企业越新，所处的环境变化越大，竞争越激烈，战略周期越短。面对快速变化的环境，只有短平快的打法才能出成绩，只有不断实践才能出真知。

第四，从空间维度展开分解，即按照地理位置来划分战略目标。这一点，对于电商物流公司尤其重要，因为不同区域由于地域文化、经济水平、消费习惯等的差异，应根据企业总体战略目标，分解制定差异化区域战略目标，才能真正做到因地制宜。如重庆的崎岖山路、大连的直线海岸线、被长江大桥隔开的武汉和没有城市中心的东莞等，在分解战略过程中，不同区域对物流网络、路由、时刻表、设备有着不同的要求。另外，每个区域的业务量不同，战略地位也有轻有重。

另一方面，不同区域的文化传统对物流成本的影响是难以量化而又确实存在的。举例来说，某地沿袭尚武传统，绿林习气重，竞争意识强，针对该地的配送人员的管理就要弱化容易引起反弹的制度部分，而要加强情感连接，多以业务竞赛的形式激发大家的工作热情。

再如，宗族观念影响深远的地域，一个姓氏、家族的人员往往同进同出，这对人事招聘和管理来说是一把双刃剑，如何利用这种家族文化取长补短，取得最大的团队效益，也是一个有趣的课题。

战略分解的四大维度构成一个系统，每一步的战略分解都为下一步制订规划起到作用，或者是提供资源、疏通供应链，提供一些量化的要点。如果没有战略分解，完全从战略上直接过渡到后面的落实和执行，就容易造成理解差异，达不到思想的统一，无法贯彻落实。如果各部分无法形成合力，会造成极大的浪费。

当然，设计和执行的信息不对称是永远存在的，预设得再好，实施的细节也会面临各种各样的意外而导致偏差。然而，如果不在分解中理解战略，在下一步的具体规划中就会变得混乱，严重扰乱战略的顺利执行。

如何让计划赶上变化？

战略分解完成之后，需要对不同的业务进行规划，阶段的战略量化就是规划。而规划的要求是，具备可操作性和可执行性。同时，它又是预算和绩效的前置条件。在战略规划中，我们要注意两个原则：第一，任何规划都好于没有规划；第二，任何好的规划都不如一个好的执行。

很多企业的问题是，经常改变规划，却没有主线，这样容易走偏。规划的变更要围绕核心战略进行。比如在一个战略规划中，既要考虑用户体验和效率成本，又要考虑质量，还要计划扩大服务规模，那怎么办？

在电商物流行业，经常遇到计划赶不上变化的情况，这是因为计划实施过程中每一个因素都是在不断变化的，尤其是一些重要因素的变化可能会打乱原有计划，甚至使得原有计划不能继续执行，而必须进行更改。我总结了三种有效的办法来应对变化，帮助企业快速适应变化，掌握主动权。

抓住不变

结合一家公司的实际情况，确定最突出的战略，再围绕着这个核心去做，就能走对路。如果不围绕核心，那就像无头苍蝇，不知道往哪个方向跑，力量分散，就无法产生聚合效应。公司的资源有限、时间有限，不可能什么都兼顾，必须学会重点突围。

比如应对业务高峰，公司有没有解决问题的计划？如果有计划，那么无论发生多大变化，大家前进的方向是不变的，基本的顺序是确定的，而且有衡量标准。一支队伍有主攻，有副攻，有匹配，有辅助，才会是一个有纪律、可协调的整体。如果没有应急计划，那会造成什么后果？各部门相互埋怨，相互推诿，相互争抢资源，到最后就形成积压。

为了使制订规划变得更简单可行，我们可以参照战略分解的方式，从时间、空间、作业、组织四个维度来分解规划。相较于战略而言，规划的分解会更细致。比如时间，规划分解的时间可以细化到每一周，甚至每一天。在空间上也是如此，规划可以把区域从一个省或者一个城市细化到每一个片区、每一个网点。

每一个规划的周期至少要完成一个反复：从上到下的传递，从下到上的反馈。只有反复调整，才能做到规划和实际执行的无缝衔接；要在最基层环节落地，确保战略到实际运营的一致性，确保方向正确和实施及时。

精准预测

如何提高规划的精准度呢？需要准确的预测来保障。

预测是对未来需求的评估，是做规划的基础和前提。预测可以根据经验，或者相关数据，或者大数据来进行。比如，通过预测可以知道，市场对某一种商品的需求是1000件，那么采购、生产、销售等工作就都按照1000件来规划，但预测往往与实际需求有一定的误差，在做规划时，必须根据市场环境和企业运营情况考虑误差水平。

在预测时，我们要通过推演“剧情”来提前判断可能遇到的障碍，以及可能达到的目标。对于可能发生的障碍，要提前预备可行的解决办法，使得实际执行过程更顺畅。同时，对于目标的预测也很重要，如果目标太高，执行动力会减弱；如果目标太低，企业发展就不足。

一旦确定目标，就可以把它作为衡量任务的指标，订单量、用户数、点击量、产品销量都可以作为衡量指标。有了指标，企业才能够预测从起点到终点的路程该如何行走。

常用的预测办法主要有定量和定性两大类。需要注意的是，每一种预测方法都有一定的前提条件和限制因素。

在选择预测方法时，首先必须考虑预测精度的需要；其次要考虑预测的时间成本和对人员的需求；最后，要根据模型的假设前提和限制条件对预测结果进行修正，以减小偏差。如此，才有可能预测变化，控制战略的执行过程。

应急预案

在做规划和计划时，预测计划实施过程中有可能发生的各种意外情况和风险，并制订相应的应对方案，即应急预案。这样，在计划发生变化时，才能确保计划继续执行。

根据经验和实际调查，企业通常都能够找到计划的漏洞，提前预防风险，并且制定解决办法。然而，这一招不是万能的。计划还是会出错，还是会遭遇变化，而解决问题的办法，还得从计划本身入手。

如果一个计划的容错能力够强，那么即便出现变化，也能够自动化解，不会发生大的偏差。就拿电商平台来说，众所周知，电商平台的订单波动是非常明显的，短期内出现 5~10 倍的订单波动也属正常。一天中有波动，一周也有波动周期，更别提大型狂欢购物节的订单量波动了。那么，怎样去应对这些波动呢？

这时就考验企业的容量弹性是否充足了，在管理学里，这叫弹性规划。企业日常产能取值多少合适？公司的订单量是波动的，不可能提前进行最精准的资源匹配，刚刚好的概率很低。如果按照最高限来设计，平时订单量少的时候就会出现大量的资源浪费；但如果按低限来制定流程，抵御波动的能力又很弱。

这里有一个秘诀，那就是按照经济学中的 80/20 原则进行规划，比如，单量最高峰时需要 100 人，那么平时就设定 80 人，这是比较合理的具备弹性的规划。当然，如果企业正处于高速发展期，按照更高的比例进行规划也是可行的。

电商的订单变化波动类似脉冲，高低不平、起伏不定，而解决脉冲的方法有两个思考方向。一是削峰填谷，即平移订单的分布，比如说提前半个月预售，大的购物节提前预热。还有一个方向是适应波动，制造弹性通道，设置一个供应链能容忍的阈值。这要求在设计供应链时，需要保证能够持续运营的最大负荷能力。

另外，缩短规划周期也是增加弹性的一种方式。尽管这种方式对于长期战略有一定的负面影响，但也不失为一种办法，尤其是变动和竞争激烈的市场环境。一个年度周期里，一旦预判发生偏差，企业或许要等到一年过去了才能够做出改变，但如果我们以三个月为一个周期，灵活性就会更强，三个月时间到了酌情调整，而不用过多考虑太远的未来。对于企业来说，它也许能较为精准地预测三个月内的业务量，但由于市场环境、自身发展的变化太快等原因，预测年度业务量就会出现较大的误差。

在实际运营中，计划赶不上变化的概率很高，但是规划依然是必要的。规划可以给出业务重心，点出需要集中精力解决的主要矛盾，并且我们可以通过行之有效的方法来增强计划的可执行性。

为了让规划具备高度的灵活性，企业要做到以下几点：第一，做阶段性的规划，确定规划的时间周期和空间范围，根据实际环境来分析，让规划本身具备弹性；第二，规划周期内，不要瞻前顾后，一旦想太多，就会自乱阵脚，过多的变化会导致规划紊乱。

毋庸置疑，规划的弹性越强，对于作业组织和空间利用的灵活性要求就越高，应对需求波动的能力就越强，总体成本就越低。但是，企业要根据自身的发展阶段、发展速度、资源可得性等来具体决定。

用规划打通流程的“任督二脉”

对于电商物流这类多环节的行业来说，流程的畅通性至关重要。一个合理的流程能够为企业减少很多麻烦，而一个经常堵塞的流程会带来不可预估的严重后果。

每个企业的作业流程，都不会是天生顺畅的，它需要经历磨合，在不断地优化之后，才有可能高效地运转。而我们打通流程的第一步，就是提高流程规划的合理性，进行流程合理性评估。

流程合理性的评估有三个维度：第一，顺畅性；第二，流程本身能不能尽可能少出现问题；第三，能不能解决问题。我们所谈到的流程，不只是列出一个标准的业务流程，而是更看重如何规划出一个能够解决问题、消化问题的流程。

在具体规划中，我们通常把流程分为四个等级。一级流程是最核心、最主要的全链条脉络，包括从 SKU 到售后服务的全流程；二级流程围绕着核心流程，起到衔接作用，重点关注环节与环节之间的连接；三级流程是环节内作业流程；四级流程是指整个供应链和外部的衔接。

在各个等级的流程内部，要特别关注流程的闭环，这里的闭环强调的是管理上的闭环，而非业务闭环。只有形成了闭环，这个流程才有可能生生不息地运转下去。按照供应链模型分析，每一个流程、每一个作业环节都是“环节—衔接环节—下一个环节”三个步骤，一进一出，就形成一个闭环流程。

我们用外卖平台的运作模式来说明闭环的概念。外卖平台的基本流程是：商家在外卖平台上发布消息—用户在平台上浏览、选择商家—完成支付—等待送货上门—确认收货。

在这个流程中，就形成了三个闭环。第一个闭环，从消费者角度来说，他们进入平台进行选择，最终在平台上完成支付，结束消费；第二个闭环，从商家角度来说，它们进入平台发布信息，最终在平台上获取营收；第三个闭环，对于配送员来说，他们进入平台抢单，然后在配送后点击完成，并且领取配送费。

这三个闭环，都是通过在外卖平台的进出实现的，他们同在一个体系下，又有各自的流程路径。如果其中一个闭环流程不顺畅，不仅内部会出问题，也会影响其他两个闭环流程，甚至造成流程瘫痪。

因此，在前期规划的时候，就要确保闭环流程之间、上下游之间以及环节之间的衔接足够紧密。而对于衔接程度的理解，大家也要有清楚的认知。只有认识到位，才能在流程规划的时候留意问题，后期不会因为衔接不上而犯错误。

比如 A 和 B 两个人，分别代表一个环节，如果他们只是握了一下手，其衔接程度是远远不够的。我们要达到的程度，一定是相互拥抱，形成咬合状态。而对于咬合状态的评价，需要企业制定相应的指标来衡量。

再用外卖平台来举例。在一次外卖消费中，最完美高效的流程是这样的：用户下单，商家接单后立即制作，商家刚包装完毕，距离最近的骑手刚好赶到了，骑手走最近的路，把外卖送达用户家中。这样的流程，谁的时间也不会被耽误。

然而，在现实工作中，这样的情况几乎不存在，如果有那么多刚刚好，也只是巧合而已。既然如此，难道我们就不规划流程了吗？就不去想办法提高流程衔接度了吗？当然不是。相反，我们一定要主动提升流程之间的咬合度，尽管无法达到完美，但求合理可控。

外卖配送员延迟送货时，有没有解决办法？如果送错了单，怎么快速解决？如果商家漏单，用户投诉如何解决？系统能不能自动识别错误，发出提醒？……如果在流程规划中考虑到了这些问题，并且提前做了准备，使得流程少出问题，并且能够自动解决问题，可以说，这样的流程规划就是合理可行的。

规划的三大误区

有些企业胆子特别大，在做战略规划的时候，很少考虑风险。它们觉得，口袋里有钱，如果出了问题，也能够用风险资金来解决。可是，能用钱解决的都是小问题，真正出了大问题的时候，只有钱，肯定不够。

企业做战略规划，重要的目的之一就是规避风险。电商物流公司从 SKU 到售后服务，中间有太多细节，每个细微的点都可能暗藏风险。比如，SKU 是否越多越好？多中心是否可行？此类问题都可能迷惑企业，导致做出错误的决定。

我罗列了三种规划误区，它们都是非常容易被忽略却又特别关键的要点，希望能够解答大家心里的困惑，在日后的规划中警惕这些误区。

骑墙策略

骑墙策略其实是在高端产品和低端产品之间的一种补充策略。

如中国邮政的产品既有快递 EMS 又有普通包裹。EMS 价格太高，普通包裹又太慢，那么介于两者之间的价格和时效是不是能够吸引很多的用户呢？于是就有了快件这个产品。结果是 EMS 的销售受到很大的影响，普通包裹的单量也没有增加，后来就取消了快件。

为什么快件对 EMS 业务有如此大的杀伤力？其原因是，快件比包裹贵一些、比 EMS 慢一些，这让用户觉得很值，他们宁愿用更低的价格享受稍微慢一点的服务。显然，在开发快件产品时，中国邮政没有想过会牺牲 EMS 业务，而是认为这些业务可以互不干扰，并肩发展。

骑墙策略在快递领域多是失败的，但不是在任何领域都是失败的。如宝马汽车 X5 和 XI 之间的 X3，奥迪 Q4 和 Q1 之间的 Q3，都是很成功的骑墙策略。

对比骑墙策略在快递和汽车领域的应用不难发现，骑墙策略适合于价格差异较大，价值区分较明显的行业，可以丰富产品体系，满足不同层次的需求。电商物流是价格敏感型业务，价格高低起伏对业务有直接影响，因此骑墙现象也比较常见。当骑墙策略的后果出现的时候，企业才会发现自己的天真。

骑墙策略是一把双刃剑，尽管扩大了受众面，但很容易把高端的产品拉下来。奉行骑墙策略做产品，通常是网络结构与作业节奏与原有产品不一致，用户可能会在价格和时效两方面进行平衡，倾向于购买中间产品，进而影响高端产品的销售。因此，这类战略在实施的效果上都不好。

因此，在做规划的时候，应当慎用骑墙策略，尽量不要设计中间的参照物，高端线和低端线要有明显区分。有时候，企业从自己的角度出发，以为高端和低端的界限已经很清晰了，但用户的感受却不明显。这就要求企业注意，要从用户角度思考。

再举一个现实的例子。“次日达”是快递企业的高端产品，这款产品的初衷是，凭借网络系统和运输工具，期望在绝对速度上与其他快递品牌拉开差距。后来，企业考虑到航空运输成本高，就想着不如开发一下剩余产能，继而推出“三日达”的中端快递服务，价格比一般的快递贵一点，速度比一般的快递快很多。

这种看似精明的计算，说不定还经过了市场部门的目标人群画像、财务部门的可行性评估，却还是一不小心落入了“骑墙”的陷阱。试想，以后用户有迫切的次日达需求的时候，还能第一时间想到这个快递品牌吗?

未必。

“次日达”“高端”“快速”的品牌形象被“三日达”的产品削弱了。当用户再有“次日达”的诉求时，第一时间想到这个品牌的概率变小。该品牌不再是用户某一个需求场景的首选，这对于企业来说极其危险。

各个企业所处的阶段不一样，面临的问题也不尽相同。“骑墙”或许可以实现小概率成功，但当一家物流企业尚未出现绝对优势的时候，“不骑墙”一定是一个更普适也更实用的建议。电商物流企业在战略规划时就规避掉“骑墙”风险，企业才能更平稳更长久地发展。

覆盖面越大越好

具体规划时，企业常常犯难，铺网络是一步到位，还是分步实施？此处可以给出一个明确的答案：任何时候都不可能一次性到位。

一口吃个大胖子很难，对电商物流企业来说“心急”更是犯大忌。一方面是成本投入太大。不管是自建物流还是第三方企业，全国性的网络想要一次性铺设到位，不仅需要大量的人力、物力、财力，在很多偏远地区或是交通不便的地域，还存在自然条件的限制。另一方面，也许根本不需要全覆盖。

电商物流的服务性质决定了，不同产品线的受众不同，需要提供服务的范围也不同。我们要做的是根据企业的发展、资源和单量来循序渐进地铺设，最重要的是，在确保用户体验的前提下去逐步铺设。现实中，不同地域、不同文化的消费者的消费习惯也是千差万别，网点铺设不需要一味地追求全覆盖。

自己打造比整合资源好

随着现代物流业的发展，自建物流与整合资源的第三方物流或者加盟式物流的差异越来越小，很多电商物流企业都在思考，做自营还是外包给第三方？是自己打造还是采用加盟方式？自己打造的物流系统是不是就是比整合的物流好呢？实际上，这里的关键在于企业的战略选择和发展的需要。

也就是说，不管是自建物流，还是整合资源的物流模式，都是实现物品时空转移这一目标的不同运作形式而已，不存在哪个好哪个不好的问题，只不过是哪一种方式更适合企业当前的发展阶段和业务模式，哪一种形式能够提供更好的服务，更能打动用户的心。

在当今物流行业，不管是自己打造的物流，还是整合社会资源，都有做得好的，如快递行业中自建物流的顺丰、加盟式的申通和中通。电商中自建物流的京东和亚马逊，以及其他众多的电商平台，也都在各自的领域取得了显著的成绩。

在互联网技术和信息技术快速发展的当代社会，不可能有永远封闭的王国，如京东自建物流经过几年的发展，于 2017 年 1 月宣布对外开放，提供专业的第三方物流服务，同时其自身也与达达形成了战略合作。这时，京东物流是自建物流，还是第三方物流？恐怕两个选项都不贴切吧。同样，有些快递企业或第三方物流企业，被大的电商平台收入囊中，如天天快递和苏宁易购，这算是平台自建，还是继续称作第三方物流？也不好定义。

因此，是否一定要分个黑与白、高与低呢？身份重要吗？我们不能笼统地说哪种形式更好，要依据自身资源和用户需求来确定哪一种形式更适合，而且在企业不同的发展阶段，要根据战略需要和资源整合的能力，重新调整物流模式。

我认为在选择时也不必非要二选一，不用区分是自己打造，还是整合社会资源，只要能够对物流具有良好的管控力，确保服务质量，保持成本优势，保障电商的顺利销售，打造好的用户体验，树立核心竞争力，就是最佳的物流服务模式。在规划战略时，千万不要只顾仰望星空，却不脚踏实地。

第四章

用户体验之道

为售货员立铜像

在著名的王府井大街，北京百货大楼前矗立着一座半身铜像，那是普通售货员张秉贵的铜像。现在很多人对这个名字可能很陌生，但张秉贵这面红旗曾被誉为“燕京第九景”。

张秉贵，1918 年出生于北京，11 岁时便到纺织厂当了童工，17 岁到北京一家杂货店当学徒。20 世纪 50 年代初，新中国百废待兴，即将开业的北京百货大楼招聘营业员，尽管规定只招 25 岁以下的年轻人，但已经 36 岁的张秉贵因有“多年的经商经验”而被破格录取。

他从 1955 年 11 月开始到百货大楼站柜台，没料到这一站就是 30 多年，其间接待顾客近 400 万人次。在这样一个看似平凡的岗位上，他创造了一个奇迹：没有跟顾客红过一次脸、吵过一次嘴，没有怠慢过任何一个人。

北京百货大楼就是今天著名的王府井百货的前身，在当时是全国最大的商业中心，客流量大，加之物资相对匮乏，顾客通常要排长队。张秉贵便下决心苦练售货技术和心算法，练就了令人称奇的“一抓准”“一口清”技艺，还有“接一问二联系三”的工作方法。

他不仅技术过硬，而且注重仪表，坚持每周理发，每天刮胡子、换衬衣、擦皮鞋。张秉贵还注意研究顾客的不同爱好和购买动机，揣摩他们的心理。

由于熟悉顾客和商品的特点，张秉贵甚至可以针对一些特殊的顾客推荐不同的商品：对于消化不良的顾客，他介绍柠檬糖或咖啡糖；对于肝病患者则介绍水果糖；对于嗓子不好的顾客，他便建议买薄荷糖……张秉贵通过眼神、语言、动作、表情、步伐、姿态等调动各个器官的功能，商业服务业的简单操作，被他升华至艺术境界。

据报道，为了一睹张秉贵的风采，很多来自外地甚至全国各地的消费者专程到百货大楼去购物，一时间蔚为壮观。在他去世后，为了纪念他，北京市百货大楼在大门广场处为其竖立半身铜像。

像张秉贵这样的人，常常被顾客牢牢地记住，并自觉地引导更多的顾客前来购买或重复消费。也许你会认为，这其实并没有让所购买商品的功效有任何的增加，而纯属是“表演”。消费者从张秉贵手中买到的糖，不会比其他人卖的糖果好多少。

这样的理解看起来没有任何瑕疵，但从消费心理学的角度讲，就大错特错了。从某种角度讲，这种理解偏差就是我们所说的忽略了用户体验。在消费经济理论已经比较成熟的今天，用户体验已经成为一个极其重要的课题。

有确切的案例证明，优质的用户体验可以为企业创造丰厚的利润，甚至创造出一种全新的商业模式。这是生产力高度发展的结果，也是本书所认知的商业向“以人为本”方向发展的结果。而这在以往并非广泛存在和被理解的。

张秉贵以“一把抓”的绝技和“一团火”的服务精神而闻名，实际上至少符合用户的三种体验诉求：

一是准，多年称重的工作经验让他对各种商品及重量了然于心，手中自有一杆秤，无论什么重量都能一把抓准。这恰恰符合顾客需要的准确送达的心理。

二是快，张秉贵发明的“接一问二联系三”的工作方法，接待一个顾客的时间从三四分钟减为一分钟，大大节省了用户时间，提高了效率。

三是稳，发自内心的服务热情，拥有了稳定的服务质量，让用户放心。

消费者喜欢到张秉贵的柜台买东西，不是因为产品本身质量好，而是张秉贵的优秀服务，带给消费者更好的体验。在那个年代，国内对用户体验的研究并不多，这一概念尚未流行。但实际上，古往今来，有买卖，就有用户体验。幸运的是，我们生活的时代，对用户体验有了更进一步的认知和应用。

如今的电商时代，没有了传统零售的柜台，如何才能使得用户依然能感觉到像在柜台买东西一样呢？对此，笔者提出了柜台理论。

在传统零售中，用户能在柜台快速地选购商品、支付、处理各种问题，然后带回家。当用户在电商平台下单、支付以后，交易已经成立，那么如何能像在柜台一样快速完成交易之后的交付与问题处理呢？电商物流便充当了柜台的角色，它能够把线下即时处理的优点搬到线上，让用户体验到面对面的服务场景，同时还能继续发挥线上购物的便利性优势。

那么，到底什么是用户体验呢？

什么是用户体验？

如果时光倒回 20 多年，没有几个人会把物流的用户体验当回事。

比如，那时人们对刚刚兴起和发展的快递是没有太多概念的，尽管从时间上来看，寄送一封信或者包裹，长则一个月到达，短也要一个星期以上，但是人们习以为常。

而在今天，你如果在美团或者饿了么这样的平台点一份水煮面条，一小时到手后却发现面条已经坨了，你会觉得难以容忍。其实，这是人们对于用户体验的要求普遍提高了。

“用户体验”这个词最早被广泛认知是在 20 世纪 90 年代中期，由美国著名设计师唐纳德·诺曼提出并推广。在多种学术定义中，用户体验被认为是用户在使用产品过程中建立起来的一种纯主观感受。

国际标准化组织（ISO）也有对用户体验的标准。ISO9241–210 人机交互的工效学标准中，将用户体验定义为“人们对于使用或期望使用的产品、系统或者服务的认知印象和回应”。通俗来讲就是“这个东西好不好用，用起来方不方便”。因此，用户体验是主观的，并注重实际应用时产生的效果。

除此之外，ISO 对用户体验的定义补充说明有如下解释：用户体验，即用户在使用一个产品或系统之前、使用期间和使用之后的全部感受，包括情感、信仰、喜好、认知印象、生理和心理反应、行为和成就等各个方面。该说明还列出三个影响用户体验的因素：系统、用户和使用环境。

当下，用户体验理念已经深度弥漫到整个商业领域。

正如唐纳德·诺曼所分析的那样，作为市场供给方，在设计一个产品或商业模式时，都必须始于分析一个人想要什么。这种目标不仅是帮助企业满足人们的理性需求，更要满足情感需求，甚至更高程度的需求。

商业行为中最大的用户体验其实是商品或服务的功效。比如：买衣服最大的体验是衣服能给你带来温暖，带来美丽，买书是用来丰富和提升自己。然而，如今用户体验的范畴已经远远超越功能性范畴。这可以用如下公式做一个简单的说明：

> 用户体验 = 产品的物理功效（不可变因素）+ 用户的心理体验（可变因素）

回到张秉贵的例子，人们到百货大楼购物，享用到的商品功效是不可变因素，这在其他竞争商家处同样可以轻易得到。

但不同的是，张秉贵让用户得到了额外体验，比如在购买行为中相对节省时间、更加放心算账的准确性，以及别的商家难以提供的“表演”（我们知道有些餐厅聘请钢琴师、歌手都是为了吸引客人），这会使他们感到愉悦，甚至通过与众不同的消费场景（同样是可变因素）改变他们对“卖东西”的一些认知。这种用户体验必

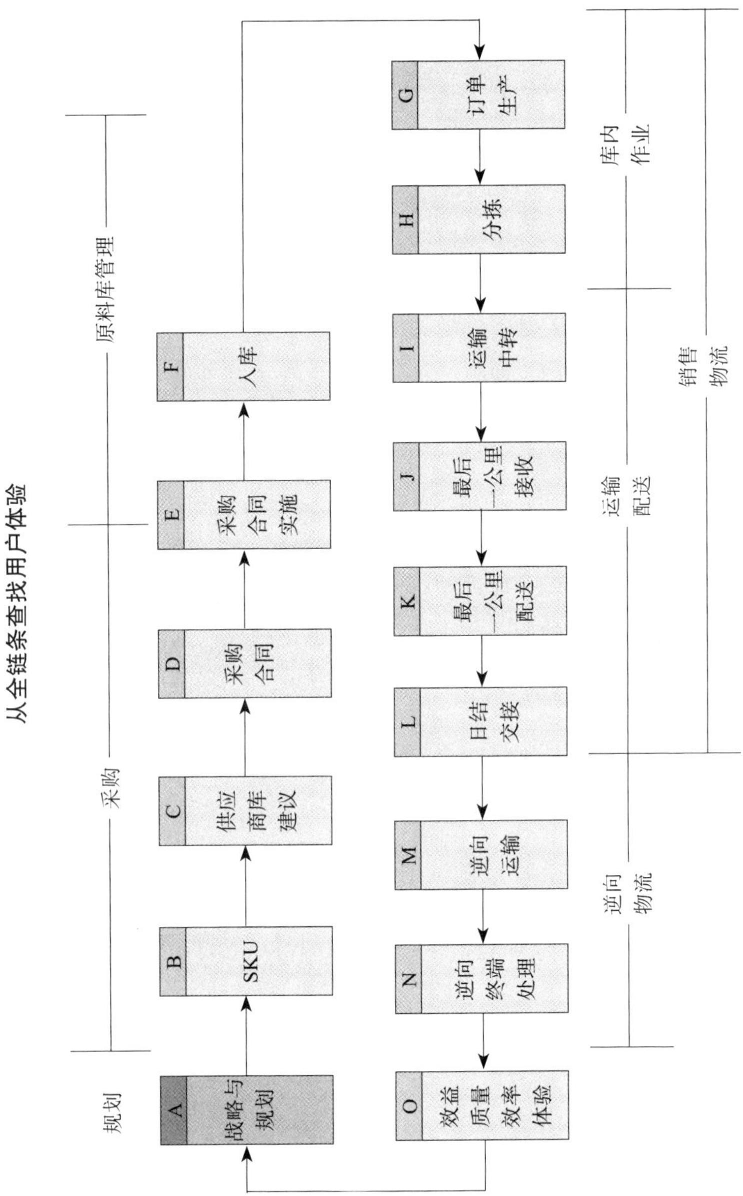
从全链条查找用户体验
规划
采购
原料库管理
A 战略与规划
B SKU
C 供应商库建议
D 采购合同
E 采购合同实施
F 入库
G 订单生产
H 分拣
I 运输中转
J 最后一公里接收
K 最后一公里配送
L 日结交接
M 逆向运输
N 逆向终端处理
O 效益 质量 效率 体验
库内作业
运输配送
逆向物流
销售物流

图 4–1 电商物流供应链

然让消费者觉得他们的花费物超所值。

如今，用户体验也早已深入电商物流的发展领域。体验到底是什么？

我认为，体验是满足消费者特定需求的过程。用户体验是一个无形的商品，比品牌资产更为直接，而且可以用价值来衡量、可以转移，但是不可以出售；其保质期是可变的，同时，也是可以不断升级的。

在电商物流领域，一个非常重要的理念是：用户体验是全供应链的体验。比较好理解的情况是，配送员与用户接触的时候，会产生用户体验。而常常被忽略的情况是，那些没有和用户面对面的环节，其实也有用户体验。

在全链条中，每一个问题的解决都涉及全网络，每一个部门都需要配合，只要发生问题，都会涉及上下环节（见图 4–1）。

比如，分拣错了，怎么办？分拣错了用户就不能及时收到，比如把 A 的物品分拣给了 B，那 B 怎么办？一个差错影响两个用户。从体验来说，这都是牵一发动而全身的。

在企业的供应链上，每一个环节都会不同程度地影响到用户体验。影响用户体验的环节主要有看、选、买、送、问、改六大环节。

对应于电商物流供应链，这六大环节涉及用户体验的接触面主要有商品信息、价格、质量与品牌、用户评论、注册、下单、支付、库存、生产、物流信息、咨询与反馈、投诉、订单位置信息、速度信息、配送沟通、上门送达、逆向、维修与售后等（见图 4–2）。因此，企业要从每一环节查找影响用户体验的因素，以及提升方法。

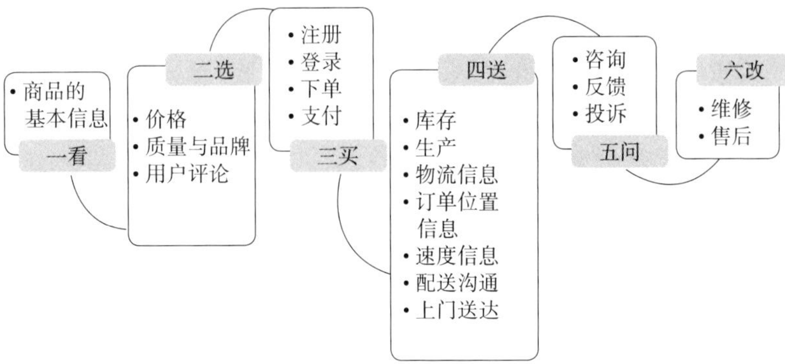

图 4–2　电商物流用户体验接触面

一看，主要是商品的基本信息。普通生活必需品包括：品牌、包装、产地、生产日期、保质期、注意事项等基本参数；贵重物品包括：品牌、包装、使用说明、保修说明、退换货流程。

二选，主要包括价格、质量与品牌以及用户评论。C 端用户对价格的敏感程度较高，对品牌的忠诚度基于价格和服务体验。

三买，包括注册（登录）、下单、支付，主要在体验网站的美观与顺畅程度，如注册、登录是否方便，找回密码是否便捷，下单的顺畅度；支付方式包括线上、线下两种，线上是银行卡、微信、支付宝、Apple Pay、京东白条等。

四送，包括库存、生产、物流信息、订单位置信息、速度信息、配送沟通、上门送达等。用户体验包括整条链条是否实时可视化，物流信息实时更新，催单能否得到及时反馈等。

五问，主要是咨询与反馈，包括顾客得到反馈的速度，投诉时客服处理的态度、方式方法。

六改，主要包括逆向、维修与售后等。

用户思维第一步

有个故事：第一天，小白兔去钓鱼，一无所获；第二天，小白兔又去钓鱼，还是如此；第三天它刚到，一条大鱼就从河里跳出来，大叫：你要是再敢用胡萝卜当鱼饵，我就扁死你！

在用户体验设计中，不少人都和这只小白兔一样。

举一个 MBA（工商管理硕士）课程上常讲到的例子：A 去 B 的商店购买电钻，B 非常热情地为 A 介绍最新款的电钻，他总是炫耀他的电钻好：耐用、轻便、有各种样式的钻头，而且价格便宜。然而，听了一番 B 的介绍，A 并没有购买他的电钻，而去隔壁老王家买了一个锥子。原来 A 只是想在家里墙上挂几幅小相框而已。

案例中，B 最大的错误是，根本没有询问 A 的需求，也就是说没有站在 A 的立场去思考问题。他不断强化他有什么，而没有考虑用户需要什么。A 需求的根本不是什么钻，他要的是什么呢？他要的其实只是墙上的洞眼。这就决定了他的最优方案其实是买个经济和方便的锥子钻个小洞，这样就能挂住相框了，何必去买一个笨重而昂贵的电钻。或许，A 一开始也不一定能想明白这个道理，但是 B 却自始至终都没有用户思维。

我们常常要求管理者和基层员工都要有用户思维。因为只有具有用户思维，才能明白用户的真正需求，才能提升用户体验，从而得到用户青睐，取得好的经营业绩。

要做好用户体验，首先要调整思维。那么，什么是用户思维？

第一，分清销售与购买。绝大部分教科书上销售的定义都是指以出售、租赁或其他方式向第三方提供产品或服务的行为，包括为促进该行为进行的有关辅助活动，例如广告、促销、展览、服务等活动，是实现企业生产成果的活动。

由此可见，销售是典型的企业思维，而不是用户思维。用户思维，实际是购买。在电商物流场景里，销售是用户要购买的商品或服务的供应链全过程，它是供应链的变现；购买是用户体验的全过程，是一种体验流，包括浏览和筛选、分拣、配送、反馈等，购买的过程也是用户付出的过程。

因此从用户思维的角度，销售是为用户服务的，购买则是用户的体验。在谈到用户体验的时候，不能说销售，而要用购买来表达。而我们所有匹配的东西都要满足用户到现场购物的体验。

第二，分清服务与体验。服务是企业提供的，而体验是顾客专有的。因此，讲用户体验的时候，就要先说体验，再看服务应该是什么样的，这是一个问题的两个方面。用户思维就要强调体验，而不是只关注企业提供服务。

第三，有产品是销售的前提，有体验是体验的基础。比如有人想买电脑，如果企业不销售电脑，对他来说就没有意义。同理，在用户体验方面，如果企业没有设计体验环节，那用户就根本无法体验，更无法评判体验的优劣。更严重的是，企业接收不到用户的反馈意见，还误以为自己做得很好。

第四，购买是物质的，体验是心理的。用户消费时，既想要高质量的产品、功能，也想在心理层面获得良好的体验，感受到快乐，感觉到被优待、尊重，这些都是用户的心理要求。对于企业来说，就是既要抓产品品质，又要抓用户服务，不仅要满足用户的物质需求，也要满足他们更高层面的精神需求。

第五，不能盲人摸象。要学会倾听用户，不能想当然地做决定。如果把用户比作大象，我们就必须知道大象在想什么。电商物流经营者可通过换位思考，通过用户的体验来设计和改进整个商业体系。

正如前面讲到的笑话一样，能钓到鱼可视为小白兔的商业目的。要实现这一目的，小白兔必须站在鱼的角度去思考：鱼要吃什么？只有抓住了鱼的喜好，才能钓上鱼，而不是说，小白兔喜欢吃胡萝卜，就自认为鱼也喜欢吃胡萝卜。

故事很简单，但是现实商业行为却不简单。比如电商物流可以供给海量商品，但用户不一定需要这些东西，或者根本找不到需要的东西。要实现利益最大化，需要分析用户的需求，包括季节性、风俗习惯、顾客对商品的满意度等。无论如何都得先问问：如果我是顾客，我会怎么想？怎么办？

在研究用户体验时，一定要区分企业决策层、管理者、执行者心里想象中的用户体验和用户眼中的体验（即用户感知）的区别，主要集中在认识、标准、绩效、沟通、感受、满意度等方面。

当企业对用户体验的理解与用户在使用服务中的需求一致时，企业在用户体验上的努力就是正确的，否则就是南辕北辙，事倍功半，甚至起负面作用。什么时候绩效的考核方向和用户的感知一致，那就做到用户心里了。这一点对于体验导向性的企业和以服务为核心竞争力的企业尤为重要。

第六，搞清楚 7×24 小时服务和全天候服务的区别。为了给顾客创造更好的体验感受，企业希望能够无时无刻不陪伴在用户身边，当好用户的贴心小棉袄。在服务业，7×24 小时服务和全天候服务是两个常常被提起的概念。不过，长期以来，人们常常将两者混淆，没有进行科学的区分。

实际上，7×24 小时服务与全天候服务是有区别的，前者是被动服务，而后者才是主动服务的体现。7×24 小时服务是指，营业部门和业务部门全周无休，每天都可以为用户提供服务，这个是被动的。

全天候服务给用户的感知是，不管任何时候我都在你身边，尤其是各种异常的情况下，突出了跨越时空的感觉。即使我人不在你的身边，心也在。出现问题我第一时间出现，你找我，我第一时间在，你不开心，我第一时间在，这就是全天候服务。无论四季，无论什么时候我都在你的身边。

7×24 小时服务是管家思维，一天 24 小时，客人随时来，我随时在。而全天候是，只要你需要，不用找，我也会第一时间主动来到你面前，这对用户的心理暗示是不言而喻的。

第七，用户思维需要主动告知问题，急用户之所急，想用户之所想。在电商物流环节，一旦出现了影响用户体验的问题，应当主动告知用户，并且承诺一个 100% 可以实现的解决措施，告知后就不要再出现新的问题了。

通常情况下，用户能够理解一些小问题、小失误，这时候考验的是企业的反应速度。笔者认为，至少 40% 的投诉本来没有严重到投诉的程度，问题出在响应速度，而不是问题本身。

另外，公司的一些用户购买制度，也应该在下单前就让用户知晓，绝不能在出问题的时候才告知用户某某规则。你出了事之后再说制度，用户非但不会理解，反而会认为是企业在推卸责任。

用户需求的本质——"柜台理论"

电商出现之前，消费者都是在线下购物的，买衣服要去服装店，买菜要去菜市场，买饮料要去超市小卖部，买化妆品要去专卖店……如果不亲自去，就买不回来需要的商品。电商出现之后，人们可以在家坐着，商品就主动送上门了。即便楼下就有超市，很多人还是选择在App上点外卖送一瓶水。

如今，用户享受的是无微不至的电商服务。

线上和线下的最大区别是什么？是柜台。是柜台消失了？不是，是转化了一种形式分散在企业从SKU开始的整个供应链条之中。

电商物流的体验从哪里来？是研究传统的柜台购物得来的。因为本质上，不管是线下购买还是线上购买，都是消费和买卖的体现。随着电商物流的进步，用户需求并没有改变，而用户体验的要求在提高。对比传统的实物柜台，整个电商物流实际就相当于一个虚拟柜台，它要完成的使命就像商店里的柜台一样，同样需要做到引导、推荐、销售、送达与客服等一系列服务用户的流程。

其中的难点在于，以前下单、分拣和配送可以在柜台前快速完成，而电商物流却要经历一个很长的链条，下单、分拣、配送、换货、意见反馈等往往是各自独立的，且一旦一个环节衔接不好，就会给用户体验带来负面影响，甚至造成整个商品或服务交易的失败。

针对各种问题，我们可以从传统柜台的研究中得到一些启示，用于指导电商物流的创新设计和应用。比如，柜台后面的展示架、陈列的商品，这些也都是电商物流的要素。电商物流所设计的体系，就是要满足用户到现场去购买商品的体验。

实体柜台可以很好地完成商品交易，同时也完成了相应的交易服务，但是电商物流恰好缺少了实体柜台这一环节，这就导致用户体验存在一些痛点。根据柜台理论，可以查找用户的需求在哪里，然后着手建立用户在购买商品时的心理感知。

那么，从柜台理论中可以看到哪些用户需求呢？

首先，SKU 丰富度。人们喜欢去大商场购物，是因为那里的商品丰富，应有尽有，想要什么都可以买到。电商物流企业在配置 SKU 的时候，也应当为用户提供多种类型。

商品越多，对陈列的要求就越高。对于物流电商来说，页面设计的功能就类似于商品陈列，两者的目标都是一样的，要让用户体验美好，就要展现商品独特的风格和气质。

其次，必须客观详细地说明陈列的商品。用户到商店购物时，售货员会为他们介绍商品信息，比如购买一款红酒，现场销售员会为用户讲解它的产地、年份、口感等，并且一对一回答用户的所有疑问。如此，延伸到电商物流体验该怎么做呢？在商品页面上，基本都有详细的商品介绍，包括配置、用途、使用方法等，而且这些信息会以图文、视频等多种方式来呈现，提升用户视觉体验，为他们制造愉悦感。同时，用户有任何疑问都可以与售前客服咨询，得到相应的解答。

实际上，电商是在为用户制造一个仿真的线下购物体验场景，比如，线下购物中，消费者会先看货后买单，为了照顾用户的体验，电商企业会在商品页面尽可能多地展现产品的实物图片，给用户最真实的商品感受。

再次，下单环节也是越简单越好，越快越好。线上下单需要用户注册、填写相关信息，需要各种扫码，这些线下消费都不会存在。用户去商场买衣服，只需要说一句“请拿这个”，销售员就会送到他手上。所以，在电商平台下单时，也要给消费者营造这种体验，所有操作过程要简洁得如同说了一句“请拿这个”。

付款也是一样。线下付款，不管是刷卡还是现金，都是第一时间完成，非常便利。那么，线上也要便利，一键支付、微信支付、支付宝支付，这些功能都很重要。

电商企业最难模仿的线下购物体验，当属“同步取货，即买即用”，而这一体验和物流紧密相关。可以说，物流承担了让用户感受到“同步取货，即买即用”的重任。毕竟，物流速度再快，也不可能像线下购买那样，用户一付款，销售员就笑眯眯地把购物袋双手递了过来，电商用户同样有这样的需求。

一手交钱一手交货，对于线下购物来说是最简单的事情，然而，却是电商的“硬伤”。有的用户不喜欢网购，就是因为享受不到即买即用的快感。这些年，电商物流业花了很多的时间和金钱，想让用户拥有“秒购”的感觉。

首先，在消费观念上，电商进行了许多宣传普及，让用户渐渐接受并习惯了网购的方式；其次，提升物流速度，不管是绝对速度还是响应速度，都是重点工程；再次，在用户体验上，也在不断发展突破，满足用户的心理，让他们感觉到舒适、开心、安心、便捷。

举一个小例子，网购商品在下单之后，收到的任何消息，不管是购买确认、信息确认还是物流动态，这些信息内容都会写上："您的宝贝……"这几个字看起来普通，实际上却暗示用户：你已经拥有了这件物品，它已经属于你了。用户看了这条消息，会在心里无形中形成一种认知——这是我的东西了。如此，下单即拥有的体验也就更强了。

线下购物好的体验，线上购物会尽量满足用户需求；而线下购物不太好的体验，电商物流要想办法解决，如果不解决，会引来用户更大的不愉快。比如，排队购买是线下购物的一种不好的体验，而线上购物时基本没有这个烦恼。但是，在电商购物节期间，由于用户量激增，曾多次出现网站临时瘫痪的状况，这就给用户带来了极不好的体验。在用户的意识里，线下排队是可以接受的，但线上排队就无法理解，影响体验感受。

以柜台理论为依据，可以从用户购物体验的方方面面寻找用户的需求点，并且进行优化提升。需要提醒的是，一些细微的提升，或许就是竞争力的关键所在。在不同的企业发展阶段，对用户需求的满足层次也会各有不同。

用户体验三部曲

用户体验是一个过程，在这个过程中有三个要素，分别是产品品质、购买顺畅和心情愉悦。梳理用户体验的关键点，可以帮助企业抓住重点，更精准地走进用户心里。

第一，用户需求的产品是用户体验的前提。服务和体验，其本身就是一个产品。企业想了很多新鲜的招数提升用户体验，却往往忽视了用户体验的第一步，也是最关键的一步——产品。尤其对于互联网产品来说，产品即服务是一条真理。比如，“京东到家”App是一款移动互联网产品，用户在使用它的时候，就是在体验它的服务，不管是浏览、点击、下单，还是客服对话、物流跟踪，这些体验都是基于产品本身产生的。

我们在行为过程中通常强调提升服务，但这不能只是个口号。我们知道用户购买的是有形物质或无形服务，这两者就是我们所说的产品。一切附加的服务都是基于产品本身，脱离了产品的服务一定是空中楼阁。

对用户来讲，产品本身才是最大的用户体验。SKU 的丰富度如何？能不能提供货到付款？付款的便利性如何？有没有呼叫中心？有没有时效和送达时间选择？有了用户需求的产品和服务，才拥有了打造优质用户体验的前提和基础。

第二，体验顺畅是保障。体验顺畅的前提是要有体验才行。

曾经，每当 iPhone 新品推出时，总有疯狂的果粉排队购买，大家甚至愿意忍受超过一个月的快递煎熬，等待 iPhone 的到来。用户愿意等待 iPhone，是因为它的品质、使用体验以及品牌价值高于其他产品。即便购买不太顺畅，用户却心甘情愿，毫无怨言。

然而，iPhone 毕竟是少数，更多的产品会被其他竞品轻易替代，如果做不到及时服务，就可能失去用户。对于大多数产品，用户是没什么耐心的。一旦购买不顺畅，他们会立即掉头。网购更是如此，用户可以轻松地从一个产品跳转到另一个产品，整个过程悄无声息。

张女士在某一电商平台浏览了近半个小时，多方比较筛选，终于选定满意的产品，于是，点击购买下单，用两分钟时间填好了收货信息，进入支付页面。这时候，出现了状况。这位用户只有信用卡能够支付，而网店却没有信用卡支付功能。无奈之下，小张只好转向其他电商平台。

试想，用户的体验感是怎样的？第一，张女士会觉得之前的浏览时间白费了，感觉不开心；第二，她没有提前获知不能用信用卡支付，感觉被欺瞒了；第三，接下来还要重新花时间浏览选择购买，感觉有些心烦。

如此，一个付款问题带来的不便，就会给用户带来不好的体验。笔者的一位朋友曾吐槽过某银行的客服系统。他因为网络银行使用的技术问题而致电某银行客服，智能用户系统要求他必须输入包括银行账号、密码在内的多种信息，只要输入稍有不慎就要推倒重来。最后包括银行的产品广告在内，当他和人工客服正式通上话时，已经过去了 5 分钟，这是极度不顺畅的体验。尽管这件事过去好几年了，但是每次提起银行客服，我那位朋友都耿耿于怀，产生了心理阴影，再也不敢轻易和银行客服通电话。

第三，让用户心情愉快，这是比前两者更为高级的体验。产品可以说是物质体验，体验通畅可以通过一些技术手段满足，而让用户心情愉快则是心理层面的满足。心理满足是真正意义上的走进用户的心，而不仅仅是简单地走近用户，要实现这一目标，需做到以下两点。

打造全天候客户服务。打造一流客户服务的目标一直引领着 Zappos，让它在众多的竞争对手中卓尔不群，Zappos 在美国国内免收送货和退货的运费，这既是为了降低客户网上购鞋的风险，也是尽可能让客户更加省事。许多客户都是一次订购五双不同的款式，然后把不合适的或者不喜欢的鞋退回来，运费由公司承担。退货产生的运费对 Zappos 而言可谓相当庞大，但公司把这看作市场营销的投资。免费退货的成本几乎超过公司总收入的 1/3，但高管层认为从长远来看，如果能把在 Zappos 购鞋的风险降到最低，客户就会买更多的鞋，而且购买体验会更加愉快。

满足用户真正所需，才是走进用户的心。那些提供一大堆五花八门的服务，却没有一样是用户需求的企业，不仅是白费力气，还有可能给用户带来困扰，引来反感。比如你去一家理发店理发，原本想在洗头的时候休息一下，结果刚一躺下，工作人员就开始和你套近乎，抛出一连串的问题并可能开始推销产品，显然，他并没有观察到你很疲惫，只想安安静静躺一会儿。其实，如果他能够给你一条毯子，给你头部按摩更舒服一些，或许洗头结束后你会问一句："你的工号是什么？下次我还来找你。"这句话就意味着，这个服务人员走进了你的心里，因为他给你的服务体验非常愉悦舒心。

物质刺激给人的体验往往来得快去得也快，真正能够长驻人心的，是饱含情感、给人内心有所冲击的体验。当然，一次不愉快的体验也会留在用户心中，一旦形成固有印象，就很难改变，难以吸引他再次购买。用户是变幻莫测的，也是无情的，一次不舒心的体验，会让他们立即抛弃你，再也不愿靠近。因此，让用户保持愉悦感，是一项艰巨的任务，也是用户体验的高级追求。

尊重是体验的核心

尊重是体验的核心，只有学会了尊重用户，才能走进用户心里，真正了解用户需求。尊重的结果是赢得用户，留住更多的用户。有了用户，才能有未来。

笔者认为，尊重的对象包括两个：外部用户和内部用户。内部用户即内部的员工，尤其是那些面对用户的员工，要让他们得到足够的尊重。如果员工感受到了荣誉感，感觉到了企业对他们的尊重，有了主人翁意识，用户体验就做好了一半。

在电商物流企业里，客服人员往往是受气最多的岗位，他们每天会接收很多用户的投诉，有的投诉很无理，让人心情沮丧崩溃。为了安抚员工们的心情，帮助他们更好地释放负面情绪，有的企业专门为客服人员配备了发泄室，在几十平方米的房间里，有咖啡、音乐、舒适的座椅、各类书籍，还有沙袋。这样一来，员工的心情被照顾了，也感受到了来自公司的温暖，遇到刁钻的用户投诉时，他们的心理就会变得更强大，不会被骂哭，不会被问得哑口无言，更不会和用户吵起来。

在尊重员工的问题上，海底捞也给了笔者很深的启发。海底捞的创始人张勇认为："人心都是肉长的，你对人家好，人家也就对你好；只要想办法让员工把公司当成家，员工就会把心放在顾客身上。"海底捞是这样认为的，也是这样做的。比如，有专人给海底捞员工的宿舍打扫卫生，换洗被单；鼓励夫妻在同一家公司工作，而且还给夫妻提供由公司补贴的夫妻房，等等。这些人性化的做法，让员工感受到了公司的尊重和爱。

如今，许多企业在福利方面给了员工极大的支持，表达对员工工作价值的珍惜和认可。对员工好，员工才可能发自内心地热爱工作，做好用户体验。工作人员在和用户发生争执的时候，往往是站在个人的立场做出反应，而且多是情绪化的举动。如果他们能够站在公司立场上思考问题，或许就不会冲动行事了。

那么，公司平时对员工的培训、文化熏陶就十分重要了，通过有形或者无形的方式，让员工能够把个人利益和公司利益结合在一起，用以规范和指导个人行动。如果公司能够充分尊重员工，那么员工也会更多地为公司着想。

曾经有一位员工，外出谈用户的时候没有穿正装，用户委婉地提醒了他。后来，他在工作日志中写道："最让我羞愧的是，我觉得自己给公司丢了人。今后，就算天气再热，我也会穿正装，因为这才能让用户感受到公司的专业素养，就算热个半死，也值。"如此态度和意识，是员工站在公司立场思考才会有的。

另一方面，对外应当尊重用户，这几乎是服务业的共识，只是每个公司的做法不同，效果也不同。

当一个人被足够尊重，他也会尊重人。很多用户生气，是觉得自己没有得到应有的尊重。他们生气的原因不是事件本身，而是工作人员的处理态度。如果态度不恰当，非但不能灭火，还会让事件变得更严重。通常，如果用户感觉到自己被重视、被尊重，他们也会将心比心，接受公司的道歉和处理办法。

尊重用户的第一点，就是要尊重用户权益。比如，用户下单之后催促公司赶紧发货送达，这是用户的基本权益。从尊重用户出发，公司要尽量满足用户需求。

再比如，快递员送货上门，敲门后要退到看不到室内的位置，等待用户开门。这种行为，是对用户隐私的尊重。如果用户没有邀请，不能擅自进入室内。在面对用户的时候，基本的礼仪要遵守，言语举止得当，才能够让他们感受到被尊重。

其二，尊重用户需要让用户参与到服务中，让他们来控制流程，这才是最好的。比如，用户在填写配送信息的时候，可以自由选择方便的收货时间，可以选择工作日或者周末，还可以精确到每天某一个时段。这时候，用户的期望具象化，他会感受到这样的设计很贴心。总之，用户参与的体验才是全部的用户体验，设计的用户体验和旁观者的用户体验都只是参考，只有从用户参与的视角出发才能提供真正打动人心的用户体验。

其三，尊重用户要清楚问题原因。服务过程难免会出现状况，引来用户的不满。用户没有义务分析问题的前因后果，通常情况下，他们会将问题全部归于企业。结果往往是，许多客服人员在接到用户投诉时，先要接受用户劈头盖脸的怒骂。这时候，如何才能让用户消气，就是一门学问了。

如果客服人员解释不到用户心里去，说再多对不起也无济于事。只有客服人员的解释让用户心服口服，他们才可能冷静下来，接受道歉和处理措施。

那么，问题发生后，怎样才能让愤怒的用户平静下来，并接受解决方案呢？这要求客服人员能够快速确定问题根源，是流程问题、制度问题、服务态度问题，还是系统问题？只有第一时间准确分析问题原因，才能解释得合情合理，获得用户的理解。

因此，尊重用户不仅仅体现在礼貌用语和举止行为上，更重要的是要具备尊重思维，养成尊重的意识。语言和行为可以通过培训进行规范，但要想形成尊重用户的思维，必须让员工真正理解尊重的含义和意义。

看不到的体验太脆弱

李先生在网上下单买了一件衣服，第二天物流追踪显示卖家已发货，之后三天该订单再也没有动态更新。李先生连忙打电话询问，物品是否丢失，是否没有进入配送流程。

王女士买了一箱芒果，之后由于工作太忙忘了这件事，4 天后她突然想起来，查询信息发现订单已经签收。了解情况后发现，原来是快递员送到小区门卫处后没有电话或短信通知用户，系统发布的信息用户也没有时间看，等她取到芒果，已经有一部分坏掉了。因此，王女士很生气，打客服电话进行了投诉。

上述两种状况，都是因为用户看不到服务过程造成的，而看不到的体验是最脆弱的。试想，如果用户能够随时清楚地掌握产品信息，还会担心吗？对服务来说，可视化特别重要，这是用户体验的基本要求。

或许企业自有解释之词："我已经短信通知了！"可是用户是不是要每几分钟看一次手机？企业把短信通知当作一种服务，可是强制用户定期接受服务不是更差的体验吗？

线上购买无法像线下购物那样即买即得，这就要求企业尽可能降低用户的等待成本，怎么做呢？就是将整个购物过程，尤其物流信息可视化，每一个环节的动态都及时让用户获知，而且信息准确。比如信息显示早上 8 点快件到达用户所在的网点区域，用户看到后就会在心里预估，大概在中午或者下午就会收到包裹。如果当天没有收到，用户心里就会犯嘀咕。信息一定要快速准确，别让用户着急。

用户等待时长的期望值，在现阶段有一个基本规律：国内跨区域的快递是 3 天，72 个小时送达，如果 3 天不到，用户就着急了；同城快递次日达，次日没到用户就会着急。具体到每个企业，用户还有不同的期望值，比如京东一般是下单第二天就能送到，如果没送到，用户就觉得蹊跷；而其他的快递跨区域 3 天送达，用户也不会觉得奇怪，如果两天送达，用户还会觉得惊喜。

另外，对于用户来说，虽然商品没有到手，但已经属于他，他就有权保护物品的安全。近期暴力分拣现象时不时地被媒体报道出来，引起了用户对快递公司的不满和不信任。近些年，快递行业也是投入了很多金钱和时间去修正错误，重新建立用户信任关系。

电商物流在设计用户体验的时候，要考虑到用户下单后会做什么，他的思考流程是什么，在每一个合理的节点，将关键信息告知用户，增强他们的安全感。

量化体验管理

一谈到量化管理，就很容易联想到 KPI 绩效考核，比如一年完成 1000 万元营收，成本压缩 30% 等。然而，在体验管理方面，单纯的数字考核并不全面，也不够精准。科学的量化体验管理有几种主要办法：

第一，企业所有的内部作业指标，都要从用户体验层面解读。比如，运输作业环节并不接触用户，但车辆能否准点到达对用户及时收货有所影响，这就和用户体验相关了。因此，车辆准点到达率等指标也应当纳入用户体验的管理考核。

对用户体验进行考核，首先必须清晰影响用户体验的环节和要素有哪些，我们可以借助电商物流体验链进行分析和考核（见图 4–3）。

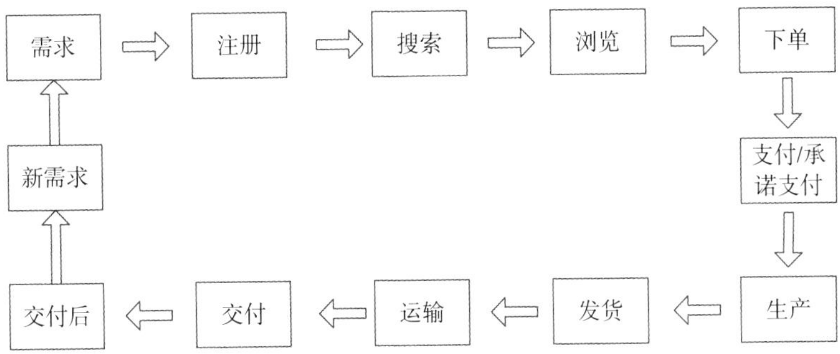

图 4–3　用户体验链

在电商物流体系中，从需求到新需求产生，形成了一条用户体验闭环链，这也是量化体验管理的第二种科学办法。其中每一个环节，包括注册、搜索、浏览、下单、运输、交付等，都与用户体验密切相关。掌握体验链能够帮助企业分清用户需求，成为体验链战略规划的重要依据。在设计用户体验中，哪些办法可行，哪些不可行，哪些先做，哪些后做，这些问题可以通过体验链一一解答。

第三，用体验屋模型检查问题。其实就是通过建立一个像房屋一样的体验矩阵（见图 4–4），从用户体验、业务流程两个维度对企业运营问题进行评估，透过现象看本质，聚焦问题，确定当前阶段需要解决的最主要的问题。

体验屋的第一部分是一个一列若干行的列阵，此列阵所反映的内容是某一业务环节在用户体验方面的表现评价（图中“用户体验评价指标”部分）。

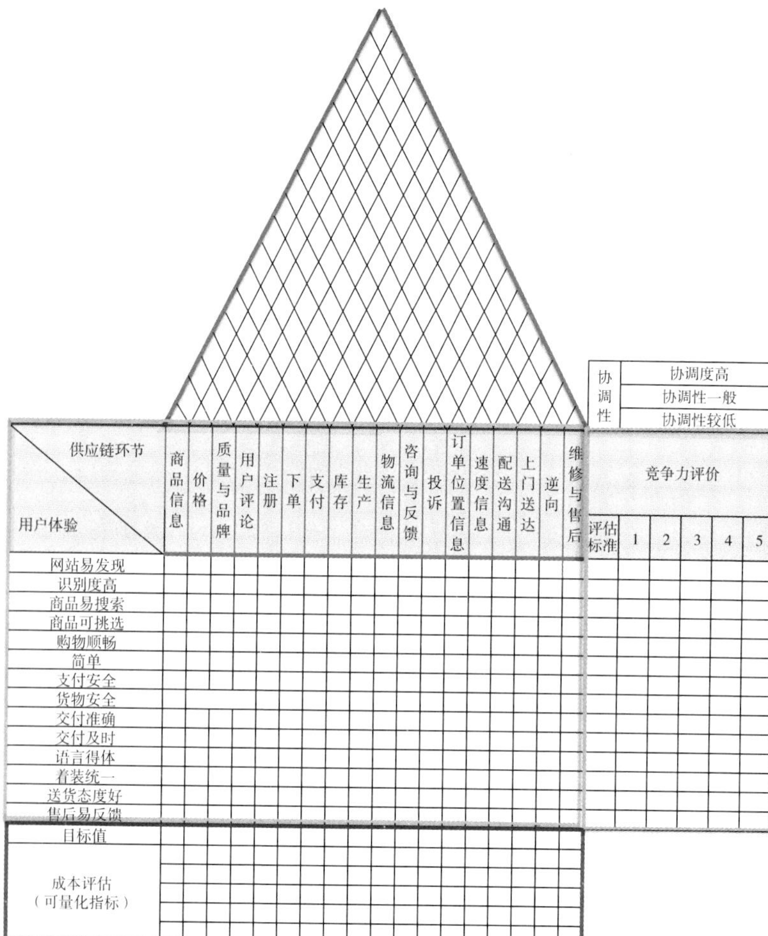
协调性
协调度高
协调性一般
协调性较低
供应链环节
用户体验
商品信息
价格
质量与品牌
用户评论
注册
下单
支付
库存
生产
物流信息
咨询与反馈
投诉
订单位置信息
速度信息
配送沟通
上门送达
逆向
维修与售后
竞争力评价
评估标准
1
2
3
4
5
网站易发现
识别度高
商品易搜索
商品可挑选
购物顺畅
简单
支付安全
货物安全
交付准确
交付及时
语言得体
着装统一
送货态度好
售后易反馈
目标值
成本评估
（可量化指标）

图 4–4　体验屋模型

第二部分是一个一行若干列的行矩阵，是用来描述用户体验某一指标在供应链业务环节中的表现（图中“供应链环节”部分）。

第三部分称为体验屋的屋顶，代表的是企业内部环节和环节之间的相互协调与配合程度。

第四部分是一个关系矩阵，该矩阵的行数与第一部分相同，列数与第二部分相同。表示各个作业环节用户体验的表现。

第五部分是一个市场评估矩阵，其行数与市场顾客需求矩阵相同，列数与评价方法相关，其中的内容表示用户体验的各项指标在本企业供应链业务模块中的表现以及在市场上的竞争力评估。由此在产品开发初期找出不足之处以进行调整改进。

第六部分是成本评估矩阵，其行列数与业务矩阵相对应，其中要建立的内容是各业务环节在用户体验建设中的成本数据，同时也建立若干个同类产品行业平均水平数据，或者与目标企业的成本数据进行分析对比，找出不足之处，提出改进措施。

这六个部分的矩阵构造完成后，便形成了产品规划阶段的体验屋，这个体验屋的基本输入是顾客需求，针对需求的对策是一组服务需求，从而进行了需求变换。通过变换将顾客对产品相对离散和模糊的需求变换为明确的服务要求。

体验屋可以帮助以用户体验为导向的电商物流企业全面、细致地评估运营过程中存在的问题，使问题聚焦，并可以明确问题的轻重缓急，找出当前亟待解决的问题。

与传统的问题分析工具或模型（比如鱼骨图）相比，体验屋能够解决电商物流企业在运营管理中存在的问题，常见的问题有：（1）提出的问题都是纸上谈兵的空洞想法，查找问题时不是那么全面细致；（2）分析问题时没有对比的标准，即使有标准也非量化标准；（3）问题不能聚焦，往往被表面现象所迷惑，只是根据问题出现的紧急情况或者自己的臆想来判断问题及其重要性。

体验屋将所有业务流程和所有的体验点作为评估电商物流企业运营问题的两个维度，流程与体验点一一对应，避免查找问题时出现遗漏。

在查找问题时，可以量化评估，比如使用10分制，达到6分为及格，即这个问题基本达到了企业当前的预期，预期是结合企业战略、现阶段目标以及行业平均水平来判定的。

通过一项一项地打分，进行比较分析，最后通过分数来判断问题的优先级，应用原理如下：

一方面，将业务流程与体验点一一对应进行打分，找出分值低并且集中的问题，作为当前需要解决的问题。然后分析这些问题的共性，再从资源配置的角度进行分析，比如人为因素、资金原因或者设备问题等角度，从而找到根本原因，一般原因会集中在系统、执行或软服务这几个方面。

另一方面，两个屋顶的部分，上面屋顶代表的是互为用户的企业内部环节和环节之间的相互协调与配合，侧面屋顶表示的是体验点与体验点之间是否有冲突，如在电商购物时，付款者与收货人不是同一人的配送与退款等问题，可以全面地围绕运营端进行分析，聚焦问题，分析原因，从而制定相应的对策。

总的来说，体验屋并不是一个简单的可以直接套用的数字模型，而是一个发现问题、查找重点问题的评估分析工具，目的是从流程和体验两个方面一一排查问题，从而找到原因。

第四，把握用户体验生命周期。用户体验是一个可变量，它不是恒定的，这表现在用户的满意度具有一定的周期性（见图 4–5）。与产品生命周期相似，用户体验在不同的阶段要解决的问题重点也不同，只有掌握了用户体验的生命周期与演化规律，才能采取恰当的管理措施和服务策略。

在用户体验周期中，有了体验上的惊喜，才会慢慢在以后的重复购买使用过程中形成欣赏，逐渐接受并产生心理依赖，从而形成消费习惯。竞争对手可能也会提升用户体验，对消费者原有的消费习惯产生一定的冲击，这时候，如果企业没有更新产品服务，用户就可能变得越来越挑剔，甚至吹毛求疵。

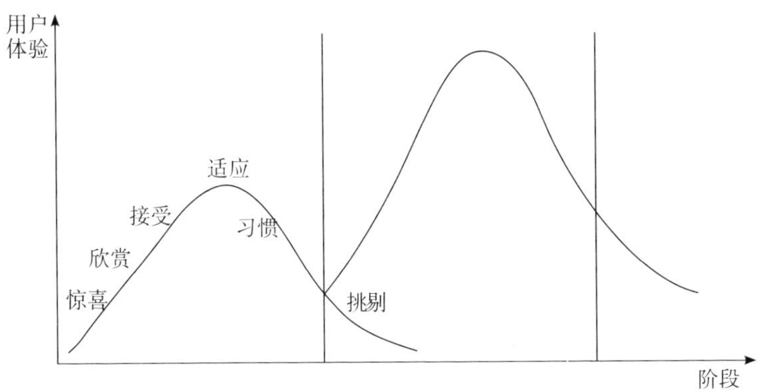

图 4–5　用户体验周期图

因此，当产品服务到达平均期望之后，也即当用户将体验变成一种消费习惯之后，在竞争使得用户对当前体验变得挑剔之前，就要想办法采取创新举措，建立企业独有的服务特色和行业门槛，并尽可能维持较长的时间。同时，积极引入新技术、研发新产品，创造更多的惊喜，引导用户进入新的适应阶段。

与用户体验周期图对应，用户的心理体验会发生变化，如图 4–5 所示，用户心理体验主要包括惊喜、欣赏、接受、适应、习惯、挑剔等阶段。当企业的用户体验发展到了挑剔阶段，企业必须利用流程优化、新技术和新设备，提供更高水平的体验。

那么，什么时候推出新的举措合适呢？关于这一点，可以结合著名的摩尔定律进行分析。摩尔定律是由英特尔创始人之一戈登·摩尔提出的。其大致内涵为：当价格不变时，集成电路上可容纳的元器件的数目，每隔 18~24 个月便会增加一倍，性能也将提升一倍。换言之，每美元所能买到的电脑性能，每隔 18~24 个月就会翻倍。

神奇的是，摩尔定律在过去超过半个世纪里基本得到了验证，且适用领域越来越广泛。随着半导体技术的高速发展，计算机从神秘的庞然大物变成多数人都不可或缺的工具，信息技术由实验室进入无数个普通家庭，互联网将全世界联系起来，多媒体视听设备丰富着每个人的生活。

所以，摩尔定律在一定程度上反映了信息技术进步的速度，另一方面也折射出市场（用户体验）要求的提升。这也就意味着，如果某集成电路公司的技术在 18~24 个月内没有实现性能的升级，则会被用户抛弃。

电商物流领域，随着社会经济发展速度的加快，一般半年一次小创新，能够让用户保持新鲜感，让企业保持创新。如果持续做下去，用户就会觉得自己永远处在体验的最前端。

在科技领域，市场热点此起彼伏，商品迭代很快。尤其是我们所说的爆品、爆款，配送速度现在几乎精确到以分钟为单位。但我们知道，即便这样，依然不是终点。

正如每一次工业革命引发的革新，用户的期望也会随之发生变化，那么变化周期如何去认知或衡量呢？我认为，用户体验的生命周期就是整个社会平均期望水平变化的周期。这种变化有两个层面的内涵：

1. 这是一个整体性的、平均水平的期望值的变化。

用户体验的衡量因素我们在上一节已经做出了解释，这些衡量因素反映了用户的期望值，但是这个期望值不是个体的期望值，而是一个社会平均水平的期望值。

2. 不能盲目地认为用户体验提升越快越好。

首先，基于人性，每个人的认知和适应能力是有节奏的。大部分人在习惯了一种消费方式后，会觉得省事，并有助于体验的稳定。老年人为什么不喜欢电子书阅读、不喜欢用智能手机而更愿意使用“砖头机”？一方面是因为他们适应生活变化的速度较慢，另一方面，许多新的产品体验对他们来说没有太大价值。

其次，任何创新都是对企业原有体系的变革和促进，越是大型体系的创新成本就越高。这并不是说创新快了不好，而是机会成本也变得更高了。因此，无论是用户体验管理还是创新，企业都应该建立一套适应变化的系统和文化，这样在用户体验的生命周期管理方面才会更加得心应手。

让用户的心理账户盈利

每一个用户都有一个心理账户：多少钱，心里是满意的。这是一个心理学上的概念。有时候，用户可能多掏了钱，但心里是满意的，这就是心理账户在发挥作用。

假设一个场景，小明花了500元钱买了一张明星演唱会门票。但是在检票时，工作人员告诉他，可以多花100元钱进入内场。这时候，小明是选择不进内场还是多花100元入场呢?

我认为，小明多花100元的可能性较大，而且看完演出后他也不会后悔。为什么？因为在他的心里有期待，比如参加完演唱会后可以和朋友炫耀，多花了100元，成了和朋友炫耀的谈资，他在心理上会认为很值。尽管表面看起来亏了，但他还是很高兴，就说明其心理账户是盈利的。

在电商物流中，要让用户心理账户盈利，首先需要保证服务的稳定性。一般情况下，用户体验的稳定性是由服务的稳定性决定的。服务不是一锤子买卖，其稳定性取决于服务质量的稳定、标准化程度，还有对个性化需求的满足，做到了这三个稳定，才能确保服务的稳定。

另一个很重要的方面是，做好服务补救。如果补救到位，可以让用户心理账户盈利，将服务失败转化为服务惊喜。破镜重圆往往能让关系变得更牢固。人和人之间，那些牢固长久的感情无不是经过风吹浪打的，企业和用户的关系也是如此。如果把每一个问题都当成是打造坚固关系的必经之路，就能更积极地做出改变。

在电商物流业，服务补救的响应速度很重要。第一时间知晓失败，就要第一时间处理失败。需要重点指出的是，服务补救靠的是客服和一线的配送员们，无论是收集意见、解决抱怨还是提升服务品牌，客服人员和配送员都是第一位的。

服务补救原则

1. 建立信任。中国讲究人熟好办事，这对老年人尤为重要。

2. 将服务失败转化为服务惊喜。

3. 补救要做到 100% 满意，即便是打官司，进入诉讼渠道也是这个原则；把官司当作过程，不管输赢，之后仍可以当作用户来挽救。

4. 尽早补救、快速补救和主动补救最重要。

5. 明确承诺，并及时兑现。

6. 用户是可以被感动的，不一定做到 100%，但目标一定是 100%。

7. 给用户替代选项。

8. 内部可以有标准，但不要对用户形成标准。服务补救与标准是相矛盾的。每一个补救都要具备不可比性，否则，用户就会攀比。但是，企业的服务工作又要讲究标准化，讲究人效和成本。因此，客服一定要分级，多层次培训，兼职和轮岗。

9. 不让用户有参照，强调每一个补救的特殊理由。

从流失到忠诚的 9 步

曾经有一位先生在网上买了一件服装，由于运输问题，产品受到了损坏。他致电客服说明情况后，要求退货，但客服并没有及时满足他的要求。于是，他就将自己的经历写在社交网络上，并且直指该公司消费体验差。消息发出后，引来了诸多网民的关注，甚至媒体也参与进来。最终，该公司赔偿了用户的损失，声誉也受到影响。

诸如此类的事件，让很多电商物流企业措手不及，疲惫不堪。因此，一谈到投诉问题，大家心情就不好，而且会有抵触心理。其实，如果能够对用户心理了解得再深入一点，用科学的方法去思考和解决，投诉也并没有那么可怕。

用户体验是对企业产品和服务的质量、口碑、品牌等要素的综合反映。很多人悲观地认为，用户一旦投诉就再也不会回来了。其实不然，因为在大多数情况下，用户都是可以挽回的，他们所处的心理状态并没有达到“离开”这一层面。上一秒以为用户要离开了，下一秒他就变成了你的忠诚用户，这也是时常发生的事情。最重要的是，当你感觉用户快要离开的时候，要正确分析他们所处的心理阶段，然后用不同的方式去挽回他们。

笔者认为，用户从流失到忠诚有9步（见图4–6）：流失、投诉、抱怨、不满意、没有不满意、没有满意、满意、赞赏、忠诚。

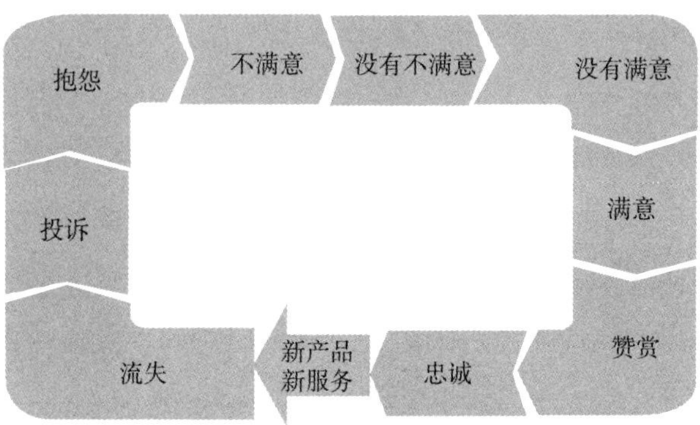

图 4–6　从流失到忠诚的九步距离

流失之前的每一步都有可能回到后面的任意一步，企业要针对不同阶段的用户采取不同的挽留措施，因此，必须在产品定位和服务上紧密契合目标消费群体的心理需求和价值需求，赢得更多的忠诚用户。

这 9 步的奇妙之处就在于，任何一个步骤都可以直接转化为满意、赞赏或者忠诚，它们呈现出一个正向的趋势。而其中，从不满意到最后流失，还要经历抱怨和投诉两个步骤。也就是说，用户不见得不满意就直接投诉，有相当一部分是不投诉，也不会流失。

再比如，满意和不满意之间，要经历没有满意和没有不满意两个步骤，并非从满意直接变为不满意。用户经常有这样的体验，虽然对服务算不上很满意，但又讲不出什么缺点，似乎比不满意的感觉好一点，那这就是没有不满意的状态。有时候，用户感觉对产品服务没有什么不满意的，也谈不上多好，也没有出人意料的地方，那就是处于没有满意的状态。

没有满意之后，下一步才是满意，紧接着是赞赏和忠诚。那么，赞赏和忠诚分别是什么？

举个例子，一位女士曾在某服装品牌的实体店消费过，对其服装一直抱有好感。某次，她看到该品牌的官网商城做活动，就挑中了一件打 5 折的短袖衬衣，然后下单付款。物流信息显示，这件衬衣会从上海发货，送达成都。

她原本以为，自己会在两三天后收到衣服，没想到在第二天下午，快递员就把衬衣送达了。这时候，这位女士因为比预期提早收货，觉得挺开心。拿到快递之后，她看到包装盒非常规整，没有任何压痕，然后迫不及待地拆开了盒子，发现新衬衣挂在衣架上，装在了一个做工精致的衣服套里面，保护得很好。同时，订单信息也放在盒子里。

于是，她把衬衣拿出来试穿了一下，感觉自身气质都提升了。这时候她想，只花了正价一半的钱就买了这么好的衣服，而且物流服务也是超赞，没有打任何折扣。“之前觉得这个品牌不错，但是也太好了吧！”她不由在心里赞叹，然后赶紧拿起手机告诉闺蜜，自己买了一件性价比极高的品牌衣服，而且服务还特别好，推荐闺蜜也可以在官网上购买。

从这位女士的购物体验不难发现，想得到用户赞赏，就得从产品品质、包装、物流、配送等各方面做好服务。企业也不用追求极致的速度，只要在相对速度上做得比别人好，用户就有心理比较，不管是好评还是差评，都是因比较而来的。

由于第一次购物体验很棒，这位女士不久后又在该品牌官网上买了新的衣服，体验和第一次一样。这样重复购买几次之后，这位女士就不由自主地变成了该品牌的忠诚用户。平时逛网店的时候，她总会去看看这家店的新动态，对该品牌的风格、款式也很熟悉，而且去网上了解了更多该品牌的信息，还向身边的朋友们推荐购买该品牌的服装。由此可以看出，忠诚的培养需要的是长期稳定的表现，以及给用户更多的安全感。

想要获得用户的赞赏，培养忠诚用户，的确不容易。在这里，笔者要纠正一种观点，有人认为，用户一旦不满意就不可能再满意，而赞赏和忠诚更是没有希望了。这样的观点是不对的。其实，即便出现了投诉，只要处理得当，让用户感受到了关怀和尊重，他也会赞赏，甚至成为忠诚用户。

比如一位用户想要换货，有的品牌要等一周以上才能完成更换（以新换的产品再次送达用户为准），如果某公司能够在第一时间处理换货要求，用更短的时间，比如三天就完成换货流程，那么，用户原本不满意的心理就可能转变为满意或赞赏。

在运用9步模型的时候，企业要确定用户处于哪一个阶段，针对特定阶段采取措施，将他们一步步引领到忠诚这一步。只要在用户忍无可忍之前去解决问题，不要超过用户的容忍区域，事情就有回旋的余地。

那么，什么是用户容忍区域呢?

用户容忍区域是指，尽管有时候需求没有得到满足，但是他们能够容忍，也能理解，不会去投诉，处于没有满意和抱怨之间，其中，最重要的是没有满意和没有不满意这两个环节。因为大部分用户都处于这两个状态，而且这两个状态企业最容易忽视。另外，投诉是紧急问题的处理，其背后的原因是造成不满意的关键因素，企业必须关注。

实际上，抱怨才是最可怕的，他不告诉你，而是对身边的亲朋好友讲，或者在社交网络上诉说自己不好的体验，让更多人知道。用户抱怨，其实也不是抹黑某个公司，而是出于一种需要别人关心和同情的心理。如果是小范围的抱怨，公司很难发现，这样不知不觉中，企业的形象就被破坏了，而且无从挽救。

通常，客服人员接收到投诉时，程度已经比较严重了，而配送员听到的大多是抱怨，如果处理得当，就能解决问题。如果配送员没有处理好，用户就有可能向更多人抱怨。过去是1：5的比例向外传播，现在可能达到1：20，甚至更多。一个用户抱怨可能让20个人产生共鸣，这 20 个人里面再有 10 个人去二次传播，那影响的范围就会更大。因此，一定要重视基层和第三方传来的用户的不满，那些看不见的抱怨，应当得到关注。

体验细节设计

用户体验涉及很多细节问题，稍不留神就可能引发用户的不满情绪。对于企业来说，面对上帝一样的顾客，其实很渴望掌握主动权，大家梦想着能够引领用户，而不是一味迎合用户。

但即便是挖空心思研究体验的每一个细节，也不一定能够拿出完美的设计。企业需要做的，是把握细节设计的原则，用原则去引导设计。

1. 不要给用户过多选择

有这样一个相声，讲的是一个医疗单位的智能客服中心，通过程序设置可以自动引导用户就医。这时一个病人打进电话找医生看病，客服系统就启动了：

客服：请问你是要找中医还是找西医？

病人：我找中医。

客服：你要找老中医还是年轻的中医？

病人：年轻的。

客服：请问你要找年轻的男中医还是年轻的女中医？

病人：男的。

客服：请问你要找年轻的男的本科中医，还是年轻的男的硕士中医？

……

虽然相声有艺术夸大的成分，但类似的事件在实际生活中并不少见。比如，用户打热线电话，目的是联系人工客服，但电话语音选项过多，用户根本不清楚如何找到人工服务。一连几次下来，用户就会更加烦躁不安，怒气升级。

在用户浏览的时候，可以给用户尽可能多的选择；一旦用户进入购买流程，就要简化选择，保证流程的顺畅。

2. 适度超出预期

企业要满足用户的期望，但不可能满足所有用户的期望。为了打造良好的用户体验，企业服务要适度超出用户预期，这并不意味着要极致地满足用户需求，而是有前提的。首先就是成本必须是合理的，不能超过本阶段的成本承受能力。

用户期望分为共性期望和个性期望，共性期望是整个行业体验和用户期望的平均水平，这是必须要满足的。而适度超出预期是适度超出个性期望的预期，企业要以 SKU、用户结构、行业平均服务水平等要素为依据，达到超出用户平均期望的水平，使用户体验始终处于行业领先水平。

3. 用户都是好人

用户都是好人，这是一个很重要的逻辑。这里所谓的“好人”

是与“恶意用户”相对而言的，是指不会发生故意下单不付款、无故不收货、刁难快递员或客服人员、偷换订单物品等恶意行为。在商业活动中，首先要定义用户都是好人，我们要对用户有基本信任。至少，在用户故意损害企业行为发生之前，他们都是好人。

恶意用户的确存在，但数量极少。即便是恶意的用户，他们也只是钻体验设计的空子，促使企业完善服务体系。从这个角度来看，也不失为一件好事。企业要让用户知道自己的作业标准，通过服务把恶意用户变成好人，而不是随意把用户拉入黑名单。

比如有时候用户没有接到配送员电话，耽误了工作人员的效率，甚至因为派送失败给配送员造成了经济损失。有的配送员就恶意揣测用户，认为用户是故意的，于是上门找用户评理，甚至打骂，造成极其恶劣的后果。但大多数时候，用户的言行是有合理原因的，大家互相理解和体谅、沟通到位就能化解误会。

4. 体验不是一阵风

体验不是一阵风，不是一锤子买卖，强调的是服务的稳定性。服务稳定性取决于服务质量的稳定、服务的标准化程度，以及对个性化需求的满足。做到了这三方面的稳定，才能塑造出服务的品牌。极端点说，如果企业的服务时好时坏，还不如一直处于较低水平，起码在用户心中有一个稳定的形象和感受。

有的企业偶尔做一次体验月活动，期望借此打造好的品牌，但通常不会梦想成真。这是因为，体验是长期的工作，在稳定的基础上持续提升才是正确的做法。

5. 体验不在墙上

有的企业把用户体验的要求和标准挂在墙上，但实际做的时候，却没有具体的执行标准和行业准则。我们强调尊重用户，不能只是一句口号，而要建立具体行为标准，落在实处。怎么做呢？比如，京东要求配送员必须对用户说三句话：

1. 在派送前致电用户时说："× 先生（女士），您好，我是 ×× 商城配送员 ××，现有您的快递，请问您方便接收吗？"

2. 在送货上门时询问："您好，我是 ×× 商城配送员，请问您是 × 先生（女士）吗？"

3. 最后离开时说："感谢您在 ×× 商城购物，希望下次还能给您送货。"

这三句话并不要求一模一样，但标准语言是必须要有的，这就是尊重用户的做法。试想，如果用户接到电话后，听到快递员直呼其名，没有基本的礼貌称呼，而是用命令的口气让他下楼取快递，他的体验能好吗？

企业在喊口号的时候，不要忘了要有动作。即便是难以量化的用户体验，也要想办法通过具体措施，贯穿到日常行动之中，并且进行定期或不定期的用户体验调查、抽查，以监督和改进执行。

第五章

电商物流成本和效率

在京东，老刘提出过“刘三角”理论（见图 5–1），这是公司制定战略的重要依据。在图 5–1 中，最上面一层是“产品、价格和服务”，第二层是“成本和效率”，第三层是“物流系统、IT（信息技术）系统及财务系统”，最底层是“团队”，这四部分对京东的意义分别是用户体验、KPI、供应链和基础。

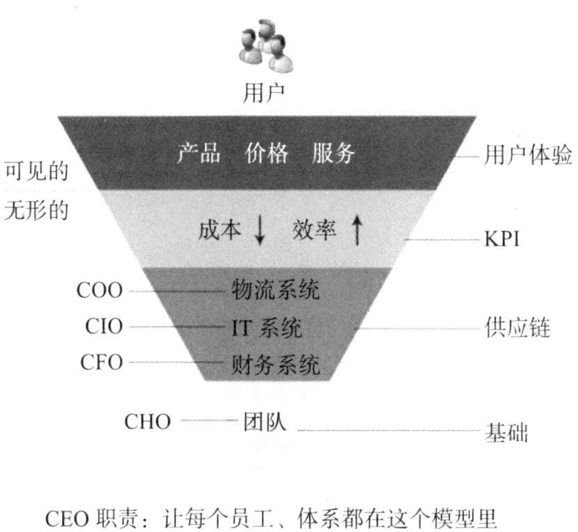

图 5–1 “刘三角”理论

和别的理论显著不同的是，“刘三角”理论是活生生的实打实的在实际经营管理过程中提炼出来并全力应用的理论，它取得了卓越的成功。“刘三角”在京东就深深地烙印在每一个京东人的思想中，体现在职责、流程、技术、绩效、体验、战略的各个层面和环节之中，无时无刻不在发挥着作用。

在中欧国际工商学院的一次演讲中，老刘曾讲到，自建物流的诉求来自中国奇高无比的物流成本以及对于物流体验提升的渴望。但无论是通过持续建设物流系统，还是打造高性能的 IT 系统，绝不是不计成本的，而是要用效率与成本的 KPI 进行控制。

如其所言，在电商物流行业，对成本和效率的追求是永无止境的。当成本和效率得到优化提升之后，利润会随之而来。在日常工作中，成本和效率可以通过财务数据进行评估，但在管理工作中，仅从财务报表不能准确地看出企业运营的真正成本水平及业务环节的费用情况。因此，企业管理层要学会从管理的角度，找到成本控制和效率提升的正确路径。

成本与效率管理的本质

电商物流企业 ELP，80% 的订单来自上海，那么在确定仓库的位置时该如何决策呢？ ELP 看到行业内许多大企业都把仓库建在了昆山，那里仓库面积大，房租便宜。于是，它也把仓库建在了昆山，结果却造成了运输成本的大幅提升。

为什么那么多企业把仓库放在昆山都可以，但 ELP 的成本却居高不下呢？这是因为其仓库的位置与公司当前的订单结构不吻合。

ELP 有 80% 的订单来自上海，那么就应在距离用户最近的上海建仓库，距离短、成本低。随着单量的增长和订单结构的变化，再重新考虑仓库的选址。在上海建仓的租金成本更高，但由于仓库更接近用户，运输成本将会节约更多。因此，ELP 仓库的选址不符合当前发展阶段的要求，同时也没有考虑订单的流量和流向。

企业进行决策时，追求的不是仓库的租金低、运输成本低，或者是人工成本低等某一项成本的最低，而是企业总成本的最低。

我们再来看一个成本与体验相平衡的案例。有一家服饰类电商企业，为了给用户提供最好的体验，设定了一些独特的服务项目。比如，用户下单时选择的是一双 42 码的皮鞋，该公司会把 41 码和 43 码的同款皮鞋一同发货，供客户在收到快递时当场试穿，选择最合脚的一双鞋。按照这样的服务标准，该企业一个订单的物流成本超过了 15 元，而其商品售价普遍偏低，一件衣服几十元，一双鞋也就 100 多元。如此微薄的利润，如何支付高昂的物流费用？

最终，这家电商公司陷入了困境。当然，原因却不只是物流成本太高，商品的生产、定价、营销等各方面都是相关因素。但显而易见的是，在物流服务的成本投入上，造成了不必要的浪费。这也许就是压垮它的最后一根稻草。

上述两个案例，都可以用没有把钱花在刀刃上进行概括，即没有把钱花在正确的时间、正确的方向、正确的地方。准确地讲，这两家企业的本质问题就是没有处理好成本、效率与体验三者之间的相互关系。企业要根据不同的发展阶段、订单结构、服务水平等要素进行成本、效率与体验之间的相互平衡。

2012 年，老刘在京东集团首届总监研修班上发表主题演讲时说："我们每一个品类都要做到行业费用率最低的水平，从而大幅度降低供应链成本，这是我们未来盈利的动力与核心——绝不是来自我们对利润的追求，而是来自我们对成本的追求、对运营效率的追求，它会有一个自然获利的过程。"

也就是说，在付出成本以不断升级用户体验的同时，物流企业要严控成本，并同时提高作业效率，让每一笔钱都花在刀刃上，发挥其最大的效用。成本和效率好比是一家企业生存的咽喉，控制和利用好这两大要素，企业就有望呼吸顺畅，自如地掌握自己的命运。

福特汽车创始人亨利·福特是一位效率大师，在他掌管福特近20年的时间里，创造了卓越的效率奇迹。在鼎盛时期，福特汽车公司上万名工人，每年能够生产20多万辆汽车，占美国轿车市场近一半的份额。

时至今日，福特的效率管控法仍然是商界的经典传说。现今的电商物流业和汽车业也有一些相似点，比如两者都是劳动密集型企业，而且生产流程环节众多。过去，福特T型车的生产步骤被分为84步，电商物流的流程环节也很多，如刘强东就曾说过"（京东）大概有34个大的节点，100多个具体流程动作"。

劳动密集型行业意味着问题繁杂，根本问题都是如何利用人力、设备等资源，创造最大的价值，获得最高的效率。不管是一百年前的机械时代，还是一百年后的互联网时代，企业面临的是同一个本质问题。

尤其在电商物流行业，人力、车辆设备、租赁费用占比高，技术和设备投入巨大，且短期内不能变更。比如，新的设备使用要满足未来5年甚至10年的需求，这样一来，前期的作业量势必不饱满。那么，如何优化成本、提高效率？

用最低的成本，获取最高的效率，这是成本和效率之间的博弈，更是一种商业智慧。不能单纯地看某一项目或某一举措带来了该环节的成本节约，而要看企业总成本是否最低，尤其要看相邻环节的成本以及本环节的问题机会成本。

从管理上看，不只是成本降了多少百分比，效率提高了几个百分比，我们要将财务数据转化成管理情况和问题，找到问题并且解决问题。只有这样，我们对于成本和效率的研究才会有利于企业的发展。

对此，笔者发现了两个规律性的东西：

第一，成本是由作业产生的，而一个环节作业的变化会影响到其上下相邻的两个，甚至更多环节的变化。因此，成本的控制不仅要考虑本环节成本的最低，而且要综合考虑，总成本才是企业追求的终极目标。

第二，对运营和物流的管理人员来说，需要翻译数据。管理人员不是直接计算成本效率的财务人员，在多数情况下，管理者会先看到财务报表，上面会有环比、同比的数据。

当数据经过管理者的大脑时，管理者要进行数据的翻译和还原，他眼睛里看到的是数据，大脑则要映射出作业或劳动的实际状况，以及设置依据和环境。如果没有翻译这一环节，那么数据就只是干巴巴的数字，说明不了任何问题，也解决不了任何困难。

管理者的一大能力，就是从财务数据中看过去、现在和未来。规避管理中人为的混淆、扯皮，精准定位，并且快速预测问题、发现问题、解决问题。优秀的管理者，能够对财务报表抽丝剥茧，找到成本、效率变化的原因，并且有强大的洞察能力、分析能力以及总结能力。

当代最具影响力的管理咨询大师拉姆·查兰曾说："最好的首席执行官和个体经营者的思路是一样的。他们都了解企业的现金状况，也了解哪些业务赚钱，哪些不赚钱。他们懂得把货物不断从货架上卖掉（存货周转率）的重要性，也同样了解自己的顾客。"

尽管每个企业的情况不尽相同，只要掌握了最核心的原理，真正理解了成本和效率的依存关系，就能拥有让企业持续良好运转的秘密武器。

规划是最大的成本

曾经有一家创业公司 N，成立不久就融了资，然后就开始了疯狂的烧钱活动。仓库选择最大的，车辆数量以满足规划预期需求为标准，设备以先进为依据，每个月烧钱 2000 多万元都特别正常。公司 N 的标准是，只要支付得起就敢烧，没考虑到浪费。与同行业企业相比，N 的单均成本要高出 30%，物流成本总占比高出 100%。

企业 N 与 ELP 的情况类似，成本高出同行业的根源在于其规划与当前发展阶段的要求不匹配，设施设备的规划都超前，或与当前需求不相符。

浪费存在于许多层面，包括战略规划层面、管理层面和作业层面。但是规划层面的浪费是最大的浪费。

从战略规划角度来说，如果规划错误，未来就会长期为此买单，甚至要付出惨重的代价。所以说，规划是最大的成本，规划是为未来省钱。战略定得好，规划与之相匹配，未来损失就小。电商物流企业可以从网络弹性、规模效应、成本预测、关联成本、竞争性分析、速度与成本、不可行性分析等七大方面论证规划的合理性。

什么是规划成本呢？规划是承接企业战略分解的，包括运营、采销、人力资源、售后等公司所有部门体系，而每一个部门的规划都涉及战略周期内的时间、空间、组织和作业四个维度的战略目标和资源投入。一方面，运营中资源的发生就是成本；另一方面，资源投入不当，则会直接影响战略目标的实现并导致浪费的发生，从而增加成本，影响利润的实现。

为什么说规划是最大的成本？这常体现在两个问题上：资源供给不足，或者资源匹配过剩。

资源供给不足将会影响公司的发展速度和效果，是以发展为代价的。虽然没有真实发生，但给公司造成了巨大的潜在损失。资源匹配过剩则会造成产能过剩和资源的浪费。不管是哪种情况，都会给企业带来莫大的影响。

那么，规划时最大的成本在实际运营中有哪些表现呢？可以从七个方面来认识。

1. 规划成本

在将战略转化为规划时，必须考虑以下几个问题：

- 阶段性成本战略，即成本的阶段性投入，并与发展阶段相匹配；
- 物流成本占销售额的占比多少是合理的；

- 成本额与销售额的关系，某种意义上，成本决定了销售；
- 依据成本的合理性决定战略，而非成本高低。

比如，快递员送一包餐巾纸和送一块手表的作业量是一样的，配送成本也就是一样的。但成本占比就不同了，假设送货上门一趟成本 6 元钱，这 6 元钱在手表的销售额里占比很小，但一包纸巾售价才 2 元钱，花 6 元配送费，配送效率再高都不行。

这给企业的启示是，运送贵重物品，物流成本占比低，可以用标准的快递；运送便宜的商品，物流成本占比高，这类商品就要改变销售方式，比如，以一提、一箱为销售单位，这样就能摊薄物流成本。

2. 效率的合理性

企业发展是阶段性的，效率也有其阶段性。在特定的发展阶段，要有特定的效率标准与之匹配，目标太高或者太低都不行。太高是不可能做到的，要根据学习曲线的规律动态设定效率目标；太低是明显的浪费，至少要按照行业平均水平，再依据企业实际情况进行微调。

在设定效率目标的时候，如果一味地寻求增长，可能会造成拖累。步子迈大了，问题就多了。想要一步步走得踏实，就必须讲求合理性。

3. 服务和效率、成本

客户群体是有共性和特性的，如果要做到极致服务，最好的状态是对每个用户都提供贴身服务。当然，那是不可行的。也就是说，服务和成本大多数情况下是冲突的。把服务做到极致，是一种方向、一个导向、一种文化，但其前提和基础是成本，成本有极大可能要增加。投入少，服务也不会有质的提升，即使一时上去，稳定性也难以保持。不稳定的服务比一般的服务水平还要糟糕。

比如客服体系，如果使用自动语音系统服务，自然效率高、成本低，但用户体验不好；如果全部用人工，体验会更好，但成本必然增加，效率也会受影响。那么，到底自动语音系统和人工服务各自占比多少，才能兼顾体验与成本？这要根据企业的发展阶段、战略目标来具体决定。

4. 规模经济和规模不经济

规模经济的基本含义是，随着组织扩大、产量上升，单位产品或服务的平均成本会逐渐下降，这其中有一部分得益于运营成本和资金成本的降低。通过信息技术、物料处理以及管理方面的改进，当生产规模大到可以充分利用已有资源（人力和设备）时，效率也能得到提高。

在许多情况下，影响规模经济的因素不只是企业内部的设备、劳动力及其他资本投入，还有原材料、运输成本等在内的总成本支出。福特、日产和丰田这些汽车企业将工厂建在目标市场所在的国家，就是考虑到运输成本的问题。而目标市场的预计规模，会很大程度上影响企业的规模和产能。

遗憾的是，当规模扩大到一定程度之后，效率不一定会持续提高，理论上光滑的效率提升速度变得平缓，甚至下降，由此发生规模不经济的现象。

就物流而言，产生规模不经济的主要原因有三点：

第一是物流环境因素的制约，如周边场地、配套、人员招聘等。如果一个分拣中心规模过大，每日的车辆进出就是一个难题，另外还有停车问题以及人员的餐饮和住宿等问题，这些都是规模过大引起的一系列不经济问题。

第二，单一大规模生产会产生高额的运输成本。例如，某制造商仅依靠位于丹麦的一个工厂生产，供给全球市场，它的所有原材料都必须从几个不同的国家运往丹麦，生产出来的成品又需要运往各个国家，来来去去会消耗大量的运输成本。

第三，随着工厂规模的扩大，其组织运营成本也不断增加。运营管理中，沟通和协调的速度、便利性、准确性会影响运营和管理决策的效率。可以想象，一个几万人的庞大组织和一个 10 人的小公司相比，其组织管理成本自然更高。

从图 5–2 可以看出，当产能达到一定规模（每一个曲线的顶点）时，单位产品 / 服务的成本最低；之后，随着产能的增加，其单位成本逐渐增加；当产能达到规模不经济拐点时，其单位平均成本将急剧增加。只有通过规划，调整作业场地规模与数量、位置等，进入新的规模经济循环。

因此，在做产能规划的时候，要兼顾规模扩大带来的优势和劣势。当企业规模达到拐点的时候，如果再加大规模，成本会增加，效率会降低。于是，我们要找到新的解决方式，做新的投资，而不要再继续旧项目的规模投资了。

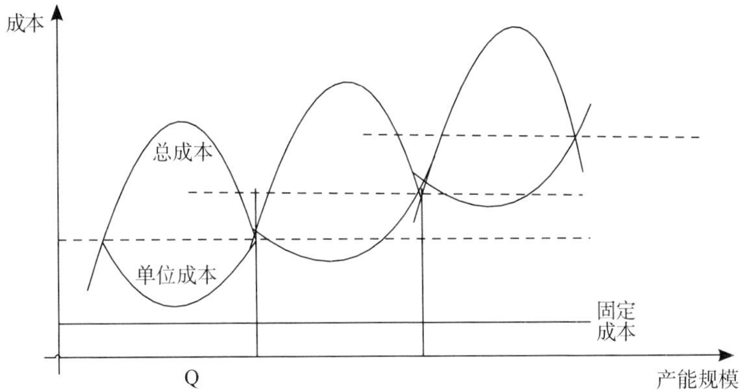

图 5–2　规模经济与规模不经济示意图

5. 网络弹性规划

一家高速发展的电商物流企业，年初 1 万单，年底 5 万单，那么在规划时，如何设计物流网络的产能？按 1 万单设计，显然不够；按 5 万单设计，存在浪费。到底多少合适？这里可以用到前文提到的 80/20 原则。

网络弹性包括发展弹性和作业弹性，发展弹性以预期目标的 80% 进行规划，作业弹性则按照未来最大作业量的 20% 预留。

按照 80/20 原则进行规划，一方面能够有效控制成本，另一方面能够应对未来发展和作业波动峰值的需求。这是一个在各行各业、各个发展阶段皆适用的基本原则。

规划时，按照规划周期内最高量的 120% 进行资源匹配，也不是不可以。但问题是，网络弹性越大，成本就越高，业务的增长是否能够支撑成本的开销？这个问题需要验证。

另一方面，如果电商物流流程缺乏弹性，出现“过度标准化”的问题，该流程就不能高效率地从一个活动转换到另一个活动中去，成本也会相应增加。

6. 从宏观考虑成本

怎样才称得上低成本？整个网络成本和供应链成本低，才是真的低，全年的总成本低，才是真的低。有的企业看账本，发展的每个环节成本都很低，但总体成本却很高，为什么？因为管理成本高，网络各个环节之间的衔接成本高了。衔接成本的共性是上得去、下不来，是普遍现象。从企业整体的角度来看，一部分高了，一部分低了，总成本可能不但不降，反而增加了。

企业内部各个环节都有繁杂的成本项目，比如系统研发成本就包括开发、调试、测试、上线等。对于庞大的物流网络来说，信息系统的上线、测试、运营与维护等需要大量的时间和人力成本，这些成本有时候比研发成本更高。关联成本通常是一些琐碎的类别，比如出差费用，雇用、培训与解雇的费用，办公费用，采购费用，等等。

因此，某一作业环节或者单项成本最低不是企业追求的目标，我们要从宏观综合把控成本，实现系统或组织总成本的最低才是正确的目标。

7. 别让预算捆住手脚

预算就是一种用货币来衡量的定量计划，用来将战略规划的方案具象化，并协调和控制规划周期内资源的获得、配置和使用。

首先，预算的测算依据和判断依据至关重要。因为预算不仅仅是预测，还涉及有计划地巧妙处理管理决策的所有变量，这些变量决定着公司未来努力达到某一有利地位的绩效。

其次，预算是一面镜子。在企业运营过程中，预算是衡量和评估效率和成本的重要参照标准，为成本的控制和效率的提升提供了依据。

现实环境往往是计划赶不上变化。在成本管控过程中，各项预算都在变化。学会随时调整，是一种能力。而只有预算，才能把所有依据和原则说清楚，才能根据实际情况和预算的依据、原则进行比对，没有预算就无法比对，没有比对就无法及时调整。

预测最重要的价值是，促使企业提前做好准备。面对有可能发生的成本问题，是不是需要提前变革流程？到底是选择优化，还是流程再造？或者放弃？在下一发展阶段的效率和成本发生之前，企业要基于之前的基础，做一个趋势分析。

最近几年，电商物流行业的劳动力成本一年比一年高。快递员的月薪从早期的3000元、3600元，涨到2014年的4500元，2015年的时候，5000元左右才能找到人，上涨幅度尤其大。究其原因，主要是在2014年和2015年，电商O2O模式经历爆发式增长，对电商物流的需求变得非常旺盛，人才也变得非常抢手。

在2014年，O2O模式萌发出即将强劲发展势头的时候，如果企业能够结合环境变化和历史数据，做出人工成本的趋势分析，准确预测成本将大幅增加，那就可以提前准备，决定哪些岗位外包，或者精简人员，等等。

对于一家企业而言，像人工这种敏感性成本，会影响决策，所以趋势分析是特别重要的。好多企业忽视了趋势分析，所以总是慌乱失措。殊不知，很多成本异常的问题，都是可以提前预测、提前应对的。

除了规划不当产生的各项成本要重视外，还有两项成本是在管理过程中需要特别关注的，那就是安全成本和腐败成本。

安全成本

企业运营中安全风险就像一个不定时炸弹，不知道什么时间会爆炸。风险成本在变成事实之前都是0，但是一旦爆炸，其成本就是巨大的。电商物流企业常见的安全风险有交通事故、火灾等。

在规划时，要把风险成本前置到管控中，避免风险。如果在规划时为了成本控制，忽视了风险管控，最后往往是安全产生了更大的成本。

在中小城市，一家200人的快递公司，如果出一起重大车祸会带来怎样的损失？姑且不说赔偿金额，单说管理运营的损失，就至少会造成三个以上的主管人员在一周内无法正常工作。这种成本量化起来较为困难，即便是计算出来也常常和实际差异较大，但在规划里需要考虑。

腐败成本

企业的腐败成本仅次于规划。而腐败问题，与管理规章、企业文化、作业特点等息息相关，如制度腐败。电商物流企业作业环节众多，环节之间多重衔接，一方面可以避免贪腐的发生，另一方面却也为贪腐穿上了制度合理的外衣。

比如，2012年3月，阿里巴巴上演现实版反贪风暴：清理了1107名涉嫌欺诈的“中国供应商”客户、近百名负有直接责任的销售人员，永久关闭店铺 26 家。阿里巴巴首席执行官卫哲、首席运营官李旭晖引咎辞职。

2014 年 9 月，华为首次召开业务经销商反腐大会，通告了 116 名员工涉嫌腐败，涉及 69 家经销商，其中 4 名员工被移交司法处理。据中国之声《央广新闻》报道，华为这次反腐累计追回资金 3.7 亿元。

企业应当思考，如何在事前预防贪腐，用小投入换来纯净的空气，这是每家企业的经营必修课。

查找链条的手指缝

一把沙子抓在手里，诗人能感受到生命在流逝。对企业而言，流逝的不仅是企业活力，还有金钱。

一份专业的财务成本分析报告，有非常详细的开支和收入，人员成本、设备、采购成本及折旧、房租、水电费、油耗、车辆维修费、分拣费用……名目繁杂，精确得让人感觉有些冰冷。分析员的工作是把每个部分算得准确无误，而接下来管理者要做的，是研究每个项目之间，每个环节的数据是否合理。

比如人员薪酬，包括司机、分拣员、安保、站长、助理、快递员、客服等一系列人员。管理者拿到薪酬报表，就得思考，这些人的薪酬是否合理，是多了或者少了？原因是什么？

这是常规的运营成本分析，如果从规划的角度、从管理的角度、从运营的角度对成本进行分析，就远不止这些数据。还有几类成本常常被忽略，这些隐形的成本很难直观地看到，却能在每个链条衔接的缝隙中找到它们的身影。链条之间的缝隙成本，看起来若有似无，但实际上它们合起来就是一股强大的势力，常常兴风作浪，左右企业的业绩。

衔接成本

设想一下，当货车把包裹送达了分拣中心，却因为场地太小，无法停车卸货。在漫长的等待期间，货车无法作业，效率为零，成本却在发生。在“双 11”刚开始的几年间，“爆仓”一度成为电商企业的噩梦。一些分拣中心门口，一长串的大货车一停就是三五天，形成巨大的浪费。更极端的情况是，整个分拣中心陷入瘫痪状态。如此，在交货的环节缝隙中，因为阻塞和停滞，产生了额外的高成本，拖累了作业效率。

理论上，完美交货的确存在，但那仅是企业追求的目标，在实际运营过程中，并不存在。不仅仅是固态流程的契合不会 100% 完美，更因为业务是不断变化的，一家企业永远不可能像生活在真空中一样，形成一个经营的完全闭环。

更多时候，电商物流企业的流程和人体血管一样，如果流通顺畅，就能持续发展；如果在某个节点发生堵塞，就可能危及生命。在电商物流企业，全链条通过率和单个环节效率同等重要，任何阻塞都会影响流程的正常运作。

查找链条的手指头缝，就是通过供应链控成本、提效率。整体的通畅性、环节内的效率，以及环节与环节之间的传导性，决定了流程的效率和成本高低。电商物流企业要学会系统思考，把供应链的所有作业环节排列出来，然后按照一定的顺序，逐个搜查分析，只有这样才能发现缝隙中的问题。

第一，看整个供应的链条，从 SKU 一直到用户，是不是通畅，是不是满足公司所有订单运能的需求；不管是自营还是第三方，网络和整个供应链是否匹配。

在电商物流中，既有总流程，也有环节之间的交接流程，还有流程的分级。实际运行的时候，流程与流程之间并没有绝对的先后顺序，反而有很多并行流程。比如在配送环节，就有收款流程、交付流程、用户体验流程这三个流程并行，如果把这三项分开做，就会出现问题。

流程的每一个作业节点之间，怎样去考虑？按照“八流合一”的思想，每一个节点上都有八个流，它们之间的衔接是否顺畅？这就必须考虑每个流程的通畅性和紧密程度。

第二，看链条中每一个节点、每一个部分的通过率，看是否有停滞的环节，是否有闲置的资源。

比如卸货环节，平均每班次完成时间是多少？卸货作业岗和交接作业岗单位时间内的作业负荷是多少？两个工序的时间占比各是多少？倘若平均 50 分钟完成作业，而卸货工序时间占比 70% 以上，则本环节作业基本合理，需进一步进行本环节时空利用率分析；倘若作业时长低于 45 分钟，说明存在一定浪费；若卸货工序时间占比低于60%，则说明交接效率存在问题。再比如说，库房生产完了，接下来要发给第三方的分拣环节。然而，第三方公司场地有限，公司的货放不下。这就是链条与链条之间的传达效率低，传不过去。

有时候，为了避免环节之间的阻塞，我们会尽量优化环节，使其运行流畅。比如在一个三线城市里，既有一个分拣中心，又有六个仓库，分散在城市各地，分别储存不同品类的商品。客户下了一个订单，包含了三类产品，那么就要分别从三个仓库里提取。这样一来，仓库之间会发生运输，要安排装卸点、装卸交接，无形中增加了若干环节。环节越多，差错就越多。

遇到这种情况，解决的方法就是让库与库之间的距离近些，或者从规划上考虑分期分批集中到一个库区作业。即便是在建设期增加一些固定成本，但在日后的运作中，这样的设计会持续发挥效力，节省更多的成本。

流程固化成本

在流程中，还有什么办法能够提升效率呢？如果拿这个问题来问亨利·福特，他会得意地告诉你：固化流程，最好让一个工人只重复做一个动作，这样的作业效率是最高的。福特的回答当然是正确的，福特汽车的成功就是最好的证明。

而如今，我们要提醒流程固化可能出现的问题：一味地固化流程，也会导致成本的增加，影响作业效率。流程是先做什么后做什么，规定好各环节的标准，就不能轻易打乱，流程越固化，标准越固定，打乱它所付出的代价就越高，应对需求波动和订单变化的灵活性就越差，这种灵活性的损失，笔者称之为间接机会成本。

在企业发展中，流程固化带来高效的同时，丧失了很多灵活处理问题的方式和方法，一旦出现突发问题，企业的固定流程就可能会成为牵绊。所以我们在享受流程固化带来的高效率时，千万别忘了考量同步的机会成本损失。任何一个决策，都要考虑这个方案能给一部分用户带来方便的时候，是不是会给另外的用户带来麻烦。

我们设计流程的目的，首先是为了解决问题，而不能为了设计流程而设计流程；其次，流程是结合企业实际情况而建立的，绝对不是按书本理论直接照搬的，流程没有对和错，只有合不合适；再次，流程越固化越会产生一些额外成本。

很多流程有它的应用条件和前提条件，如果忽略了前提条件，就会出现麻烦。比如说库房在发给第三方物流的时候，对于第三方而言，需要在运单上注明重量、体积、地址，接收人电话、姓名等信息，这其实就是进入第三方流程的前提条件。如果库房无法按要求给出运单信息，或者信息准确率低，那么对于后续的物流运输配送，就会有莫大的影响。

因此，流程衔接的前提条件扮演着重要角色。任何一个流程的运行，都要考虑前提条件是什么，这样才能保障后续流程的通畅性，为后面的环节打好基础。

电商物流是一个复杂的体系，在整个体系内，有很多看得见或者看不见的要素影响着整体运行。即便是在看似不起眼的缝隙中，也有各种门道。链条的手指缝，容易被忽视，或许在一定的时间内不会造成重大的本质性影响，但如果缝隙问题太多，到处锈迹斑斑，想要修补就十分困难了。

有的管理者能够在手指缝中找到问题，优化流程，避免浪费的产生；有的人能够从缝隙中找到发展的机会，成为解决某个难题的专家；而最可悲的，当数那些看不到缝隙的人，他们就像在蒙眼前行，被绊倒了也不知道原因，更没有解决的办法，摔得浑身是伤，却无计可施，最后不明不白地倒下。

逆向物流的浪费

还要注意的是，供应链中的逆向成本会造成巨大的浪费。经验数据告诉我们，至少 20 个正常的订单毛利才可能弥补一个逆向的损失。

何为逆向物流？就是在用户下单后，由于种种原因，需要将商品从用户端流回销售端、生产商的物流活动。比如不买了、买错了，或者对货物不满意等，一旦订单（商品）需要返回仓库，就形成一个逆向物流的需求。

在笔者提出的新供应链模型所涉及的 19 个环节中，生产环节之后的 11 个环节，都有可能发生逆向物流，带来成本的增加。最直接的损失是公司已经产生了一次物流成本，却没有实现它的价值，更何况还有用户的损失。比如生鲜水果，一旦产生逆向，产品很可能就坏掉了，带来的损失更大。只要是涉及物品的买卖，逆向成本就难以完全避免。尽管如此，电商物流还是要从产品质量、逆向处理、流程管理等方面努力，减少逆向成本的损失。

成本去哪儿了?

想必大家都碰到过这样的事情：某个环节的效率提升了，成本降低了，大家为此欢呼雀跃，但是综合全年或一个战略周期来看，总成本费用没有变化，甚至还增加了，那么成本去哪儿了？这个问题值得认真思考。

任何效率的提升，都不是天上平白无故掉下来的，都有其背后的原因：或技术，或流程，或环境，或文化，不一而足。有一种可能，其局部效率的提升是以牺牲另一局部甚至是大局利益换来的，这种情况笔者称之为成本流动。

电商物流的各流程、各环节在流动的时候，成本也在流动，它像长了双腿一样，在流程、环节之间跑动。有时候，原本应该是 A 环节的成本会跑到 B 环节，让人难以辨别。

在流动过程中，某环节的成本看似减少了，却导致了另一环节成本的增加，使得整体成本上升。而有的时候，某个环节的成本看似增加了，却直接大幅降低了另一环节的成本，整体成本也随之下降了。

物流行业链条众多，成本转移的现象就特别普遍。链条之间的成本转移，为财务管理增加了难度。若要找到成本转移的路径，可要下一番功夫。遗憾的是，很多人在分析成本的时候，根本就不考虑转移，而是完全用制造业和商业的眼光去看，这是一个误区。

成本流动可能导致总成本的增加，但并不体现在财务成本中。该理论主要是提醒决策者在考虑新决策时，如新项目上马，必须综合考虑总成本最优，否则某一环节的成本降低并不是经济的。

建议企业在分析财务的时候，分为两步。第一步，按照作业流程，对每个环节的成本进行单独分析；第二步，把财务数据还原成一个详细的流程，分析环节之间的成本变化。只有这样，才有可能真正搞清楚每个环节准确的成本是多少。

比如，仓储环节和运输环节，这是物流企业里两个单独的部门，在财务报表里这是两个不同的科目，很难用数字直接体现两个环节的关联。但在经营中，这两个环节是连接在一起的，互相影响，互相制约，一方的异常变化或许是另一方的问题导致的。

有一家物流企业，原本把分拣中心建在距离市中心 15 公里的地方，租金 1.5 元 / 平方米。后来为了降低仓储成本，把分拣中心搬到了距离市中心 30 公里的地方，租金降到 1 元 / 平方米。假设分拣中心面积 1 万平方米，那么，从租金成本来说，自然是降了不少。

然而，当财务报表出来之后，这家企业发现整体成本并没有因为租金成本的降低而降低，反而增加了不少。究其原因，尽管租金下降，但因为路途更远，运输车辆的油费增加了，而且还多了一条高速的过路费。此外，人工成本也增加了。

这里面发生了什么呢？不知不觉之间，本来发生在分拣中心的成本，转移到了运输和人工上。此时，如果企业一股脑儿地在运输环节里找原因，就算找到了蛛丝马迹，也不是最关键的问题，无法对症下药。

成本转移就好比变魔术，将 A 变成 B，但其中肯定是有路径可循的。优秀的管理者们就像破译者或侦探一样，思维逻辑缜密，总能找到那些隐藏起来的成本。这样的能力，一方面是经验的积累，可以凭直觉找到关键问题；另一方面要重视思维能力的培养，在千丝万缕的线索中剖析出谜底。

既然成本会发生转移，那我们能不能运用成本转移的原理提升效率呢？有一家电商物流 M 公司，就曾成功利用成本转移的原理创造了更多的价值。

M 企业的老总要求库存负责人赵经理，一年的时间，库存降低 50%。

接到老总的任务，赵经理感到压力很大。在很多企业看来，库存就只是一个仓库，公司高速发展的时候，每年都在扩建仓库，很少去管库存多少的问题。一年时间，要解决库存过多的问题，到底该从何入手？

赵经理没有慌乱，他首先根据自己的从业经验，梳理了库存太多的原因，比如商品销量过低、库存流通不畅等。紧接着，他详细分析了库存商品的类别，找到了最关键的原因——退货、拒收、滞销造成了库存过多。

他的思考没有止步于此，客户退货、拒收的原因是什么呢？是因为商品质量差，还是买错了？还是体验问题？在查找了大批量订单的记录后，赵经理发现，该公司的退货通过率高达 93%，而实际上，有很多退货是可以通过协商不予退换的。

如果能够解决退货率过高的问题，库存的数量一定会相应减少。于是，这位赵经理找到售后处理的团队，申请组建了一个退货项目组。当客户说要退货的时候，退货组的成员会进行一轮沟通，不再说退就退，而是先筛选一遍；对于退货则采取了二次销售。这样一来，订单妥投率从 90% 提高到了 95%，退货大大减少。

一年后，该企业的退货率下降了 60%，库存大大减少，营收提升，逆向物流成本也随之大幅降低。成绩达标的原因其实不是库存本身，而是妥投率提高了，退换货少了。

如此，库存减少的任务完成了。总的来看，为此所成立的售后小组成本的增加，相对于库存的减少和逆向物流成本的降低，是值得的。

成本转移就是这样，它可以更好地分析每个作业环节成本的高低，评估每个作业环节对公司的价值。在实际运营中，应该是对比两个环节成本的变化，如果一边的高效率，能够创造足够大的价值，覆盖另一边的成本增加，那么这样的方式就是可行的。反之，就得另想办法了。

找到成本真正的“居住地”，别让某个环节占便宜，也别让其他环节吃亏，才能实现公平。当某个环节陷入效率瓶颈的时候，不妨看看别的环节，寻求助力的办法，打开思路，或许能够收获惊喜。有时候，一个环节的效率难题，通过另一个环节的成本增加，就能迎刃而解。

所以，电商物流企业要保持各流程、各环节、各部分之间的沟通顺畅。大家要有一致的总体目标，并且愿意为了达到总体目标妥协和奉献，只有齐心协力，才能提高管理效率，创造更大的价值。

间接机会成本

企业在决策时，往往会考虑一个问题的两个方面：

如果做这件事，公司会失去什么？

如果不做这件事，公司会得到什么？

广义地说，在财务管理中，我们把得到和失去的这部分称为机会成本。任何一个管理决策，尤其是在流程变更，新设备、新技术、新系统应用的时候，就会产生一些机会成本。在这个概念下，笔者提出一个新的理论分支，叫作直接机会成本和间接机会成本。

直接机会成本是指一般财务意义上的机会成本，即当把一定的经济资源用于某一项经济活动时，其产生的最大收益与同步放弃的另一项经济活动产生的最大收益之间的差额。其计算公式为：

直接机会成本 = 投资另一项经济活动的最大收益 R– 投资当前经济活动的收益 r

而间接机会成本是指当前的规划给未来的业务带来的损失，其计算公式为：

间接机会成本 = 由于 A 环节的 a 决策导致未来增加的某一项成本 C – a 决策给 A 之前环节带来的成本节约 c

曾经有一家快递公司，配置了自动化分拣线。从直接机会成本来说，用于购买设备的这笔钱就不能拿来做其他事情了。再看它的间接机会成本，也是非常高的。原来没有上设备的时候，每年遇上电商促销，公司靠增加临时工、提高场地的利用率和周转率、增加车辆批次就可以解决。但是现在因为上了自动分拣线，效率是固定的，反而无法满足分拣高峰的需求。同时它又占着场地，物流中心不得不另外再去租一个地方，处理新增的单量。这就是第一个间接机会成本。

第二个间接机会成本：原来大家在一个地方一次性作业，现在单辟一个场地，增加了新的人手，和原来的人员是分开的。这就意味着，同样一个批次一个站点的物品，要在两个地方分拣，然后合在一起，这又是一个成本。无论是时间成本还是用工成本，以上两个间接机会成本都是非常高的。

企业在做决策时，都要考虑直接机会成本和间接机会成本，再来比对合适不合适。尤其需要注意的是，一定要考虑间接机会成本。一般来说，直接机会成本比较明显，容易辨别。而间接机会成本则有可能暂时性“隐身”，等到问题发生的时候，就会造成大量浪费。

得到的时候，肯定伴随着失去，这是世界的平衡。因此，当你感觉自己只有得没有失的时候，就要想想是否遇到了陷阱。更多时候，在决策时，要着重考虑高昂的间接机会成本，如果没有化解的办法，最好不要着急做决策。

电商物流的阿米巴经营：不变单价核算

日本经营大师稻盛和夫在《阿米巴经营》一书中指出：阿米巴经营就是将企业划分为一个个的小集体，这些小集体组织就像自由自在地重复进行细胞分裂的阿米巴。它们以各个阿米巴的领导为核心，自行制订各自的计划，并依靠全体成员的智慧和努力来完成目标。每个阿米巴就像一个小商店、小企业，实施独立经营，这是企业内部市场化的一种表现。

稻盛和夫将企业的核算简单理解为“追求销售额最大化和费用最小化”，并要求可以核算的每一道工序、每一个部门，都要学会自己算账，降低支出，增加销售。简单来说，阿米巴模式是把每一个作业单元或业务部门看成利润中心，企业按照单位时间创造的附加价值来考核，而不是数量比拼。这样一来，企业能够清楚地看到每个部分的利润贡献，尤其在业务快速扩大的过程中，可以更精准地掌握所有部门的经营状况，并且果断地进行正确的决策。

作业成本法又称为“ABC 成本法”，即“基于活动的成本管理”。作业成本法的指导思想是：“成本对象消耗作业，作业消耗资源”。其核算的基本原理是根据物流作业环节所消耗的资源确定其成本分配，每一个作业活动就是一个成本中心、一个成本库。作业成本法把直接成本和间接成本（包括期间费用）与产品（服务）消耗作业的成本同等对待，拓宽了成本的计算范围，同时也更真实、准确地反映了物流成本的耗费情况。

基于阿米巴经营理论和作业成本法，结合电商物流实际，我总结出了不变单价核算方法。不变单价核算不是成本核算方法，而是一种绩效管理方法。

不变单价核算方法是在电商物流、快递和邮政领域非常适用的一种绩效考核办法，可用于降低和控制每一环节的成本，提高作业效率，为总成本的控制和效率的提升提供有效的分析和决策依据。

不变单价核算方法综合了阿米巴和作业成本法的思想以及各自的优点，将每一个作业环节视为一个利润中心（阿米巴），把按照作业成本法核算的总成本，根据行业平均水平分配到每一个作业环节，核算该环节收益的标准，将收益标准作为考核该作业环节效率的依据。

不变单价核算方法通过时间维度对比考核每一环节的收益情况，提高每一环节的作业效率。该方法不仅考虑运营成本，还可以将管理成本、租金、折旧等成本计算在内，但是其核算的成本与财务科目不是完全一致的。

不变单价的核算过程是：将每一个作业单元视为利润中心，把作业活动发生的总成本视为总收入，按照每一个作业环节所消耗的资源，如仓库租金、房屋与设备等的折旧、人员工资等，分配每一个作业环节的收益水平，按照时间序列，考核每一环节的绩效。在管理过程中，为了保持管理的稳定性，每一业务环节收益的分配一旦确定，战略周期一般不再改变。比如，发一个首重范围内的快递，同城10元，全国15元。以同城件为例，这10元的收入，包括快递员的取件费、快递信封和快递单费、站点集件费用、站点到分拣中心运输费用、传站费用、派送费用。根据行业平均水平将10元分配到各个环节，来计算各个环节的收入，即可评估各个环节的绩效。

即便当初制定的收益标准并不合理，也不会影响管理效果，只要通过纵向对比就能达到提高效率、降低成本的目的。假如去年分拣环节亏损了200万元，今年亏损100万元，其效率就得到了很大的提升。由此可见，根据行业经验所设置的收益分配，哪怕不精确，也不影响不变单价核算绩效管理方法的效果。

在不变单价核算中，有三点最为关键：

- 不变收入单价，准确与否不是关键，关键是看发展变化；
- 虚拟利润核算解决了企业内部不同作业链条之间的价值分析；
- 管理运营费用，按作业量进行成本分摊，而不是按成本结构分摊。

电商物流有两大特点，使得不变单价核算非常适用于这个行业。第一，电商物流是跨地区的运输，涉及进口和出口两个点；第二，电商物流从SKU到配送会经历多个环节，每个环节都有各自的设备、人工成本付出，每一个订单里，它们都有所贡献，理应得到相应的回报。

在电商物流中，还有很多地方能够运用不变单价核算方法。企业可以划分作业单元，进行虚拟核算，提升每个环节解决问题和主动创造附加价值的积极性。但是它的弊端是，如果划分太细，会削弱环节和环节之间的衔接性。一些独立团队不会主动牺牲自己的利益去成就他人，这样会影响整体效率的提升。如果演变成这样，就违背了独立核算的初衷，即让每一位员工成为主角，实现全员参与经营。

因此，在独立经营、独立核算的同时，亦要注意团结一致，激活全员的智力来实现集体目标。一方面，在做战略规划的时候，规避独立部门之间相互冲突的地方；另一方面，选择合适的团队领导人，他们需要具备经营者意识和领导力，可以成为公司值得信任的经营伙伴，重要的是，他们能够带领团队，与公司同甘共苦，为了同一个发展目标拼搏前行。

效率成本管理支点

电商物流企业如何管理效率和成本呢？我们来看与效率相关的因素：订单的数量、交接次数、运输时间、站点配送、线路设计、仓库到分拣再到用户的距离、供应商的集中度等，有许多因素影响着效率的高低。

由此，企业要做的，不是追求每个因素的最优水平，而是在各个因素之间找到最佳平衡点，用合理的成本支出，获取最大的效率。在具体应用中，有五个关键支点对效率、成本的平衡最为重要：

1. 时间

1911 年，弗雷德里克 · 温斯洛 · 泰勒在《科学管理原理》一书中提出，科学管理的根本目的是谋求最高劳动生产率，而达到最高劳动生产率的重要手段是用科学化、标准化的管理方法。泰勒最伟大的贡献在于，他指明了时间管理的重要性。

为了提高工人的劳动效率，管理大师泰勒以秒表为武器，用以详细测量工作的每一个环节，以及每一个环节所需要的时间。如此，企业就能够规定一名工人在有限时间内应该完成的工作量。而在此之前，工人们每小时或者每分钟能够做多少工作，一直是个谜。

泰勒用时间量化了效率，测量出单位时间内完成的作业量，成为评判效率高低的重要指标。甚至在一段时间内，这是衡量效率高低的唯一指标。在那段时期，像亨利·福特这样的企业管理者，是泰勒管理理论的坚定拥护者，也是最优秀的实践者。

而在电商物流中，时间包含两层意思：第一是指全链条不同作业环节时间的分配，从生产到用户，每个环节应该花费多长时间。另一层含义是指每一个作业工序的时间。更重要的是，对于电商物流企业来说，时间就是金钱。这是因为，时间与现金净流入、周转率紧密相关。

现金净流入是指一段时期内企业的现金流入总量减去流出总量得出的结果。可以说，现金流的重要性高于利润。这个数据是衡量企业盈利能力的重要指标之一，它的缺失往往会击垮一个庞大的企业。

周转率方面，存货周转率、资金周转率越高，企业赚的钱就越多，这也与时间紧密关联。以戴尔公司为例，这家企业曾经因为计算机定制业务取得了市场领先的位置。由于戴尔根据客户订单生产电脑，其存货量就很少。客户下单之后，戴尔在一周内就能发货。曾有数据报告显示，戴尔公司的存货周转率高达 50 次 / 年，是行业其他企业的 5 倍，甚至 10 倍。高频率的周转，为戴尔带来了充足的现金流，使其获得了“现金机器”的美誉。

与时间赛跑，这不是一句空话。医生救死扶伤如此，企业控制成本、提升效率也是如此。只有真正理解了时间的意义，才有可能在持久的发展中，与时间做朋友，分享时间回馈给你的甜美果实。

2. 质量

当生产量大幅提高之后，新的问题接踵而至。重视数量而忽略了质量，会导致企业在销售前后面临诸多质量问题：残次品率较高，质量不佳，退货增加。更严重的是，企业品牌受到损害，以致产量上升，销量下滑，存货大增。如此一来，企业效率提升不但没有带来成本的降低，反而因为质量问题太大增加了成本。

实际上，不管是时间，还是质量，我们都可以用成本来表达。成本是什么？成本是为了获取更多的收益、更高的周转率所付出的代价，这种代价以消耗资金、资源的方式来体现。我们一直在寻求的其实是一种平衡，成本和效率、质量之间的平衡。如果成本过高，即便提升了效率，也有可能得不偿失。如果一味地降低成本，质量和效率就有可能受到影响。怎样在确保质量和效率的前提下，有效控制成本，或者在不增加成本的情况下，提升质量和效率呢？每个人都知道，钱要花在刀刃上，但却少有人知道，如何把钱花在刀刃上。

具体到电商物流行业，首先，优质的电商产品能够降低质量问题带来的成本，同时赢得良好的品牌口碑，维持稳定的销量和现金流入；其次，科学的管理和技术有助于提高生产效率和库存周转率，这样做可能会增加成本，但往往能得到更大的回报。

3. 组织

在效率提升的过程中，组织的角色很重要。比如人员岗位设置方面，要不要兼岗？需不需要安保？这些大大小小的问题都需要依靠组织解决。提升效率，必须要有很强的执行力，既包括个体执行力，也包括组织的执行力，好的执行力需要有个体与组织同步支持才能实现。执行力差，不见得是个体能力差，还有可能是组织的支持力不够。

举例说，一个公司启动了一项物流计划，但组织无法提供相应的内外部资源支持，比如内部没有物流专业人才，或者没有资金购买先进设备等，就可能会导致计划失败。在组织无法很好地供给资源的情况下，公司战略再好，效率也会大打折扣。

4. 安全

电商物流跨区作业，人员多且分散，快递员遍布城市和乡村的大街小巷，地域环境复杂多样，时时处处都存在安全隐患；电商物流的交通工具数量和种类多，交通安全风险大，另外还存在货到付款、代收货款等收款风险。因此，电商物流在人员、车辆和货款方面均存在多种安全风险。

在安全方面，我们强调采用具有前瞻性的做法，最大限度地防备事故的发生。安全问题一旦发生，成本就会增加，效率会受到影响，企业还需要投入人力物力去应对。与其花费精力处理各种麻烦，何不想办法提前预防？一个有效的前瞻性做法可帮助组织有效减少安全事件的数量。

5. 适度的授权和灵活性

有个段子，大约是说两家公司分拣中心的传送带上，经常有空箱子，需要挑出来。A 公司规模大，实力雄厚，总经理聘请了一个专家团队，然后投资 150 万元上了 ERP 系统，但是问题并没有得到解决。B 公司规模小，处于初创期，公司老板找了一个员工，要求他在一天之内把空箱子的问题解决掉，不然就走人，这个员工买了两台电风扇对着生产线吹，空箱子就被吹出来了。

很多人听了故事之后，不禁为B公司那位聪明的员工拍掌叫好。但试想，如果作业现场不允许用电风扇，怎么办？或者说员工不敢用电风扇，怎么办？这个问题就无法巧妙解决了。B 公司能够解决的前提是，企业授权员工能用电风扇。只有获得了授权，员工才能想出妙招。

尤其在电商物流作业末端，面对用户和供应商，相应的员工要有一定的授权，保留一定的管理灵活性。比如，客服、基层主管在客户赔偿金额上有一定额度的权限，问题解决就会更高效。管理中有太多的问题，都是授权不到位、管理不灵活导致的。如果授权多一点，灵活一点，效率会提升很多。

效率提升三把火

企业都有一个基本的商业信念，只要努力把成本控制到极致、效率提升到极致，只要让用户满意了，那么企业就具备了源源不断获取用户的能力，而业务将会快速并持续地发展。这种追求成本控制和极致效率的思想，深深植入员工的心中。思想影响行为，将会为企业带来意想不到的效果，对此，笔者也感同身受。

追求极致，我们要做的有很多，笔者把这些方式方法总结为三个方面：成本优化、核心作业时间、抠成本。如果在实践中运用得当，每种办法对成本效率都有强大的助力作用。

成本优化

零售业巨头沃尔玛一直是许多行业学习的榜样，沃尔玛对浪费零容忍，从不会让不能带来生产力提高的费用产生。沃尔玛的商品价格能够做到极低，成本发挥了重大作用。成本降低了，消费者就能享受到更低的价格，沃尔玛也能从销量的提升中获利。

电商行业和传统零售非常相似，需要买车、买货架、建仓库等。在这些过程中，只要仔细研究、严格考核，就会发现存在巨大的浪费。减少浪费的过程，其实就是成本优化的过程。

成本控制不等于成本优化。成本优化三部曲为：成本避免、成本节约和成本控制。

成本避免是指，在做规划时避免不必要成本的发生；

成本节约就是减少浪费，减少不应该发生却发生了的成本，减掉不应该存在的一些浪费；

成本控制，要通过寻找瓶颈来实现。

成本避免和成本节约的目标是对浪费的杜绝和减少，其中成本避免是成本优化的最主要的部分，就像前面提到“规划是最大的成本”，也是成本优化的前提和基础。成本节约主要是拒绝作业过程中的各种浪费。而成本控制则是通过对成本影响因素的管理优化来实现一定的成本目标。

只有认识了成本优化的三个阶段，才能全面认识成本，并从根本上进行优化。

核心作业时间

核心作业时间是指消耗在产生效益的关键环节的时间。只有提高核心作业时间才能提高产能，提高作业效率。在核心作业时间的利用中，要清楚哪个是关键环节，然后把所有的资源、精力放在这个环节上，提高其时间利用率。

我们常常通过改变作业方式、业务流程等方式提高核心作业时间。比如，要提高快递员的核心作业时间，可以将快件送到快递员的配送地点，快递员只要将件送到用户手中即可。这样一来，快递员就节省了取货时间，由此大大提高配送到用户的效率。

在接下来的交付签收环节同样如此。如果用户要验货，或者产品/服务发生各种问题，签收时间就会延长。那要怎么做才能缩短用户签收时间呢？第一是坚持正品；第二是包装安全牢固；第三是加强售后服务、规范服务用语等；第四是和用户交朋友，彼此熟悉了，互相信任，签收就顺畅了。

比如，按照要求每单配送时都要给用户打电话告知。但有的用户不喜欢接电话，他们只需要快递员发一条短信告知在哪里取货就行了。这时候，如果快递员和客户比较熟悉，知道这个顾客的习惯，就可以按客户的习惯高效地完成投递签收工作。在实际工作中，核心作业时间有多种方式来提高，只要不顾此失彼，都是值得鼓励的。

抠成本

抠成本，顾名思义就是措施实施中的精细成本控制。在成本优化的基础上，再对运营和作业进行精细化管理，从每一个环节中节约成本、控制成本。

俗话说，钱不是省出来的。但是对于企业来说，成本的节约和严控，却也是一笔可观的收入。那么，如何来抠成本呢?

一丝不苟地抠成本，要从细节抓起。

抠成本的办法比比皆是，如作业流程的标准化、人效、作业时长、日常行为标准等，这里就不再赘述，但是在抠成本措施的实施过程中有几点值得引起大家注意：

（1）抠成本要看和企业的战略是否相符，在创新、试点、新业务等开始实施的时候，不能一味地紧缩。抠成本也要有松有紧，松不是无原则地松，紧也不是因噎废食地紧。

（2）抠成本不能以牺牲发展为代价，抠掉浪费光荣，抠掉未来就错了。

（3）抠成本不能仅仅靠监控，要靠实事求是、准确、及时的数据，同时要考虑运营环境变化带来的影响。

（4）抠成本别忘了创新思维，如豆浆机和磨豆浆的例子，磨豆子的成本控制得再好，永远也造不出豆浆机。

（5）注重抠成本本身的文化成本。抠成本对于员工心态、成本压力等会有不同的影响，从这个意义上说，提倡“主人翁精神”的企业文化是抠成本必不可少的。

（5）抠成本要放在事前，如针对应收款风险和库存风险的防范措施，甚至是水电煤气的标准，都要提前制定并准确及时传达。

抠成本，是精打细算地过日子，员工要有当家做主的主人翁精神，这不仅仅是财务人员的事情，而是需要全员参与，都要承担相应的抠成本任务。

四种方式应对脉冲

2013 年 11 月 13 日，《人民日报》发表了题为《双 11 狂购背后：“造节”透支了什么？》的文章，文中这样写道：

> 今年天猫和淘宝“双 11”共产生快递包裹 1.52 亿件，平均每分钟产生 10 万个。
>
> 随着“双 11”包裹订单不断产生、发出，菜鸟网络预警信息平台上，多地开始飘红。红色预警地集中在长三角、珠三角、京津冀、环渤海等经济较发达区域。包裹吞吐量排名前五的省市是浙江、广东、上海、江苏、北京。
>
> 受天气影响，东南、东北及西北地区部分城市运输、派件难度加大。台风“海燕”过境，广西、广东、海南、贵州、江西、湖南等地区均受影响，部分地区暴雨成灾，运输环境较为

> 恶劣。东北当前处于雨雪天气，物流发运速度较慢，黑龙江、辽宁、吉林等地发货量受影响。甘肃部分城市出现入冬以来最强沙尘天气，沙尘弥漫给干线运输造成压力。
>
> ……
>
> 此前，为迎接“双 11”挑战，国内主要快递企业投资新建、改造分拨中心 300 余个，新增干线班车 2500 辆，新增航空日均运力 800 吨，同时还增加了国内各区域间的铁路运力。

这篇报道中讲述的是 2013 年“双 11”的情况，之后的每年，各种电商节的活动，数据都在以惊人的速度增长。2017 年，天猫“双 11”全球狂欢节最终以 1682 亿元收官，是 2013 年 350.19 亿元的 4.8 倍；物流订单达 8.12 亿单，是 2013 年的 5.34 倍。

在媒体看来，这是对电商物流应对巨大波峰的大考验，我们称之为“脉冲”。

所谓脉冲，可以理解为脉搏的跳动所产生的冲击波。这个概念的含义延伸开来，在学术上定义为：在短时间内突变，随后又迅速返回其初始值的物理量。

由此，脉冲正好可以形容电商节的订单波动情况，即订单在短时间内突然增加，之后又快速回落到之前的状态。试想，如果一个人的脉搏突然加快，会不会有危险？当然会。电商物流遭遇脉冲也是如此，过于激烈的脉冲现象，会对企业造成伤害，一方面会使物流体系陷入瘫痪，影响用户体验；另一方面可能会造成电商物流运营成本的大幅增加。

有什么方法可以应对脉冲呢？主要有以下四种方法：

第一，网络作业弹性的规划，即按照前文提到的 80/20 原则去规划网络设备和人员等。

不过这个方法的实施是有前提的：一是规划周期总体订单量是持续增长的；二是作业资源短期内无法解决；三是社会资源无法匹配；四是技术、设备短期内无法解决或解决成本过大。

第二，合并作业环节。比如订单生产环节和分拣环节，在作业时间上有一定的时间差，就可以共用作业人员等资源，也即兼岗，如同把两个环节合并为一个环节，或者统一到一个部门管理。作业时，分拣人员可以先去做生产，达到一定生产量后生产人员转岗去做分拣，在不增加成本的前提下提高效率。

第三，顺应脉冲。比如，对于外卖平台来说，几乎每天都会在脉冲中度过。中午和晚上高峰期，业务非常多，骑手们非常忙，效率也很高。但在其他时间，骑手们基本上无事可做。这种不均衡作业，就会造成人员需求的大起大落。由此，目前许多外卖平台选择了与第三方平台合作的方式，灵活地补充高峰用人，平台自身只要具备少量骑手，甚至可以全部外包。这种方式在降低自身物流成本和风险的同时，提高了作业效率和效益。

第四，平抑波动，即把波动变小。平抑波动的方法也是各式各样的，比如将电商节周期拉长，以前只有一天时间狂欢，现在就拉长到一周甚至一个月，这样一来，订单量自然会变得更均衡。

脉冲的四种应对方式，单一使用难以达到效果，必须使出一个组合拳。企业要根据自身的业务特点和发展的阶段性有所偏重，灵活组合，在脉冲的不断考验中，找到适合自身的办法。

打造最后一公里生态圈

最后一公里问题是困扰物流行业多年的难题，电商物流更是花费了很多的心血来解决最后一公里的问题。当仓储、运输、分拣这些环节的效率都明显提升之后，尤其是社区物流、O2O 等新业务出现以后，最后一公里的难题更为凸显。

最后一公里，顾名思义，是商品到达消费者的最后一环，与用户紧密相连。其最大特点是分散，站点多、快递员多、用户多，可控性较弱。在这最后一环，快递丢失、送错、延迟送货，快递员态度恶劣，甚至一些安全事件等时有发生。许多突发难题对成本和效率造成了极大损害，同时，也带来了负面的社会影响。

随着技术的发展，快递仓储和转运已经实现了部分机器替代人工，通过对流程的优化，效率相较以往已有很大提高。但是，最后一公里仍然需要大量人工作业，成本居高不下。如何降低最后一公里的成本，提高作业效率，成为各大快递公司不得不思考的问题。

最近几年，电商企业做了许多尝试，最后一公里的效率有所提升，但仍然长路漫漫。根据多年积累的经验，笔者总结出两个原则：

原则一：每单距离越短越好——货流人不流最好，也即最后一个存放商品的地理位置，与用户之间的距离越近越好。比如，快递员在小区门口不动，有专门的配送车辆将订单商品送到快递员手中，快递员只需要送到用户手中即可，这样就大大提高了核心作业时间，效率是最高的。

原则二：面对面处理越简单越好——简化搜找快件、付款、签字等面对面环节。比如说运单，要不要签字？刷卡付费如何引导？这些环节越简单越好。

为了把这些原则落到实处，我们可以借助信息技术，变更作业方式和管理方式。比如，快递员把物品投递到智能快递柜，系统会自动短信通知客户取件，安全性和效率都有所提高；研发众包平台，激活社会闲散人力资源，完成最后一公里配送。

再如客户寄件。以前是上门寄件或者打官网电话预约，花费不少时间。后来有了网点电话或者快递员电话，就直接联系工作人员。再后来微信应用越来越普及，各公司陆续开通了微信寄件功能。客户花不到一分钟的时间，在手机上填写信息，然后就可以等待快递员上门取货。电子面单自动生成，不用在面单上重复填写。这些技术手段，既减少了客户手写的麻烦，也缩短了快递员的操作时长。

如果我们梳理一下最后一公里中涉及的人、事、物，可以发现，最后一公里的人、车、货、站构成了一个小生态圈。这里面有快递员、快递网点、代收网点等，为收件人提供派送、代收、代验、查询、售后交涉等各类服务。他们的存在和活动，促进了生态圈的生成和发展。我们将人、车、货、站等要素进行不同的组合，就会形成不同的生态圈。人就是用户和快递员，车就是处理中心摆渡到人之间的一个过程，货即物品，站是存放物品的最后一个地点。在不同的地方、不同的环境下，把这四大要素进行不同的组合，就会形成不同的生态作业方式。

由此可见，在最后一公里生态圈中，灵活性和资源整合力尤为重要。我们的所有努力，都是在利用最后一公里的灵活性，对各类资源进行重新组合整理，生成不同的方式，使得生态体系能够持续发展。而所有的整合重组，都是在以服务为核心的前提下进行的。

比如，用超市的商品替代我们的共享库存，这是一种方式；整合社区人力资源，如前台、门卫、小区保安等，请他们负责物品管理和代签服务。这些都是不同结构的生态圈所衍生的不同作业方式，也是为不同业务、不同发展阶段的企业提升服务质量而设计的。

如此，企业只要发挥最擅长的资源优势，再把其他优势资源整合为一体，就可能找到解决最后一公里问题的创新办法。这个思路下有几个解决方向：第一是任意搭配；第二是找到自己所拥有的资源，或者说自己能够拥有的成本最低的资源；第三，用各种资源配合资金手段，或者说合同手段等，能够低成本去解决的，就比自己做更好。

既然是一个生态圈，那么最重要的就是激活生态圈的生命力和创造力，发挥每个独立个体的能量，把他们整合成一体，形成合力，在优化资源的同时，解决低效率和高成本的难题。曾经有一阵子，摩拜共享单车推出了“红包车”活动，用户只需要把固定地点的车骑到指定地点，就可以赚一笔红包奖励。很多人以为摩拜的活动是为了吸引新客户，其实不然。

在此之前，让摩拜很苦恼的是，用户用车之后总是乱停乱放，需要花费大量成本雇人把分散的车集中到一些需求旺盛的地点，比如地铁站、公交站附近。这样的土办法，既增加了人工成本，效率也不太让人满意。

而在红包车的刺激下，只需要给用户一点小实惠，就能整合劳动力资源，让用户把车放到理想的地点。这就是摩拜为了解决最后一公里采用的创新办法，既让用户有了好玩有趣的体验，也分担了效率和成本的压力。

需要强调的是，这种措施常常是系列“产品”，靠一次行动、一个措施就想达到一劳永逸的效果是不可能的。

不管是哪个行业，在解决最后一公里问题的时候，都有相通的原理，可以彼此借鉴。各个要素之间的创新组合和连通，也可能会收到意想不到的效果。只要敢于尝试，不断改进，就有望突破难点，医治顽疾。

原因比数据更重要

每个企业都有月度、季度、年度财务报告，财务报告就是企业的晴雨表，可以直观地显示出企业是盈利还是亏损了。外界可以只看结果，即表面数据，但企业的目标是长期持续稳定的发展，因此，不管数据是好是坏，都必须弄明白数据背后的原因。

如果盈利，是什么业务或产品盈利？盈利多少？应该盈利多少？对企业总利润的贡献度有多大？是产品、管理还是运营模式驱动的盈利？是否能够持久并固化？

如果亏损，是什么业务或产品亏损？亏损多少？是否合理？是什么原因导致的？是业务、产品、管理出现问题，还是客观的成本上涨所致？如何改善？

在企业运营过程中，原因分析十分关键。如果嫌麻烦不去分析原因，或者分析不到位，只是依照主观判断下结论、定决策，就会治标不治本，最终伤害的还是企业本身。

有一家电商公司，在一次大促活动中单量暴增。再看看成本，因为加派人手、增加临时场地，成本比平时高了。他们的总结是，单量增加导致了成本的增加，但是单均成本并没有上升，于是皆大欢喜。

这就是管理上的浅尝辄止。这里不是成本高与低的问题，而是涉及成本增加或降低是否合理，变动多少是合理的。原因分析能帮助我们发现隐形成本，如间接机会成本 、后置成本、成本转移等成本管理的盲区。

所以说，仅用单量不能准确评估成本变动的合理性。同样，春节国庆长假期间，单量滑落到低谷，成本支出也会下降。企业认为成本的变化是由于单量少，但这其实只是一方面，企业应当思考的是，成本的减少量是不是合理？是不是在计划范围内？有没有浪费的地方？如何避免和减少？

很多企业在分析成本的时候，会想出许多理由。比如，运送更准时、服务更好、妥投率更高，所以成本比别人高是正常的。这样找理由也是很正常的。但是，很少有人能够追问下去，比别人高多少是合适的？是不是一定要高？

比如 A 公司的运输费用是吨公里 3.2 元,B 公司是吨公里 1.8 元。数据上看，两者成本相差 1.4 元。但结合成本占比来看，两者之间的差距也许不到 1.4 元。A 公司运输的是贵重物品，毛利高，不用考虑太多的运输成本；B 公司运输的是普通物品，价值低，所以就很重视运输成本。

打个比方来说，A 公司的商品能挣 100 万元，那么高 1.4 元的运输成本无所谓，而如果只能挣 10 元，就得控制运输成本。对于成本高低的判断，不同的企业，就要做不同的分析。有些企业，一看自己的成本比别人高，心里面就打鼓，觉得没有做到成本最优。大家往往忽略了去研究成本产生背后的真正原因，如果原因是合理的，超出的数额是合理的，那么高一点又有什么关系呢？

在电商物流业，许多看起来过高的成本，其实都有其发生的合理性。比如，摆渡和传站成本高于干线运输成本看似不合理，但实际上是合理的。摆渡和传站都会受到城市交通管制、行政区划、地形地貌等的影响，为了不影响分拣中心的分拣和分拨活动，以及快递员的派送时间，其成本一般会高于干线运输成本。

在分析成本时，第一步要将环节内部成本与行业平均水平相比较；第二步，要结合企业自身情况，运用链式成本思维，整体平衡考虑，找到成本高或低的原因，分析是否合理。

电商公司 A 遇到了一个问题，其销售的某品牌冰箱在上海的销量特别好，但北京卖得不温不火，销售和需求预测出现了较大偏差。怎么办呢？只有把冰箱从北京调拨到上海。但是经过估算后，运输成本很高，得出的结论是，做不如不做。

又回到最开始的问题，怎么办，要不要调拨？我们不妨换一种思考方式，把“怎么办”转换为“为什么运输成本高”。对于这个新的问题，我们想要的自然不是计算成本的公式和数字，而是数字背后的原因。

再次分析上述问题可以发现，冰箱每天的需求量不稳定，时多时少，若每天发车运送，成本自然无法承受。

既然找到了真正的原因，措施就呼之欲出了。当下要做的，就是把运输成本降下来。怎么降呢？很简单，不要只想着调配车，而要把关注点放到货品上。对于销售来说，对运输时间的要求不是那么严格，所以，A 企业可以均衡发车频次和发货量，把关注点放在运输的舱位利用率上就好。

同理，面对成本实然下降的情况，也不宜盲目乐观，而要分析原因，确认了成功的因素并推广之后，再庆祝也不迟。

凡事都有因果。如果成本高得合理，那就不用过多担心；相反，如果成本低的原因不合理，别暗自庆幸，赶快解决问题。要记得，只有找对了原因，才能找对办法。如果不分析原因，就会像无头苍蝇一样，让企业在成本和效率管理的道路上越来越迷茫。

当然，我们绝对不是否定数据的重要性，因为，数据的应用也是分析原因的重要渠道。

第六章

辩证的质量

数字手机时代，诺基亚手机曾经风光无限，耐摔耐磨的高质量是诺基亚手机的核心竞争力。在那时，诺基亚把质量做到了极致，生产出的产品一代比一代耐用。然而，当苹果带着智能机出现之后，诺基亚的美好时代就此终结。

一直坚持高品质的诺基亚为什么落败了？一大原因是它只把眼光放在产品本身物理质量的提升上，而忽略了其他质量因素，比如新技术。在现代企业的发展史上，有太多在质量上栽跟头的案例，有的是因为忽略质量，更多的是因为错误地理解了质量的内涵。

电商物流企业在质量的管控和改进上做的工作，要先从树立正确的质量思维出发，如果就质量论质量，容易陷入抓小放大的误区。只有思路对了，接下来的战略规划和落地执行才会环环紧扣地做到位。

现代企业的质量起源

企业日常工作中，质量是出现最多的词，许多企业以此为核心竞争力。在过去的数十年，企业家和学者们对质量进行了许多宝贵的研究，让后人受益良多。

被誉为“零缺陷之父”“一代质量宗师”的菲利浦·克劳士比，1979 年出版了《质量免费》一书，这本书的问世标志着质量管理学的诞生。克劳士比曾经是一名生产线的检验员，对质量监督颇有研究。

他认为，质量的定义就是符合要求，而不是好。质量不分高低，也无好坏之分，而是分有无。任何产品、服务或过程只要符合要求就是有质量的。

这是对质量最早的科学描述之一。

现代质量管理的领军人约瑟夫·莫西·朱兰站在客户的角度思考提出，任何组织的基本任务就是提供满足顾客要求的产品，包括服务。

美国学者戴维·A. 加文提出了关于质量的 8 个特征，使质量的概念更丰富形象。这 8 项特征分别是性能、特色、可靠性、一致性、持久性、服务性、美感、可感觉的质量。

朱兰认为，质量计划是为了实现质量目标而进行准备的过程，质量控制是在实际运营中达到质量目标的过程，质量改进是优化生产过程，突破以往的水平。朱兰为质量管理者们拓宽了视野。大家更清楚地意识到，质量不只是在产品上体现，它是一个过程，蕴藏在生产销售的各个环节中。在众多大师学者的思想中，笔者记忆最深刻的是质量管理专家 W. 爱德华兹·戴明的一番表述，他一针见血地指出：“大多数的质量问题是管理者的责任，不是工人的责任，因为整个愚蠢的生产程序是由管理者制定的，工人被排除在外。”

的确，当企业管理者责怪一线工人没有把活儿干好的时候，其实最该责怪的是自己。质量问题，不仅要靠一线员工做出来，更要有精明的管理者在背后把控全局。在管理实践中，最著名的莫过于朱兰提出的“质量三部曲”，即质量计划、质量控制和质量改进。

世界上，还有一些知名的质量管理学大师，比如日本学者田口玄一，他创造了质量损失函数，能够计算出企业由于生产过程波动而造成的年收入损失数额；另一位日本学者石川馨提出，通过设立质量小组，定期会面、查找、分析和解决与工作相关的质量、生产问题，能够助力质量提升。

在国内，关于质量的研究，很大程度上受国外学者的影响。其中，对于全面质量管理的学习，曾经在20世纪八九十年代掀起高潮。这一概念由美国学者阿曼德·费根堡姆创造，最初记录在其1983年出版的《全面质量管理：工程和管理》一书中。

这本书中的许多观点极大影响了我国改革开放初期的企业，比如“要让质量计划发挥作用，组织管理者必须承担责任”“质量并非意味着最佳，而是客户使用价值和售价的最佳”“人际关系是质量控制活动的基本问题”等。

与戴明相似，费根堡姆也认为，质量控制是一种管理方法，技术和方法只是全面质量控制程序的一部分。这一学说对中国企业发展影响深远，据称，在20世纪80年代，我国上千家大中型企业都在推行全面质量管理。

在追求质量第一的道路上，国内一批企业成了先行者。1985年，在青岛日用电器厂担任厂长仅一年的张瑞敏做了一件令人震惊的事——砸了76台问题冰箱。当张瑞敏一锤子砸下去的时候，许多工人当场流泪。而张瑞敏却放下狠话说："过去大家没有质量意识，所以出了这起质量事故，这是我的责任。这次我的工资全部扣掉，一分不拿。今后再出现质量问题就是你们的责任，谁出质量问题就扣谁的工资。"

如果没有这一锤，或许就没有今天的海尔。也正是这一锤，砸出了中国现代企业的发展。自此，中国企业逐渐有了真正的质量意识，并且把质量纳入了管理体系之中。之后，一系列质量政策的出台规范了企业的质量管理，同时保护了消费者权益。

而作为先行者，海尔在 1989 年就实践总结出了受人尊敬的海尔 OEC（Overall Every Control and Clear）管理法，从管理角度对质量进行了强调。其中 Overall 指的是全方位；Every 解释为 Everyone、Everyday 和 Everything，即每人、每天、每件事；Control 是指控制；Clear 代表清理。这些单词串起来可理解为：日事日毕，日清日高，即每天的工作每天完成，每天的工作要清理并每天要有所提高。

在中国企业的质量管理道路上，海尔做出了榜样，其他很多企业管理者也因为重视质量获得了消费者的认可，创造了自己的辉煌。时至今日，中国改革开放已近 40 年，进入了以智能化发展为特点的工业 4.0 时代。

如今，不管是电饭煲，还是冰箱、电视机、自行车，能存活在市场内的企业基本都能达到一个较好的质量水平，甚至是世界领先水平。同时，售前售后的服务也越来越完善。那么，在新的时代，企业在质量上如何比拼？如何拥有竞争力？这些问题，困扰着新一代的企业管理者们。

世界变化越是快速，质量问题就越不容忽视。在信息科技高度发达的今天，一个质量问题就能让一家企业一蹶不振。在众多学者的研究中，我们不难发现这样一个公认的理念，在质量管理中，预防的作用远远超过检测和补救，与其手忙脚乱地弥补错误，不如在质量管理中多加重视，把问题扼杀在萌芽状态。

本书所谈论的质量主要是运营质量，包括服务质量、物流质量和供应链质量，以及质量管理的质量。

运营质量的基本架构

在较长一段时间内，人们对于质量的认知仅限于产品质量，而忽略了其他一些重要因素，以致往往知其然而不知其所以然。朱兰在其《朱兰质量手册》第 5 版中就“大 Q”与“小 q”概念在对比图表中列出。“小 q”将质量视为技术范畴，而“大 Q”将质量与商业范畴联系在一起。如果只盯着一个点，质量永远都不会达标。

最先拥有质量意识的，当属制造业，经久耐用曾经是制造业评判质量好坏的一大准则。比如，在人们看来，一台用 20 年不坏的电视，就是好质量。而具体到电商物流等新型企业，似乎也没有具体的产品，主要是提供服务。如此，对于电商物流的质量研究，又会有哪些新特点、新标准呢？

在对电商物流的质量研究中，一方面要借鉴优秀的思维理念，另一方面也要结合实际，研究属于本行业的质量管理法。它的内涵是广泛的，而非局限在某些技术或手段上。

运营质量的基本架构为：技术是平台，作业是核心，管理是保障，同时服务是并行的。在整个架构中，技术是作为基础存在的，不管是有形的产品，还是无形的服务，在从研发、试销、成长、成熟，直至衰亡等整个生命周期中，每一个阶段都离不开技术的支持和运用。比如一款手机的生产研发阶段，要经历严格的品控测试，包括微跌测试、老化测试、人机交互测试等，所有的测试都需要技术的支持。

从宏观到微观，质量主要包括运营管理质量、作业质量、服务质量和其他质量。

运营管理的质量，包括整体的宏观战略、规划、设计、组织、绩效质量等。比如，规划错了，方向错了，不能满足用户需求，这样的管理就是无效的。再比如，从组织来讲，设置的员工绩效考核如果不能匹配管理要求，那质量管理本身就会不稳定。如果没有管理的支撑和保护，就很难规避作业中的漏洞，让质量在正确的航道行驶。

质量问题如何能够更快传达？怎样快速解决？如何更有效地评估？怎么实现满足公司战略要求的质量？这些问题需要管理者思考解答。

作业质量，指的是每个作业环节按照一定的标准和要求作业。从执行来说，作业流程对于质量的重要性不言而喻，一个小小的作业失误，就可能造成巨大的质量问题，比如在组装手机时，少了一颗螺丝钉，那么这台手机就会沦为问题产品。

服务质量和其他质量相辅相成。电商物流服务是指电商企业自建物流、快递企业或落地配等，从 SKU 确定、供应商选择与管理、库存控制、商品仓储、订单生产、商品配送直至售后与逆向，为满足客户需求、有效地完成商品供应、减轻客户物流作业负荷所进行的全部活动。

电商物流服务质量是电商物流为电商销售所提供的业务达到合同要求和满足业务需求以及符合相关规定的程度，包括技术质量、业务质量、形象质量和真实瞬间等，综合表现为消费者的感知。

比如要求送货上门，这在运营质量上没有多大影响，用户无论在哪儿收货都基本一样（但对运营效率有影响，参见第五章）。这种服务质量，对于用户的心理感知和品牌建设特别重要，属于服务的软质量。

笔者始终认为，企业不仅要用一定的方式方法提高狭义的运营质量，解决遇到的问题，而且要注意服务、品牌、体验、安全等方面涉及的更广泛意义上的质量。广义的质量并不虚，有的时候对企业的生存与发展具有决定性的作用。狭义的质量与广义的质量加在一起，才是大质量，才是真质量。

因此，要培育整体的质量思维，结合时代特性、用户思维、互联网思维、产品思维，对质量进行评估、管理和提升。

企业需要什么样的质量标准？

当许多思潮一起涌来的时候，人们就可能会理解错误。比如，克劳士比在 20 世纪 60 年代提出的“零缺陷”管理思想就曾遭遇误读。

字面来看，零缺陷容易让人想到零差错，即产品全部达标，没有残次品。这样的思想，让有的企业，尤其是质量部门、加工部门、机械制造部门永无止境、不分环境、条件地追求质量提升。

然而，克劳士比在“零缺陷”理论中强调的并不是一味地提高质量，而是要求第一次就把事情做正确，关注质量预防系统控制、过程控制和质量改进。克劳士比并没有说，企业必须实现百分之百质量完美。因为他知道，质量是一种平衡。它要匹配用户对企业的期望，匹配企业品牌、资源投入、阶段战略和生态环境。

的确，质量可以一直提升到零差错，但也要看成本，以及是否符合实际情况。比如，达到万分之五的差错率需要投入 10 万元，如果要降低到万分之三的差错率，则需要投入上千万元，这样的成本代价恐怕就不太合理了。再者，质量到了一定程度之后，提升的就不是质量本身了，而是组织问题、信息系统问题、科技问题等。

比如，生产 100 万支圆珠笔，其中有万分之一的差错。如果为了达到 100 万支全部合格，就需要投入大量的研发成本、监测设备等。既然这样，何不换一种思维方式？一支圆珠笔的生产成本也没多少，消费者买到一支坏的，立马补发一支，这种解决方式的成本肯定低得多。

同样的问题，也发生在对六西格玛的理解上。六西格玛是质量管理的一个重要概念，由摩托罗拉公司的比尔·史密斯于 1986 年提出。西格玛是统计学里的一个单位，表示与平均值的标准偏差。

六西格玛理论认为，如果你能“测量”流程中有多少个缺陷，便能系统地分析出怎样消除它们，并尽可能地接近“零缺陷”。一个企业要想达到六西格玛标准，那么它的出错率不能超过百万分之三点四。

在实际运营中，推行六西格玛的难度是，企业到底需要几个西格玛？如果要求太高，失败的风险更大，成本也更高。西格玛越多，要求就越高，而且越注重细节。而过于重视细节的后果是，容易一叶障目，反而忽略了大问题。这时候，末端解决得再好，却可能是浪费工夫，不能解决根本问题。

不管是“零缺陷”还是六西格玛，讲求的都是对完美的追求，而不是绝对要达到零差错状态，理念的引导比结果考核更加重要。如果没有建立正确积极的认知，零差错就无从谈起。而落实到实践中，我们无法避开的难题是，企业究竟应当以什么质量要求为标准，才是合理合情的？

尽管不能盲目地追求完美，但仍然需要一些定量或者定性的标准，对质量进行控制、考核和改进。有了标准，才会有进步，才能有好坏之分。

在电商物流中，一般从数量、准确率和时间等维度来制定标准。先说数量，比如，某一天，用户下单量1万，有可能出现的问题是，某些产品放错了地方、找不到、用户不在、改地址、拒收等，最终完美地送到用户手中的有多少？ 1万吗？不可能。因为运营是不完美的，尽管完美是我们的目标。那么，从数量来看，就产生了质量误差。电商物流的各个环节，库存、分拣、运输、配送，都可能出现数量误差。那么，在数量上就可以制定标准，确立合理的数量误差，然后想办法做得更好。

准确率的评估也是类似的。比如在分拣的时候，原本是北京的订单，被误拣到了上海，这就是准确性的差异。再比如，顾客订单需要的是白色的手机，库房发成了红色的，这也和准确率相关。如果要求准确率99%，那么低于这个数字就是不合格。

再看时间，比如按照库房生产标准，应该在一个小时内生产完，如果生产延迟，则会影响分拣环节的作业时间。在快递员配送时，按要求是 7 点到达，结果因为堵车或其他原因，他 8 点才到，这也属于质量问题。

如此，企业根据自身的用户体验要求和品牌定位，从数量、准确率和时间的维度出发，可以制定关于质量的标准。如商品入库准确率 99%，商品质量完好率 98%，订单准确率 99%，妥投率 99.5%，同城配送时效当日达（12 小时内送达），跨区域时效隔日达（72 小时送达），等等。

而标准制定之后，则要灵活应用，并根据业务发展及时调整，而不是贴在墙上当作摆设，或者成为发展的阻碍。标准的制定，为质量提供了检测依据，能够保证执行的方向，但重要的是，要分析实际情况和标准的差异。

在实际应用中，标准具备四大特性：

第一，标准并不是越高越好。如果用分数来表示，标准相当于及格线，企业根据自身战略及实际情况制定，能够完成就好。它与目标不同，目标可以朝更高的方向努力，但标准不是。

第二，标准是企业从实际中总结而成的，是从企业的发展竞争和管理中提炼而成的。

标准不是一成不变的，也是不断提升的。如一些技术类的行业标准，某种程度上讲，有法律性质，但企业也可以在此基础上不断提升标准，对自身提出更严格的要求。

很多人非常好奇，京东物流的发展为什么这么快。其实除了京东的以及行业的大背景之外，还有一个原因就是有标准，容易执行。比如，单量高于 300 单，就可以开设网点；全国百强县都可以开网点。有了单量、人员、店面等标准之后，复制起来很快。

其他的一些问题，比如增加多少单，需要增加一个人？配备什么车辆？工具都应该有什么？绩效标准是什么？这些问题的答案整理之后，就是一个开站手册，只要是开新站，按照手册上量化的标准办事即可。

有了标准手册，发展就快了。而这本手册是根据京东的实际发展情况制定的，具有很强的针对性。它或许适合京东，但不适合其他公司。所以说，行业有行业通用标准，不同的企业又有不同的内部标准，要学会合理总结应用。

第三，标准一定要具有可执行性、可检查性，否则就没必要定这个标准。比如某家商场定的标准是，要求店员双手托着物品给用户，这是作业标准。但问题是怎么检查呢？无法检查。不可检查就不可落实奖惩，不可落实奖惩就没有改进的驱动力，那还不如不定标准。

第四，标准过高有的时候会成为伪标准，束缚工作的灵活性。不切实际、无法实施、无法落地的标准都是伪标准。

比如，服务业提出的微笑服务，要求露出八颗牙齿，这八颗牙是标准吗？不是，它只是一种形象，一种宣传，一种要求，并不是硬性执行的标准，服务员露六颗牙，也叫微笑服务。再比如，快递公司要求配送员送货上门的时候，先敲门，然后后退一米，给客户留足私人空间，等待开门。不过，在实际工作中，真的有人每次都刚好退到一米的位置吗？ 90 厘米不行吗？如果过度要求这些不必要的细节，企业发展会受到牵绊。

还有一种伪标准，它有品牌意义，但不是管理需要的。比如我们去全聚德吃烤鸭，据说，全聚德烤鸭要片 108 刀，如果片了 109 刀就不能吃了吗？当然不是。108 刀是一个品牌方面的标准，而不是质量标准。

认识到误区后怎么解决呢？不用考虑那么多，企业目前需要精细到哪个程度就到哪个程度，其他的都没有必要一步到位。标准化是一个过程，而标准化的过程也是管理提升的过程。

四维质量管控

企业管理过程中，战略规划与具体实施之间还存在较大的距离，中间需要将宏观的战略目标转化为具体可执行的实施方案的桥梁和纽带。

四维管控包括时间、空间、作业和组织四个维度。时间和空间是物理角度，作业和组织是企业运营管理维度的横向和纵向分析，将二者结合，并将战略目标转化为可执行的实施方案，不管是质量管控，还是运营管控，都能做到明确、量化、可执行。

四维质量管控包括两个方面的内容：一是质量标准要进行四个维度的分解；二是要从四个维度进行检验和评估。也就是说，质量标准要进行四个维度的分解，并根据这四个维度的分解进行质量控制。

第一个维度是时间。质量有自身的迭代周期，再过硬的产品如果不升级换代，也会被淘汰。质量的评判具有时间相对性，这一阶段的好产品，下一阶段不一定会被认可，甚至被新技术替代。质量不是一蹴而就的，它的改进需要时间，随着企业发展情况、用户需求的变化，就会产生不一样的质量标准。

一款产品在刚推出的时候，或许有一些不完美的地方，但通过结合考虑用户需求和市场特征，继续研发努力，它可能在之后变得更好。苹果手机每年出新产品的时候都会着力介绍新功能、新技术、新材料，其原因就是用质量的升级来吸引用户购买。

互联网产品就非常讲究在时间轴上的质量改进，用户们看到的1.0、2.0、3.0等一系列数据，就是每一代质量提升的标志。很多时候，比拼的是短时间内的质量改进水平。腾讯公司的创始人马化腾本身就是一位优秀的产品经理，他一直坚持产品的八字法则，即“小步快跑，试错迭代”。在他看来，也许每一次产品的更新都不是完美的，但是如果坚持每天发现、修正一两个小问题，很快就能把作品打磨好。正是这样的思维，让腾讯的产品获得了用户的青睐。

在质量发展的过程中，企业要学会和时间做朋友，时间会给你最好的答案。许多伟大的产品，一开始都并不起眼，它们需要成长的时间，在积累中等待机会。

第二个维度是空间。一方面，生产环境对质量起到关键的影响。有一些产品对地理环境要求很高，比如茅台酒。白酒界有一句话，“离开了茅台镇，就造不出茅台酒”，据称这是被多次试验后证明的真理。茅台镇独特的地质地貌构造、土壤特征、气候条件、海拔条件等地理因素共同作用，才能酿出上乘的茅台酒，一旦换成其他地方，都不可能成功。

另一方面，不同地方的用户，需求不同，对质量的要求也不同。有的地方用户要求高，质量必须是最佳的，但有的地方要求没那么高，普通水平就能满足需求。比如水果，一些高收入群体喜欢进口水果，而普通居民只要当季水果就行了。地域文化、偏好、收入情况等差异，会造成用户对质量的不同要求，只要有需求，就会有相应质量层次的产品出现，满足用户。

第三是作业维度。主要是对供应链质量的把控，包括检测分拣是否及时、运输是否准确、配送是否及时等。比如，客户给快递网点打电话说要寄件，本来约好了下午 5 点上门收件，但快递员因为个人原因并没有按时出现，电话也无法接通，客户一直苦等到了 6 点。在用户心里，这种服务质量是极差的。

相信很多人在等外卖的时候都遇到过拖延的情况，但如果在超过配送到达时间之前收到配送员的电话，清楚了延迟配送的原因，大部分客户还是会理解的。因此，为了预防作业流程中的一些质量问题，可以通过员工培训、准备第二方案等方法解决，只要反应速度够快，就能够弥补一定的质量损失。

第四是组织维度。组织事关质量的落实与管控，包括绩效、组织架构、人员编制培训等。组织的作用，是为了让质量标准能够顺利落实，并且为执行提供支撑。如果没有组织，质量无法管控，那么就生产不出好的产品，也无法很好地营销出去，让顾客买单。

举例说，一家公司启动了一项质量改进计划，但组织无法提供相应的内外部资源支持，比如内部的研发团队水平不够，或者外部找不到合适的第三方合作，那么由于组织支持力度不够，计划就可能会失败。在组织无法很好地供给资源的情况下，公司战略再好，落地效果也会大打折扣。

理论上，自然是监测层级越多，越能够保障质量。但层级越多，组织管理的成本就越高，是否需要对所有流程环节进行严密监控？公司的组织资源是否匹配？在实际安排中，也要具体问题具体分析。

最糟糕的质量是没有质量

亚马逊站在电子商务的风口浪尖上，在短短十几年间乘风破浪，飞速发展为世界上最著名的电子商务零售商。它的成功不仅仅在于借助日新月异的技术推动电子商务经营模式的不断创新，还在于公司用高瞻远瞩的姿态构建了一个能够支撑其商务交易的强大的物流配送体系。

1995 年 7 月，亚马逊正式开启了“虚拟商务”的大门。在众人的一片反对声中，从第二年就开始自建物流体系，1997 年配送中心已经超过了 20 万个。业务的快速扩张导致库存的压力巨大，而自建物流的成本和风险更是不可估量。但是，杰夫·贝佐斯坚信，完善的物流体系将是其成就电商帝国的顶梁柱，是企业核心竞争力的重要构成。

事实证明，自建物流所打造的快速和优质服务，为其赢得了绝对的竞争优势。从 2001 年开始盈利起，亚马逊在 2016 年实现净销售额 1360 亿美元，在世界 500 强中居第 44 位。

试想，如果当初亚马逊没有自建物流，还会有今天的成绩吗？

同样，如果因为质量问题太多而选择半路放弃，人们还会评价京东物流的好坏吗？用户之所以会点赞或吐槽京东物流，是因为京东创立了这项服务。

这就好比一家汽车销售公司，如果连汽车都没有，谈什么质量好坏？一家电商物流公司，如果没有客服服务，那么如何评价客服质量呢？所以，任何事情，都是先有作业，后有质量。没有作业，谈不上质量。

没有质量可以理解为二个层面：一是应有而未有的业务，如制造企业的客服；二是质量也分层次，舍弃大质量而只顾末端质量也可以视作没有质量。

我认为，质量管理的基本步骤是：先有，再做，后提升。

“先有”是指有战略层面的规划（每一个环节都有质量要求）。在流程设计中，如果没有设置环节，就没有质量的产生和评判。如果战略规划质量够好，能够减掉不必要的质量或“伪质量”，将重心放在真正有需求的质量上，就为后续的执行开了一个好头。反之，如果开头设计错误，该有的质量没有，多余的“质量”特别多，可想而知，在落地实践中必定跌跌撞撞。

这里的伪质量，可以理解为“标语”、“口号”、上墙的标准、流程等，抛开文化塑造的目的不谈，如果不能落实到实践当中，那就是“伪质量”。

比如有一家水果电商物流公司，用最好的包装，选择了最快的第三方物流服务，还设立了专业的客服体系，可以说，每个细节都做得很到位。然而，这家公司的产品销量并不好，原因也很简单，它的水果又贵又不好吃。前端货源质量差，就算后续服务再好，也于事无补。

当然，如果水果品质特别好，但是物流服务质量不给力，导致产品在运输中破损或腐坏，也不可能取得理想的结果。对于企业来说，一开始就要在战略上分清主次，做好了加减法才能行驶通畅。

“再做”指的是，要先保证大质量。什么是大质量？大质量是指突破传统单一的生产质量、服务质量，包括战略质量、服务质量、管理质量、体验质量、生产质量等，是指维持企业运营和管理所需求的特性。

如网络不通、商品积压，这些就是大质量的范畴。用户下了单，一直到用户收货或者把货退回来，这个过程中，企业要衡量容量够不够，有没有浪费，能不能顺畅地做到。也就是说，先评判能不能走得通，那是最大的质量，其他细节质量都是可优化的。比如配送，先不说送得怎么样，有没有人和车，能不能送才是最大的质量。

这就好比人体血管，心脏供血能力强不是第一位的，最重要的是不要堵塞，确保血液能够流进心脏，先保命，再谈活得好不好。质量就像生命一样，如果关键器官无法工作，那就意味着生命结束；如果没有质量环节，就意味着没有质量可讲。

最糟糕的质量是什么？最糟糕的质量就是没有质量。我们得先把大马路修通，再把马路修漂亮。哪怕是磕磕碰碰的石头路，也好过“此路不通”。

拿客服电话来说，在“双 11”“6 · 18”电商大促的时候，客服特别忙，有很多问题要解答。如果这个时候，客服电话的接通率只有 60%，非常低，那么后果是什么？原本揣着疑问焦急不已的客户会变得急躁不安，有人会给服务差评，如果多次打不通，有的客户会猜疑公司的经营是否出了问题，无法提供服务。因为电话根本就打不进去，何谈问题反馈与解决？又何谈服务质量？

这样的质量就是最糟糕的。对于企业来说，不如提前外包部分简单的客服给第三方公司，提前做好准备，保证接通率，这样不管是对客户、公司还是第三方来说，都是有利的。

此外，质量的评判也很关键，上一次的评判通常是下一次标准制定的重要依据。如果评判不切实际出现失误，那么下一次质量的完成也会出问题。质量完成和升级之间，只有拿捏得当，才有可能实现一次次的飞跃。

企业管理者常犯的一个错误是：急于求成。今天解决了一个问题，明天就想搞定十个，根本不考虑公司的发展速度和资源匹配程度。尤其是在问题高发期，什么问题都想一秒钟解决，越快越好。但是心急吃不了热豆腐，什么问题都想解决，最后一个也解决不好，旧问题一直存在，新问题还在不断涌来。因此，在质量管理上，必须先有质量，再谈质量的高低。

服务质量的 80/20 原则

在大众看来，服务质量是购买商品时的一种体验，我们称之为“真实的瞬间”。比如商场导购员的服务、客服交流的服务、出租车司机的服务、快递员服务、售后维修服务等。很多时候，服务质量都是为营销服务的，服务越全面越高级，价值就越高，越受消费者欢迎。

一件商品的生产和销售，一项服务的制定和完成，每一个环节，每一个动作，都与服务相关，都有服务质量的考核。顾客体验到的最终环节的服务，其实是之前所有环节作用的结果。

试想，如果菜没有洗干净，厨师炒菜时把醋当成了酱油，那么即便端菜的服务员打扮得再漂亮、笑得再甜美，顾客体验到的服务也是极差的。某一处服务质量的差错，就可能造成总体服务质量的大问题。

朱兰把经济学的帕雷托原理（又称 80/20 原则）引入质量管理。他通过大量的实际调查和统计分析得出一个结论：在发生的所有质量问题中，80% 的质量问题是在 20% 的环节中产生的。

具体到电商物流行业中，我认为 80/20 原则同样适用，尤其能够说明服务质量的问题。

首先，借用朱兰的观点，我们讨论的是问题产生的概率，电商物流 80% 的质量问题也是产生于 20% 的环节中。

在服务质量出现问题以后，一般情况下，通过查找问题高发的少数几个环节，就能解决供应链中的大部分问题。在管理中，出现问题的环节往往不是问题产生的根源，要上溯下查问题产生的原因，双向查找问题根源，因为供应链是一个环环相扣的链式网络。

这种链式思维，在电商物流中很重要。服务质量贯穿于整个物流供应链和作业的全过程，一些问题看似是质量问题，其实是环节之间的服务问题。为确保服务质量，很多电商物流企业对供应链提出了“上一环节为下一环节服务，下一环节为上一环节把关”的要求。因此，在监督和检测服务质量的时候，要连闯三关。也就是说，某个环节出现了问题，要到前面三个环节去看问题、找原因；同时，一个环节的作业要预想到对后面三个环节的影响。因此，问题产生后，要双向查找原因。也就是说，一个因素的变动可能引发多个环节的多个问题。

其次，20% 的原因或者核心要素，主导了 80% 的问题。

企业管理中很多问题，背后的原因可能就那么几个。比如，电商企业的逆向物流比率高，会导致其退货成本高、妥投率低、库存周转率低、产品积压严重等一系列问题，但其背后的主要原因却都有逆向物流这个因素。

这其实是管理中普遍存在的现象，因此，在解决问题时，一定要具有全面性、全局性，将众多问题集合在一起，找出背后的根本原因来解决，就能达到事半功倍的效果。否则，不仅解决问题的成本高，而且还不能从根本上解决问题。

因此，我们要集中精力解决造成 80% 问题的 20% 的核心要素，然后在成本和服务或者成本和质量之间进行平衡，确定剩下的 20% 问题的解决方案。

再次，20% 的业务环节决定了服务质量的 80%。

80/20 原则的核心思想就是管理中抓住关键的少数，来为企业创造大部分的价值。在企业里，尽管服务质量是全员参与的，但是 20% 的业务环节决定了服务质量的 80%。

由用户体验链可知，供应链的每一个环节，甚至是企业的每一个工作岗位都与服务质量相关，如招聘的人员质量、信息系统的功能、合理的激励机制、行政部分的支持等。运营体系的少数关键环节则基本决定了服务质量的 80%，如快且稳的送货速度，建立良好信任关系的交付签收环节，快速而高效的售后服务、客服系统，等等。

许多环节一旦出现严重的“真实瞬间”，会快速恶化而且很难控制。为了防止这样的现象发生，服务生产和传送过程就应该密切关注服务过程中关键的20%的作业环节和关键要素，使得业务流程执行有序，以确保基本的服务水平。

因此，在服务质量的管理中，要抓住20%的核心要素和业务环节，找出导致80%问题的关键原因，以较少的投入获得较好的服务质量。

那么，质量管理的另一个重要组成部分——作业质量如何进行管理呢？

用新供应链模式管理作业质量

作业质量管理是质量管理的重要组成部分，也是提升产品质量和服务质量的重要保障。电商物流作业环节众多，它是由四维八流构成的复杂系统，每一个维度和每一个流束分别影响着运营管理的不同方面。

因此，在管理作业质量时，必须从供应链的角度进行分析，设定质量管理指标，确定成本、效率、用户体验等的关键控制点，有效把控作业质量。另外，通过对供应链每一个通道的分析，可以找出出现问题的到底是哪一维度、哪一流束，有针对性地从根本上解决问题。

针对一般制造企业所涉及的业务环节，笔者提出了一套具有普遍适用性的新供应链模型，包括战略规划、采购、仓储、生产、销售物流、逆向物流等几个阶段。如图6–1所示。

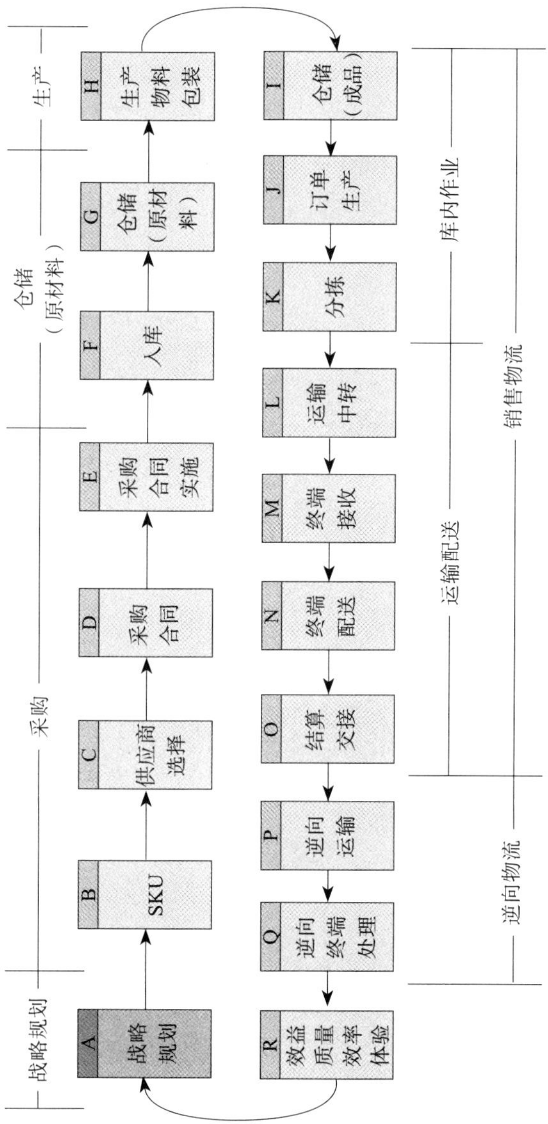
战略规划
采购
仓储（原材料）
生产
A 战略规划
B SKU
C 供应商选择
D 采购合同
E 采购合同实施
F 入库
G 仓储（原材料）
H 生产物料包装
I 仓储（成品）
J 订单生产
K 分拣
L 运输中转
M 终端接收
N 终端配送
O 结算交接
P 逆向运输
Q 逆向终端处理
R 效益质量效率体验
库内作业
运输配送
销售物流
逆向物流

图 6–1　新供应链模式

新供应链模型是笔者根据多年的物流与供应链管理实践提出的，相较于传统供应链模型，具有闭环、链上链下相结合、造影与CT、多链通道、战略的量化分解等特点。通过对新供应链模型的分析，企业可以对作业质量进行诊断，并且在此基础上进行调整。可以说，新供应链模型为企业提供了作业质量管理的基础架构。

那么，我们就来看一下基于新供应链模型的作业质量管理和诊断过程。

第一步，计算产能匹配度。

在企业的战略体系中，供应链首先要满足企业经营活动对于其能力的需求，不管是生产企业还是商贸企业。我们可以将此能力称为供应链的产能。而整个供应链的产能又是与每个环节的产能密切相关的。

链条中每个环节的产能规划应当按照80/20原则来进行，即发展弹性按照80%规划，作业弹性按照预留20%规划。这样在作业实施中或实施后，对应链条中的每一个环节，就能从规划层面判断供应链实际产能与规划产能的匹配性，分别计算出每一环节的产能匹配度，并据此判断出供应链的瓶颈环节与浪费环节。同时，弹性预留部分还要考虑变更成本，也就是间接机会成本。这样才能得到较为合理的产能匹配度。

供应链的产能与企业发展阶段是否相匹配？链条中每一环节的实际产能能够满足规划吗？能满足的环节（即适配环节）是否存在浪费？浪费的程度是多少？这些问题都能在产能分析中找到答案。

第二步，评估供应链的传导性。

从管理的角度，供应链环节与环节之间衔接的效率可以用传导系数表示。不同的企业、企业的不同发展阶段、不同的产品对象，供应链的传导系数均不相同。

考量衔接性主要从两方面入手，一方面要看上一环节为下一环节所做的准备工作如何，提供了什么便利，另一方面要评估下一环节为上一环节的支持和把关情况。

根据传导系数，可以判断企业的供应链发展水平在行业中的地位，以及与企业发展阶段的匹配性。若较落后，或者是与发展阶段不相符，则要返回四维八流中查找原因所在。值得注意的是，在运营管理中，企业应当建立交接责任制。交接是责任界定的重要环节，包括内部各部门之间的交接责任的界定，供应链节点之间的交接责任的界定。如此，环节之间的传导工作才能得到更好的落实。

第三步，造影。

造影概念常用于医学领域，常见的造影术有上呼吸道造影、结肠造影、心脏造影等。通过造影技术，能够检查出人体内部器官形态以及运行的通畅性。同理，造影技术也可以用于电商物流供应链分析中。

供应链造影可以考察供应链整个链条的通畅性，将其与行业平均水平相比较，并与企业自身发展阶段相比较，就能判断企业当前的顺畅度，并且找出供应链上的瓶颈与浪费环节，分析原因，进而提出优化方案。

其中，浪费环节可按照 80/20 原则解决，而瓶颈环节则要查找原因，原因可能有：人效低、资源易得性差、作业难度系数大、作业班次不合理、作业人员不够、作业时长不够、作业设备故障率高、设备落后、技术水平低等。

第四步，做 CT。

和造影一样，CT 也是源于医学概念。CT 可用于器官的横断面扫描，可直接发现某一器官的细小的病变情况。而供应链的 CT 是利用四维八流矩阵，检查供应链每一个环节的效能，可以发现并找出单一环节效能的影响因素和解决方案，评估该环节属于瓶颈环节还是浪费环节，并查找原因，提高单个环节的效能。

第五步，供应链诊断模型系数——供应链的链效。

综合考虑产能匹配度、传导系数、顺畅度、效能，得出整个供应链的效能，简称链效，如图 6–2 所示。

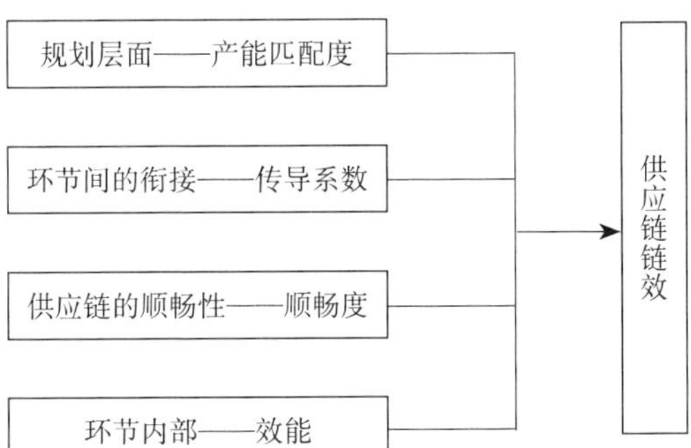

图 6–2　供应链诊断模型的基本原理

供应链的链效是以数字的形式，直观反映一家企业供应链的整体情况。此数据可与行业平均水平相比，也可与同类企业不同发展阶段的相应水平进行比较，由此判断本企业的供应链在行业里的竞争能力，以及与企业发展阶段的匹配性。

供应链诊断模型为企业提供了从宏观到微观全面诊断供应链的工具，从规划层面到供应链环节之间的衔接，再到整个供应链，最后到单个环节。将这些问题综合起来，就可以评估供应链的整体链效，从根本上发现并解决运营中存在的问题。

与传统供应链分析工具相比，新模型能够更直观地量化供应链发展水平，判断供应链中的浪费与瓶颈环节以及浪费的程度。对企业管理者来说，这样的决策工具更简单易用。

此外，新供应链模型还能够帮助企业找出相关领域的管理要点，也就是供应链的关键控制点，如效率、成本、财务、人员、用户体验、逆向物流等。每个关键控制点，都有相对应的环节，而只有把各个环节做好，才有可能把握好关键控制点。参考图 6–1，可以划分出不同管理问题的关键控制点的重要环节：

- 效率关键环节：F、I、J、K、L、M、O；
- 货物交接重点环节：F、K、N、P；
- 供应链成本控制关键环节：D、H、I、J、K、R；
- 财务关键环节：F、H、J、O、P、S；
- 人员管理关键环节：I、K、L、O；
- 用户体验关键点：K、M、N、O（与物流平行的影响因素包括财务、产品、客服）；
- 逆向物流控制关键点：从生产订单开始，任何一个环节都可能产生逆向物流。

以上总结仅供参考，每个企业要根据自身的运营模式和具体业务进行调整，针对不同发展阶段、不同地域具体确定管理要点，查找问题，解决问题。

作业质量管理的改进方法

在电商物流中，作业质量决定了服务质量，是企业质量管理的重要组成部分。电商物流供应链环节众多，作业流程操作更加烦琐。但是一个环节或者操作的质量不代表整个供应链的质量。那么，这么多的环节，如何才能提升作业质量呢?

其实，质量管理已经比较成熟，常用的方法也很多，如六西格玛、PDCA 循环、全面质量管理、直方图法、控制图法等。每一个管理方法都有其优劣点和适用的环境。要根据企业的战略、运营模式、业务特点、资源情况等选择合适的方法。

但是，本书并不介绍质量管理的方法，主要给大家介绍两种笔者个人总结的质量改进过程中执行和落实的工具。

第一种方法：甘特表

甘特图（Gantt chart）又称为横道图、条状图。它以图示的方式通过活动列表和时间刻度形象地表示出任何特定项目的活动顺序与持续时间。它以提出者亨利 · L. 甘特（Henrry L. Ganntt）先生的名字命名，是一种简单、醒目、便于编制的项目管理工具。

甘特图可以让我们更好地、一目了然地知道每一个阶段该做什么，完成的时间是多少，如此，可以更有效率地完成项目。但是，实践中笔者发现，将甘特图与质量管理的 PDCA 循环结合起来（笔者称之为甘特表）不仅适用于项目管理，对于质量管理具有更大的帮助。

PDCA 循环是美国质量管理专家戴明博士首先提出的，又称戴明循环。PDCA 循环将质量管理分为四个阶段：计划（plan）、执行（do）、检查（check）、处理（action）。但是，在应用过程中，PDCA 循环具有两方面的不足：一方面，PDCA 是应用于解决已有问题，容易形成惯性思维，影响管理和业务的创新；另一方面，PDCA 是一种质量改进的思路和指导方法，而不能直接应用，必须经过问题设定、问题把握、目标设定、问题解决和综合评价等多个步骤，并且要逐一细化。

甘特表正是在利用甘特图的形式和 PDCA 循环的思想，使得 PDCA 循环转化为甘特表的形式呈现，使得其不再局限于某一具体问题、某一部门的质量管理，可以扩展到整个公司，质量管理周期也可以拉得更长。

甘特表将质量管理工作视为一个项目，根据总的项目周期进行年度、季度、月度的工作推进计划，再利用甘特表将月度工作计划分解为每周的工作推进计划，并根据运营情况随时调整。

甘特表在时间进度管理的基础上，增加了项目完成情况、交付物、关键节点、资源配置、前置条件、关键节点（里程碑事件）、绩效考核等因素，实现了以关键控制点推进质量管理工作、创新与稳定相结合的目标。

表 6–1　甘特表示例

要素 事件	时间节点	完成情况	里程碑	交付物	责任人	资源配置	前置条件	问题整改	分工 / 协作	考核标准	重要性等级
关键事件 1											
关键事件 2											
关键事件 3											
关键事件 4											
关键事件 5											

第二种方法：检查单

检查单最早是在20世纪30年代在美国军方开始使用的，由于一名美国飞行员过度自信，起飞前忘记松开位移阵风控制锁，导致飞机起飞时坠毁在跑道头附近的山丘上。经过美国空军及波音事故调查组研究，决定为飞行员制定防止“错、忘、漏”的检查单。

每次飞机起飞前，责任机长会宣读一份检查单，由机组全体成员共同校对、核实完成。这份检查单的内容包括：确认任务书、机组成员；检查着装；确认空勤登记证、驾驶执照等证件；检查手电筒、耳机、配件等飞行工具，带上有效的航线手册、天气资料等资料；确认起飞油量、机组分工；了解飞机状况，等等。

机长的检查单内容繁多，但是缺一不可。任何细节的疏忽，都可能酿成大错。在电商物流体系中，同样有检查单工作法。尤其对于基层管理人员来说，检查单的方法和思维非常有效。

《清单革命》一书提到，一张小小的清单让一家医院原本经常发生的中心静脉置管感染比例从11%下降到了0，避免了43起感染和8起死亡事故，为医院节省了200万美元成本。同时，它还让医院员工的工作满意度提高了19%，手术室护士的离职率从23%下降到了7%。

同样，飞行检查单在保证飞行安全、作业高效上也起到了积极的作用。如航拍飞行安全检查单（见表6–2）。

表 6–2　航拍飞行安全检查（部分）

序号	类别	检查内容	状态情况
1	禁飞天气	雨雪天、打雷天禁飞	
2		气温在零下 10 度以下禁飞	
3		4 级风以上禁飞	
4		无起降场地禁飞	
5		人多围观禁飞	
6		高压线下禁飞	
7	电源检查	动力电池电量检查：是否在 98% 以上	
8		飞控电池电量检查：是否在 50% 以上	
9		飞机接收机电池电量检查：是否在 50% 以上	
10		……	
15	GPS 检查	通电搜星	
16	舵机状态	飞机大桨舵机状态	
17		飞机尾桨舵机状态	
18		云台舵机状态	
19	机械结构检查	机身的螺丝状况	
20		螺旋桨的螺丝状况	
21		起落架的螺丝状况	
22		云台的螺丝状况	
23	GPS 跟踪定位系统检查	数传电台电池电量检查：是否 98% 以上	
24		数传电台接收信息检查：笔记本是否有跟踪信号	

（续表）

序号	类别	检查内容	状态情况
25	地面录像系统检查	录像机电源电量检查：是否 50% 以上	
26		录像测试是否正常	
27	夜航警示灯检查	爆闪是否正常	
28		头尾指示灯是否正常	
飞行时间	年 月 日 点 分	飞行地点	
安检人员		飞控人员	

电商物流和快递企业同样有自己的检查单，如站长对快递员在站点工作的检查单，快递员需要携带的扫描终端、POS 机、零钱、快递单、快递袋、快递信封、电动车和电池等相关设备与工具是否齐全、性能是否良好。

检查单的作用是强制要求不犯错误，对于现场执行要求非常严格。举个例子，邮政里面的“唱收唱付”就是一个检查单的形式。唱收唱付是什么？就是说包裹打开以后，假如一个人手里拿着单子，念一个“378 号”，另外一个人说“378 号，有”，然后再在清单上打钩。这叫唱收唱付，眼神交接，就这样才能确保不出现差错，这就是一种检查单。

建议电商物流企业在所有作业工具变更初发、起始阶段用上检查单。比如站长、配送员分拣完了以后，早上 7 点出门都要检查一遍，电池是否充好电，轮胎的气是否充足，雨衣、零钱、笔是否配齐，以确保质量的基础工作。需要注意的是，检查单要讲究经济性，不能弄得太复杂。

有的检查单是公司从上到下规定的，帮助员工记忆和检查。而员工自己也会总结检查单，防止出错。顺丰每一个网点经理都有一份检查单，记录着每天做什么。工作繁重琐碎的时候，检查单作用显著，这是改进小毛病的最好办法。笔者认为，大问题、本质问题可用甘特表理解，常见的疏忽、遗漏则用检查单预防和查缺补漏。

可见，一张小小的检查单不仅给流程化的质量管理提供了一个强大的工具，还使得作业质量管理的观念深入人心。

用猫脸图看质量

企业运营中，经常会遇到这样的问题：从管理的角度看作业方面存在什么问题？每个作业环节的不同管理问题是什么？从管理的角度如何提高效率？从作业的角度如何进行创新？对于这些问题，使用笔者所设计的猫脸图（见图 6–3）就能够加以解决。

猫脸图是基于质量屋提出的，可用于解决企业中管理、效率、作业和创新之间的关系。

美国学者豪泽与克劳辛于 1988 年提出了著名的“质量屋”概念，通过绘制类似房屋的图形，通过对顾客需求、产品特性、顾客需求的重要性、计划矩阵等关键部分加以界定，描述出顾客需求和相应产品或服务性能之间的联系。

质量屋原理被广泛地应用于分析顾客需求、新产品或服务的设计、权衡顾客需求冲突、分析竞争力等方面，有助于改进产品和服务质量。在运用中，质量屋通常作为基础分析工具，在复杂产品设计方面能力有限。

基于质量屋理论，笔者又进行了一些精简和创新，提出猫脸模型，用于分析企业运营效率、质量和创新的方法。在猫脸图的作用下，我们可以分析管理质量和作业流程质量，以此优化整体运营质量。

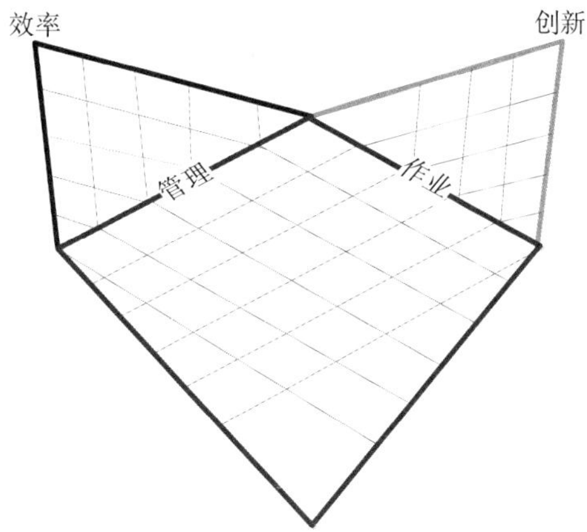

图 6–3　猫脸图

猫脸图主要从管理职能和作业流程两个维度来帮助企业质量管理过程中发现效率、作业、管理和创新等方面存在的问题或者评估提升效率、进行创新的可能，并解决和执行落实。

猫脸图分为三大区域：中间的脸部、左耳朵和右耳朵。

区域一：脸部为作业管理质量区，即管理职能和作业环节的交叉区域，用于分析各作业环节的管理职能存在的问题，并分析其产生的根本原因，以此来控制和提升其运营质量。

区域二：左耳朵为管理质量区，即管理职能交叉的区域，用于分析管理职能之间存在的问题，以分析企业的管理中存在的问题，找出根本原因，优化资源配置，提升管理效能。

区域三：右耳朵为业务创新区，用于分析各作业环节之间的衔接、协同作业等方面存在的问题，通过优化或改造作业流程，进行业务创新，提升效率。

如果说质量屋是以用户为中心的质量设计，那么猫脸图则是对质量管理的设计，分析与质量相关的各个流程环节，让管理职能和作业流程无缝连接，发挥最大的合力作用。

7S 管理法的误区

7S 管理理论起源于日本，代表整理（seiri）、整顿（seiton）、清扫（seiso）、清洁（seiketsu）、素养（shitsuke）、安全（safety）和节约（saving），因为这 7 个词日语和英文中的第一个字母都是"S"，所以简称为"7S"。

在实践中，7S 理论主要用于现场管理，广泛应用于仓库、车间、办公室等场所。自然，7S 理论的优点不必多说，干净整洁的环境，积极向上的员工，对企业生产和发展都非常有利。但笔者更关注的是，在这些年对 7S 理论的学习中，我们的企业完全照搬照用，不做创新和改变，以致出现了一些机械化、形式化的问题。

7S 管理法和匠人精神关联紧密，具体理解可以见仁见智。日本的匠人精神很强，每个人做什么都要求很规范，他们要求做到以企业为家，对于爱整洁、爱干净的要求很高。但我们国家的文化不一样，不论是工作生活环境、员工习惯还是企业发展的具体阶段，和日本企业都有较大差异。

因此，在 7S 的应用中，一定要注意以下问题：

第一，7S 的最终目的是保证安全、提高生产效率。而不能本末倒置，认为只是清洁卫生走走形式而已。

7S 是通过整理、整顿、清扫，对作业和办公现场进行彻底的改善，通过工作环境的清洁及其保持形成制度化，让员工形成素养，自然而然地去遵守规章制度，最终保证设备正常运转，减少事故，提高人员安全意识，减少违章。

第二，7S 的实施不能不考虑实施环境。

对于一些国外理论的学习，笔者始终认为，要结合具体情况，合理应用。与国外相比，我国的电商物流发展有自己的特点，中国地大物博、人口众多，电商物流的很多实际情况与国外差异很大。企业与企业之间内部环境差异也较大，如发展阶段、业务特点、运营模式、资源情况等均存在较大差异。因此，从实践来说，中国的电商物流是走在前列的，我们遇到和解决过的很多问题，是国外企业不曾经历过的，将这些经验进行理论总结，意义重大。

第三，7S 的实施不能不考虑成本。

7S 所带来的成本不仅涉及 7S 自身的实施成本，更重要的是由于 7S 的制度化形成一定的标准化以后，带来的间接机会成本更大。

比如，实施 7S 之前，电商物流企业在大促期间可在库房过道、走廊等可利用的所有空间堆放商品，爆仓率能达到 120%~150%，甚至是 200%。实施 7S 以后，要求必须清洁、整齐，不该堆放商品的地方绝对不能堆放，且必须堆码整齐。这种情况下，遇到大促只能另外租仓，不仅影响了仓库空间利用率，而且人员效率也会受到很大限制（要时刻保证现场的整洁和整齐）。

第四，7S 的实施有先有后。

7S 的误区是，企业其实可能不需要将 7S 中的 S 全部做到，只做到 5S，甚至是 3S 就可以，可以分步骤、分阶段地实现目标。就像是六西格玛管理，没必要做到六西格玛，可能做到五西格玛、三西格玛就可以了。

更多的情况下，7S 管理是一种思维和思考方式。在执行过程中，要灵活运用和处理。既然是一种思维的养成，那么就要落实到人。

正如 7S 管理法提倡的那样，培养员工的正确意识和素养是最核心的，如果员工不理解、不配合，这些好方法就无法落地。没有人员素质的提高，7S 的各项活动就不能顺利开展。而在员工习惯和精神的培养上，企业需要更用心，通过反复地沟通，才有可能转变员工意识，与员工同心。

质量管理的管理质量

质量管理的管理质量，是指为达成质量管理工作的目标，而组织所拥有的人力、物力、财力、信息等资源的有效程度，包括组织架构的合理性，人、财、物等资源的合理配置程度，政策的有效利用，等等。简单地说，就是质量管理工作本身被管理的好坏程度。

既然企业想了很多办法去管理质量，那么这些办法是否执行到位？需要哪些支持？如何改进？这些问题需要管理体系去把控。质量管理的管理，是为了确保服务质量、供应链质量等这一系列质量管理能够落实到位。

很多时候，质量管理不到位是因为组织架构不合理。

有一家企业，在质量管理中遇到了困难，要求下达之后，由于组织部门之间缺乏协作，员工不执行，事情就推动不下去。这家公司的老总认为，问题出在企业文化上。于是，他在全公司提倡甘于奉献、主动沟通、积极上进的文化，通过内部会议、制定文件、举办各种讲座活动等方式，推动建立更好的企业文化，以此解决质量管理执行力度太弱的问题。

在笔者看来，这位老总的做法无可厚非，但不能解决根本问题。文化固然重要，却不是本质问题。他最应该做的，是梳理公司的组织架构，找到组织问题，对症下药。企业管理者要学会通过优化组织流程去支持目标，而不是用僵化的流程、制度和组织构架去限制发展。

首先，质量管理要“无为而治”，把质量管理分解到各个业务模块之中，分解到组织、绩效、流程、文化的四维体系中。

其次，质量管理要与时俱进。

再次，要注重文化的作用。

质量管理的各部门是否有浪费？激励和奖惩措施是否合理？绩效考核和质量管理是否匹配？解决了这些问题，比做一千次文化宣传有效得多。做管理时，要调动员工的自觉性和积极性，但绝对不能依赖员工。一旦公司发展到一定的规模，就势必要靠组织来维护，组织的能量远远大于个人的贡献。

质量管理的管理也是如此，只有符合实际情况的组织架构才能发挥强大的作用，维护系统的稳定，并且自我完善和优化。优秀的组织，是能够自我检查、自我提升的。比如华为和腾讯都在运用“赛马机制”，就是通过对组织的调整来达到质量管理的目标。

赛马机制的意思是，对于同一个质量目标，安排两个团队同时做，进行内部比赛，最后谁的质量更好，就采用谁的产品。这样的办法，可以应用于一些项目制的产品和服务，通过组织创新进行质量管理。

具体到电商物流企业，在管理质量的管理方面，同样要重视组织管理的作用。一些通用的原则，对组织架构的设计会有所帮助。首先，选择正确的领导人。一个团队的领导是核心人物，他的意志影响了团队的作战强度；其次，明确各职位的权利和责任，做到人人心中有数。比如，分拣员把上海的快件划分到了北京，他要承担什么责任？如何奖惩？这些条例要明确。最后，需要注意的是，组织管理的发展也有阶段性。随着企业规模、核心业务的变化，组织管理也要做出相应改变，一成不变的组织架构，只会带来灾难。优秀的管理者，一定要具备勇敢变革的魄力。

具体到电商物流质量管理的管理，有三条关键线需要特别注意。

第一，技术与设备。

技术和设备的应用对质量来说是双刃剑，大部分情况下对质量是有好处的。但是，有的时候是有损害的。理论上，高级的技术和设备有好处，重点是它和原流程的融合度如何。

比如在配置自动化分拣线之前，人工分拣的正确率为 99%。用了新机器之后，由于与前端的质量不匹配，导致质量下降，正确率仅有 97%。那么，这两者之间的差异怎么办？这种棘手的问题，需要企业权衡成本、质量和效率再做定夺。

第二，系统和数据。

无论是时间、数量，还是准确率，都要靠系统和系统的应用。这就要求系统的设计要符合实际，要做到及时监控。一方面，要按企业阶段特征去设计指标值；另一方面，原始数据的准确性和及时性是非常重要的，否则系统没用。在工作中的体现就是，员工每一单作业，都要及时地把原始数据应用扫描，每个站长在完成每天作业以后，要看系统和单量。

第三，管理费用的合理性。

最好的质量管理是一个人做，一个人查，这是一个小组，每三个小组增加一个人再做一次复核，一般来说三次复核，就不会有错。但是这样一来，成本至少增加三倍，企业承担不了，我们不能为了质量管理而投入太多的资源。

质量不是检查、监督的环节越多越好，它与流程设计的合理性和执行性相关。投入设备、投入研发所耗费的成本，对质量的提升到底值不值？设置多少环节和人员，能够实现最高的性价比？这是必须要预测评判的。

总体来说，对质量管理的管理质量的评价主要有两个方面：管理费用合理性、技术费用合理性。一个要注意的问题是：遵循质量管理周期。企业处于什么时期，就设定相匹配的质量目标。比如前文讲到的，六西格玛质量管理法并不适用于每家企业。

第七章

插上信息的翅膀

系统思想源远流长，但系统论作为一门科学，人们公认是美籍奥地利人、一般系统论创始人、理论生物学家贝塔朗菲（L.Von. Bertalanffy）创立的。贝塔朗菲把他的系统论分为狭义与广义两部分。狭义系统论着重对系统本身进行分析研究；广义系统论则是对一类相关的系统科学进行例行分析研究，其中就包括计算机系统的应用与研究。

系统无处不在，大到全球互联网、小到个人手机，处处都有它的身影。只有认清了系统的内在规律和运行机制，才能开发与之匹配的信息系统，简化管理，提高企业的工作效率。当前，物流业的信息系统在应用中还面临诸多问题。

首先，市场上没有与所有物流企业都匹配的物流信息系统，即使能找到相应的信息系统也不好用。在物流信息系统市场上能找到各种各样的 ERP、运输管理软件、仓储管理软件、调度软件等，但是在企业中使用的时候为什么不能降低管理难度、减轻工作量呢？根本原因在于，市场上销售的各种物流信息系统没有普适版，不能适应每一家物流企业的运营模式和业务需求，导致使用过程中不但没有提高管理效率，反而成为企业的负担。

其次，系统上线之时就是系统落伍之日。市场上找不到与企业相适用的信息系统，自行研发又往往耗费时间较长，同时，系统规划设计时又跟不上企业发展速度，因此，自行研发时总是会出现“系统上线之时就是系统落伍之日”的尴尬。

再次，许多管理人员反映，用了系统反而更慢，工作量更多，这是为什么呢？主要是因为管理人员不了解系统，不知道用系统到底要解决什么问题，现在用的系统到底具备哪些功能。如果只是把系统当成一个简单的数据库，之前只要人工做一遍的工作，现在还要增加录入系统的工作，系统就不仅不能帮助企业解决问题，反而会成为工作的负担。以上问题不得不引起我们的深思，物流企业为什么要使用信息系统呢？其实，目的很明确，就是要插上信息的翅膀，让企业飞得更高，飞得更快，而不是增加工作量，成为企业的负担。

信息系统的作用

随着市场竞争的日益激烈，信息对于企业的经营发展越来越重要，尤其是对于环节众多的物流企业。面对大量的信息，拥有一个能帮助解决问题，提高管理效率和作业效率，为经营决策提供依据的信息系统至关重要。

那么，如何才能建立一个符合企业需求的物流信息系统呢？

首先，要明确系统是用来发现问题和解决问题的。

系统并不是简单的业务流水账式的数据记录工具，而是管理思维和措施在业务流程上的体现，能够从流程的衔接以及作业效能上发现运营中存在的问题，并使得异常问题在系统中得以标准化。

其次，系统可以提高管理效率和作业效率。

以快递公司 WN 为例，原来该公司一个成熟的站长每晚要用两三个小时去做每天的核算，包括单量核算、派送与退回数量、收款、员工上班绩效等等。但是上了系统后，在系统的帮助下，他能够在 15 分钟以内完成这些工作，管理效率提高了 5~10 倍，从这个例子就可以看出系统对日常管理工作效率的提高发挥着重要的作用。

同样地，在打包、分拣、运输、配送等环节，之前需要人工一一核对、一一录入的信息，现在只要通过条码技术快速一扫，就可以准确、快速地完成，作业效率大大提升。

虽然信息系统功能强大，在现实中，成功的案例却不多。原因是什么？主要是因为没有注意应用中的几个关键问题。

第一，运营模式和作业特点决定了系统，系统是实现模式的基础工具。

在电商物流中，运营模式有自建和外包两大类。在系统的架构上，这两种模式的管理特点是截然不同的。自建物流的系统是将电商平台与物流系统的各个业务环节连接在一起，而外包则是将电商平台与第三方物流的信息系统进行对接，实现订单信息共享就可以了。

不同的业务特点、不同的业务流程，其对应的系统功能是不一样的。比如，电商平台的自营商品订单与平台上商家订单的物流操作流程是不一样的，商家订单是商家自己生产，快递员上门取货之后再运往分拣中心进入分拨、运输、中转、到站点、配送等一系列作业活动；电商自营订单则是自己要有仓库、有生产，然后进入分拣中心以及之后的业务流程。

由此可见，运营模式与业务流程的不同决定了系统的差异，如果企业不管自己是什么模式，就照搬一个系统来用，其结果可想而知。反过来，也就不难看出，系统是实现模式的基础工具，包括运营模式和作业模式。系统是帮助企业解决经营过程中不同模式的特殊性问题和一般性问题的工具，是现代社会提升管理效率的一般性手段要求。

第二，当今时代，模式、管理、流程的优化、完善和调整势必优先体现在系统中。

系统是解决问题的工具，当企业的运营模式、盈利模式、业务模式、管理以及流程发生变化，进行优化、完善和调整时，必须优先于业务在系统中体现出来。比如，一家快递企业，原有业务主要是本省内的落地配，没有省外业务；之前只做中小件快递，现在要做大件物流；为了建立更大的行业优势，现在要提速，等等。这就要求系统由区域性系统转变为全国性系统，业务流程发生新的改变，才能与全国各地加盟网点或者是自营网点系统实现对接。有了信息系统的协助，才能快速地实现这些转变，因此，企业战略和管理上的优化升级都必须首先在系统上得以体现。

第三，系统的记录功能是第二位的，数据的计算和分析应用才是第一位的。

企业使用系统的目的决定了其不是简单的数据记录，或者是简单的报表功能，而是控制运营管理过程的有力工具。因此，其最重要的功能是数据的计算和分析应用，尤其是大数据的应用，为管理决策提供依据，减少人工作业量。

现今的我们处于一个大数据时代，而电商物流业是一个会产生大量数据的行业，本身就存在很大的优势，电商物流系统与大数据的结合是必然的。电商物流可以通过对大数据的分析，为 SKU 的丰富和更新、仓库选址、库存等提供决策依据。

在电商平台大促期间，现在已经能够运用大数据的挖掘与分析技术预测某一畅销单品的销售，提前将库存前置于站点。比如，根据大数据预测，2017 年“双 11”期间，在北京国贸周边 5 公里以内，预计 iPhone 8 可能销售 200 台。那么“双 11”时，在国贸的配送站点放 200 台 iPhone 8，即可推出一小时或半小时达配送服务。因为用户下单以后，快递员就可以直接从站点进行配送了。

综上，物流信息系统的研发与应用一定要与企业的实际情况相匹配，适合于企业的模式与业务特点，同时，利用系统帮助企业实现模式与业务的预期目标。

信息系统是自己的

纵观各行各业的企业，不管规模如何，无不在使用着 ERP、SAP（企业管理解决方案）等各类型的信息系统。但从企业各层级的反馈不难看出，信息系统给企业带来效率提升、便利作业的成功案例却是寥寥无几。

大家都争着要上信息系统，也已经认识到了系统的基础性作用，但是为什么系统上线以后却收不到预想的效果呢？关键原因是没有做到系统一定是自己的。

看到这个，企业肯定有疑惑，系统已经安装了，为什么不是自己的呢？

不是系统安装上线了，就变成自己的了。这里说的是信息系统一定要按照企业自身的需求来开发，而且要跟得上企业发展的需要。首先是前面提到的，系统要与企业的运营模式、业务模式、业务流程等相匹配。因为系统的使用是为了提高工作效率，解决实际问题，在系统研发时，必须根据企业的业务需求来设计其功能。这样，不管是从市场上购买的系统，还是自己研发的系统，才会真正是为企业服务的系统，才是自己的系统。

为什么系统一定要是自己的呢？原因就在于：

其一，系统是战略的体现，是为管理服务的。

系统是战略思想在不同层面的翻译和解读，是为提升管理和作业效率、解决管理问题而服务的。

比如一家自建电商物流的企业，之前的业务主要是为自家电商平台服务，经过数年的积淀，其战略目标由自营电商物流服务转变为对外开放的独立的第三方物流服务商。这一战略目标的转变，需要系统先行。首先，要研发与其服务用户即物流商家的系统接口；其次，业务类型的增加导致其业务流程的变化，现有的信息系统需要根据流程的变更进行调整，使得信息系统与战略目标相匹配，并为管理和业务的运作提供服务。

其二，系统是企业的核心资源。信息系统必须是自己的，那么每一个成功的信息系统都是独一无二的。而与企业模式和业务相匹配的信息系统已经成为企业核心竞争力的重要组成部分，是企业的核心资源。

沃尔玛到1999年底已拥有46座配送中心，其8万多类商品的大部分（85%）都由地区性配送中心按时按量送达（其余15%由各生产厂商直接送到各有关商店）。配送中心24小时昼夜不停地工作，平均每座配送中心一天要周转20万个商品箱。配送中心从收到商店的订单到向生产厂家进货和送货，只需两天时间，而凯玛特则需要5天，沃尔玛的物流费用率比凯玛特要低60%以上。

巨量商品的采购、物流与销售管理必然要有一个同样强大而高效的物流配送系统与之相适应，沃尔玛建立了专门的电脑管理系统、卫星定位系统和电视调度系统，拥有世界一流的先进技术。公司同休斯公司合作，发射了专用卫星，用于全球店铺的信息传送与运输车辆的定位和及时联络。

经济学家斯通博士在对美国零售企业的研究中发现，在美国三大零售企业中，商品物流成本占销售额的比例沃尔玛是1.3%，凯马特是8.75%，希尔斯则为5%。如果年销售额都按照250亿美元计算，沃尔玛的物流成本要比凯马特少18.625亿美元，比希尔斯少9.25亿美元，其差额大得惊人。

因此，不管是从战略层面，还是从提升企业核心竞争力层面，企业都必须根据自己的业务模式和业务特点，量身定制，拥有自己独一无二的信息系统。

那么系统开发的第一步是什么呢？是从公司整体或者运营的整体沟通整合业务需求与研发需求，提出系统的战略目标和需求。系统是为了解决问题而产生，所以系统开发的第一步就是要认清企业内部的需求和战略。

清人陈谵然曾说："自古不谋万世者，不足谋一时；不谋全局者，不足谋一隅。"看待问题一定要眼光长远和全面，做任何决定都要考虑长远利益，这样才能规划出正确的战略布局，才能在企业的每个发展阶段做出正确的选择，才能在面对岔路口时，知道是前进还是后退。

随着企业的变化，电商物流系统的启动、优化和应用每一天都在发展，这个世界上并不存在放之四海皆准的系统。所以，电商行业一定要根据自身情况，实事求是地开发和更新系统。

正如企业有不同的发展阶段，系统自身也是有发展周期的，一个系统从概念的形成到运行再到被废弃，这整个过程就是系统的生命周期。

随着信息的不断发展变化，企业也在不断发展变化，这就要求企业内部的信息系统也要跟上企业发展的脚步，不断更新。所以在企业发展的道路上，系统生命周期的更新变化也是十分重要的。企业要分批分阶段地进行系统生命周期的开发更新，来匹配企业发展的不同阶段，越级和降级都可能会成为阻碍系统效率的因素。

系统研发第一步的需求，其实和生命周期第一阶段的需求是同步的，二者一开始的目的都是发现系统的需求，再从需求出发去开展下一步的研发工作，它们为研发工作的对症下药提供了方向。

而系统的生命周期在与系统研发的第一步需求同步后，也会带来很多好处，比如会因为规格的一致、开发思想的一致，使成本得以降低、效率得以提高，并且还会使之后的开发成本一直降低。这些都是系统研发第一步与系统生命周期同步后的积极影响。

然而，还是有许多企业没有重视自身系统研发与企业发展阶段系统生命周期的同步，做着越级或降级研发的事。有的企业不顾自身实际，盲目信奉技术论、系统论，认为有了最先进的系统设备，就能够战无不胜。

实际上，并非如此。

新系统的确可能带给企业强大的效率刺激，但先进的系统并不是万能的。企业花费大价钱采用了新系统，却还是会因为自身条件的不成熟、忽视培训、应用成本太高等原因，使先进系统没能达到预期目标，还带来沉重的成本负担，这些都是企业没有考虑到自身发展阶段的表现。

重视系统需求，在系统研发的过程中就要注意以下几个方面：

首先，系统研发的过程要遵循相应的基本规则，满足系统之间的关联性。任何基础的业务系统，都是在相对领域开放的，系统本身的流程也都是开放的，因此现代企业内部往往都有多套系统供大家使用。那么要用什么规则来让系统之间产生关联呢？需要用需求来关联。系统研发之初都从需求出发去约束和规范，这样就满足了系统之间相对开放又安全的关联性。

就像电商物流，其本身就是关联性需求整合的一个有机体。在中国国家标准《物流术语》中，有关物流的定义就是物品从供应地到接收地的实体流动过程，根据实际需要，将运输、储存、装卸、搬运、包装、流通加工、配送、信息处理等基本功能实施有机的结合。而正是这些具有关联性功能的有机结合，才造就了流程化的物流，从而提高了物流整体的效率。

而各系统之间存在一定的关联性，也会为信息的交互提供很大的便利。企业是处于社会环境中的，这就会让各企业与整个社会进行信息的交互，那信息交互的规则又是什么？现代管理咨询公司麦肯锡认为：“任何事情都能归纳出一个中心点，而此中心论点可以由数个一级论据支撑，这些一级论据也可以被数个二级论据支撑，如此延伸，状如金字塔。”企业系统信息交互也是这样，找到它的中心点，就找到了它的信息交互的规则，而这个中心点就是系统需求。在电商物流公司，无论是财务系统，还是物流管理操作系统，都是根据自身需求来研发的，都是为了提升效率。

其次，系统研发要满足从全局出发进行考虑的需求，而不仅仅是从个别部门个别意见出发去考虑需求。现今很多企业在考虑自身业务流程化需求时都很片面很局限，究其原因就是因为它们没有从企业整体的需求角度去考虑系统的研发。这样的做法，一方面造成了企业系统的“补丁摞补丁”的重复研发，而那些重复的“补丁”又造成一定的资源浪费；另一方面，从局部出发的需求考虑，还会使各个系统之间过于独立，让企业内部系统出现割裂，系统之间缺少关联性。

再次，系统是企业管理需求流程的一种展现形式。无论是企业的财务管理，还是人资管理等方面的需求，都需要经过系统这个流程来管理，用数据化、信息化的方式去掌控企业。所以在系统研发时，一定要注重需求在作业层面的要求，而作业管理方面的要求，要考量作业管理中各个流程的正确性，重视系统研发的前瞻性。

以京东为例，可以说它的系统是所有电商系统中升级迭代最快的。在每一个系统开发阶段，都有大数据为之提供研发依据，进行需求的预测分析。我们总是说京东的物流非常快，但是我们不知道的是，其中有部分原因就是它利用了大数据去预测用户的需求。比如，提前在各站点储备产品，节省产品从货源地到用户手中各个流程的处理时间。这些提前准备一方面给自身带来便利，另一方面也满足了客户的心理需求，从而向客户树立了一个好的形象。

最后，在系统研发的第一步，就系统在社会上或是在公司整体构架中所处的位置和要解决的问题，还需要明确一些基本原则：

（1）在构建数据库时，一定要确保数据库的保密性，做到相对开放又安全。

（2）系统研发要确保信息可以分享，方便信息的交互，信息保密并不代表信息不分享。

（3）数据要相对集中，这样才能方便集中处理问题和信息的交互。

（4）系统要有开放性，系统的数据要有前瞻性、兼容性和扩展性，这样才能让企业系统在与外部环境产生冲突时，自身能不断反省，更新迭代，一直前进。

信息系统开发的基础原则

信息系统的研发和应用不仅要帮助企业解决当前运营中的问题，而且要随着企业的发展不断地适应其业务、新模式所带来的各种变化。因此，在研发阶段，就必须坚持“六性”原则：

1. 契合性

契合性是指系统必须与企业自身的业务模式、业务流程、标准要求、绩效考核、管理制度等匹配，满足企业的真实需求。不然，从市场上购买一款现成的系统，上线之后却不能用，或者再进行功能的修改与完善，时间成本和资金成本就会非常高，最后的结果是远远达不到预期目标。因此，契合性是发挥系统作用的基础和前提。

2. 前瞻性

前瞻性主要体现在两个方面：一是系统能够满足企业的快速发展；二是随着信息技术的发展在未来一段时间内，如 5 年、10 年，甚至 20 年仍不落后，也就避免了“上线之时即是落伍之日”的尴尬。

一般来说，企业研发的需求以满足当前阶段企业的需求为主，但是系统的研发周期一般都比较长，尤其是大企业，企业越大，要考虑和兼顾的问题就越多，研发周期就越长，等系统上线了，企业的业务和管理可能已经发生了变化。因此，系统研发时，在考虑当前业务需求的同时，还必须按照长期战略发展规划，预留系统应具备的功能接口、底层数据库容量、关键字数量，以及系统的整体结构。比如，未来 3~5 年，业务可能拓展到全国；未来 8~10 年，由一家电商物流企业逐步成为一家综合性、供应链一体化、专业的第三方物流企业。在系统设计阶段就必须想到这些可能性，并在系统中加以体现。

另一方面，信息技术日新月异，更新换代的时间越来越短。因此，研发时要充分考虑信息技术的发展趋势，尽可能利用最新技术、语言等，保证系统在未来相当长一段时间内不会落伍。

3. 扩展性

在系统设计时，要保证技术方案具有可扩展性，能够适应发展的业务变化和技术更新，便于今后运行中的维护、管理与升级。

一般情况下，系统运行一段时间后，企业管理和业务的需求不断发生变化，系统要能够适应其业务局部调整，或者新增业务的变化。因此，系统设计与开发应遵循开放的架构，以保证系统能够从横向及纵向进行扩展。

4. 兼容性

兼容性是指软件之间能否正确地进行交互和共享信息。企业的信息系统一般是分模块、在不同时期安装的。在电商物流企业中，普遍会有财务系统、人力资源系统、客户服务系统，有企业运营系统就有仓储系统、运输系统、调度系统，甚至同一系统也有很多版本。此时，系统的兼容性就显得尤其重要。

随着信息的重要性越来越突出，企业不仅要求其内部的各种软件能够共享数据，同时执行多个程序，还希望能够与上游的供应商，以及末端的B类用户的系统都能够实现信息互通。只有这样，才不会形成信息孤岛，做决策时才会更全面、准确、及时。

因此，系统在设计时必须能够具备向前兼容与向后兼容，不同版本间的兼容，标准和规范、数据共享等兼容的能力。

5. 阶段性

系统的基本要求是要满足当前阶段的需求，对于未来需求的满足是体现在系统设计上的，也就是系统的前瞻性，可以分阶段地滚动式开发，既能满足企业不同发展阶段的需求，又能保证系统的实用性。一步到位、成熟、稳定的系统研发，一是时间来不及，二是系统的契合性会受到很大的影响。目前，大多数企业采用的分期开发就是阶段性的体现。

6. 独立性

提高系统的独立性，实现模块化，是为了降低随着企业的发展、组织架构的调整、业务的变更等将来系统修订、修改的机会成本。模块化强，当企业的业务和模式发生变化时，可以根据需要灵活取舍、组合、变更，而不至于重新研发，不仅可避免严重的浪费，同时也不会影响企业的发展。

双产品经理的项目研发

电商物流企业的系统搭建，从构想到实现，中间面临许多的问题，这其中就有在开发过程中的“翻译”问题。翻译问题之所以非常重要，是因为一旦业务部门和研发部门双方存在沟通障碍，翻译的效果就会大打折扣，甚至直接翻译错误，开发出来的系统就不能解决企业实际问题，系统研发可能就是竹篮打水一场空，所以系统需求和系统研发之间的翻译一定要流畅。

在系统研发时，我们可以采用“433 分配法”。这种方法本身是一种资源的分配，如果把时间看作一个整体，这其中 40% 的时间就用于需求，30% 用于研发，最后 30% 用于测试和上线。

这一分配法也说明了需求的重要性。面对系统需求的挖掘、处理和创新，应该怎么做呢？笔者认为，采用双产品经理制是一种科学有效的办法。双产品经理，是指需求经理和研发经理。

只有需求方内部的人才了解自己的业务和流程需求，所以在系统研发时，两位产品经理中一定要有一方来自需求。公司在做系统研发时，若是只有一个产品经理跟进开发系统，产品经理对业务的真正需求不是很了解，只是站在研发的角度来进行系统设计，势必会因角度不同而产生很多问题。《三国志·吴志·周瑜传》曾说："不习水土，必生疾病。"水土不服的情况同样会发生在产品经理的身上。

不是企业内部熟悉业务的人来提供需求，会使整个研发过程产生很多的不适用。所以需要从需求方中抽出一个人来，这个人必须对公司的需求和要求有一个非常详尽的了解，并且能够围绕系统要实现的预期功能提出构想方案，并将这个方案的各方面业务需求与研发经理沟通清楚，直到研发经理非常清楚业务部门的需求为止，从而使得双方的翻译过程流畅有序地进行。

那为什么是双产品经理制呢？这就得从现今很多企业的现实情况来看。现在许多企业的研发其实只有一个产品经理，这个产品经理大多都是从研发部门出来，自己组建团队，然后再带着团队，去找系统使用部门提需求，以此确定系统开发的需求，做出系统研发的流程框架图，从而对系统进行管理、测试和上线。

但是，这样很容易出现问题。

这时候，提需求的人往往是从业务层面去提要求，是按照系统要实现的效果去理解的。比如，在物流系统里，从某个目的地到某个目的地的线路，如果发生异常情况，我们在管理上要求它及时报警。这从业务层面来说是很好理解的。比如一个包裹，某个时间某个批次有一个合理的范围，中间延迟一旦超出合理范围，系统里就会或推送邮件报警，或调动使用报警，或闪烁提示报警等。

但是研发的人员却并不懂得业务层面的逻辑。此时，研发部门的技术人员若是从技术的角度出发，去找实现报警的逻辑，那么就无法理解业务经理的设计。

业务部门要的是结果，即凡是车辆不正常，系统就得给提示。但系统研发人员在研发时不熟悉业务流程，就不知道怎么去实现。如果他们按照自己的想法去研发，不光会导致研发效率低，研发出来的产品也可能不实用。系统起初在设计的时候，从大框架看是没有问题的，但研发后才发现，各种细节需要不断修修补补，且修订测试的很多逻辑混乱不清。

所以，研发系统一定要有两方面的人来保驾护航，一方面就是需求经理，而另一方面就是研发经理。需求经理做的就是系统所有需求的梳理，从业务的角度把所有需求想要实现的功能、整个运营过程，以及需要输出什么报表都描述清楚，而需求之外的系统设计，就不用需求经理去考虑了。

研发经理需要做些什么呢？其实也很简单，只需要考虑如何将需求经理提出的需求完整地、如实地转化为研发的需求即可。

这两种需求是截然不同的，核心就是从业务需求到产品需求的翻译过程。从执行上来说，只需要由两个人主导就能完成。业务经理梳理业务需求，研发经理将业务需求转化为系统需求。只有准确地将业务需求翻译为系统需求，系统功能才能满足业务需要。可见，系统研发过程中，一定要认识到需求经理的重要性，双产品经理制的作用不可忽视。要从宏观战略出发，产品经理与需求经理相互配合、协作，不要忽视任何一方。

1986 年，PRTM 咨询公司提出了产品开发流程的 PACE 这一概念。通过多年的发展与完善，PACE 已经成为产品开发事实上的主要的流程参考模式。这个模式提到要建立跨职能的核心小组。这样做也是为了解决产品需求确定的沟通、协调、配合等问题，和双产品经理论的想法有异曲同工之处。

上线不比开发容易

系统在搭建时，无论是常规的信息化，还是智能化的系统，开发出来后，都面临上线。上线非常重要，一旦做不好，再好的系统也会成为坏系统，再好的信息化都可能石化，实现不了最初的预期。并且上线成本有时比开发成本还高，系统越往后做，上线成本就会越高，所以要重视上线成本的把控。

但现实是，很多公司轻视上线培训，轻视上线培训结果的改进，轻视上线过程中对原有流程的改变所带来的成本，轻视测试及上线过程中问题的解决，还往往把上线过程中出现的问题都归结于系统本身的问题。其实上线过程中出现的问题与需求和上线方式有关。

就上线成本需求来说，某种程度上，信息系统的管理和研发，上线成本是研发成本的三倍，为什么呢？因为系统的上线是按照系统的作业标准和规范的业务流程来设计的，一旦系统确定，上线之后就得按照系统的要求做，原来系统不规范的地方要规范，原来没有系统或者系统没有这些功能的领域，不管之前做得好不好，现在都需要按照系统管理要求做。

系统确定就意味着，它的处理方式会很局限，不可能一个情况有各种各样的处理方式，就算有也必须对应系统来做，必须按照系统操作流程去处理，这就为系统的上线执行带来各种各样的问题。

举个例子，在电商物流领域，某个物流公司在系统上线后退货操作流程出现问题。比如站点管理退货，一般要求当日的退货必须是次日以前退回，这原本是正常的系统设定，但是有些偏远的地方，因为不好管理，工作人员就会偷懒。

因为使用的是第三方的车辆，工作人员会因为懒得发，形成一个星期发一次的退货流程。又因为距离偏远，每天退货箱子的数量也不多，所以就经常凑齐数量才退货。由于工作人员对上线系统的主观变动，使得系统的作业标准无法控制，单看当天的退货，都不知道是哪天退的。

后来这个物流公司就有针对性地提出了一个明确的要求。原来是发一个组合大件，每单成本都不高，现在一天发一个，成本势必就会提高。那怎么处理售后这个板块呢？根据发生的问题，公司技术人员单独给退货时间做了一个流程要求，规定凡是标准公里以外的退货件，跨省的可以七天或三天再退。虽然这一处理方式解决了员工引发的一些问题，但是这些操作还是会扰乱系统的上线运营。

系统上线的执行需求是一个很大的问题，为什么这么说？系统是虚拟的，所发生的问题在技术上已经解决了，团队也从思维上接受了这种处理方式，要求上线执行的时候都必须按照系统指定的去做，所以一旦系统上线就会立即被标准化。但是执行遇到的都是实际问题，而不是虚拟的，所以执行难度很大，如果执行得不好，系统就会瘫痪，无法实现研发系统的初衷。

还有些难题与上线的方式有关。系统的上线是一瞬间的事，但是与之相关的业务和标准的匹配，以及新旧系统的交替却是一个复杂的工作。

以系统并行为例，企业要上新系统，到了凌晨零点系统切换时，还得把之前的系统数据都放在老的数据库里面，从零点开始把新的数据录入新的数据库里，并且还要将新的数据在之前的数据库里面再记录一次。这就造成了一种局面，上线存在新旧系统并行的情况，旧系统得用，新系统也得用，才能防止新系统出问题为公司带来巨大的损失。但是并行也是有成本的，并行期间选择哪个系统？对于管理人员和作业人员来说，就增加了很大的劳动量，也增加了系统上线的成本。

另一个因系统上线方式的改变增加的成本就是人员培训成本。新系统上线一定会为用户带来不同的体验，而这些与原来系统不同的体验就意味着需要付出新的培训成本。因为不管你的产品是好是坏，用户使用起来都会产生成本。比如一些中老年人，看电视时习惯用遥控器，因为他自己用了十多年，不需要再教他怎么使用。这时候，如果让他接受并使用智能遥控器，他就会觉得很麻烦，而这个麻烦就是他学习使用付出的成本。

新系统的确先进，但也需要有学习培训成本，并且培训成本还需要同步。比如物流站点的培训，大公司几千个站点的培训，在全国从南到北组织三个人去跑培训，就算这三个人用一年的时间也是跑不完几千个站点的，而且还影响系统的上线效果，所以就需要培训的同步，但是培训同步也会带来上线成本的增加。

以电商物流企业 NPG 为例，新系统上线采用逐级培训。首先，对每个区域的区总和相关业务部门负责人进行培训；然后，再由第一批受训者，通过视频会议的方式，对本区域内的分部经理和站长进行培训；最后由站长组织一线员工的学习。

这条线路执行下去，工作量很大，而且在执行的过程中，相当于同时在开无数会议，所有人在那段时间都在学习，同时每天的作业还很忙，原有系统还在使用，这些都属于上线成本。

即便如此，新系统上线后可能还会出现问题，比如信息系统接口没接好，或系统授权体系出问题。系统上线正常运营后，一旦出现授权问题，需要投入高额的成本去弥补漏洞。比如系统的作业数据在授权时出现问题，有些站长的权限和总部管理人员的权限变得一样，就必须赶紧调整。

另外，为了新旧系统的顺利对接，调试完成之后修改升级必须在一个统一的时间点来完成，并且每一个站长在规定时间内升级完这个系统后，还要匹配手上的 PDA（手持终端），使得 PDA 同步开发升级，这之后可能 App 还要进行操作升级。

所以说，系统上线成本非常高，企业不容忽视。

用户为什么关注系统？

随着信息技术和互联网技术的发展，在供应链竞争时代，企业间的信息共享，以及企业内核的标准化、规范化管理已成为强化竞争力、提升效益、优化服务、降低成本的重要基础。而信息系统是信息共享和信息管理的重要载体，如今，其主导性和基础性的地位和作用越来越凸显。

信息系统的应用有两大目的，对内是为了让日常作业流程化、标准化地高效完成，对外是为了优化企业用户体验，提升企业竞争力。比如，某公司上线了一套 WMS（仓库管理系统）系统，它的运用能够提升内部员工的作业质量，也能够降低出错率、加快分拣速度，从而提升外部用户的体验。

因此，系统两大用户群体——内部用户和外部用户——的体验都应当兼顾到位。

内部用户主要包括管理人员和作业人员。管理人员主要是通过系统的应用，以及对于基础业务数据的分析，提高管理效率，进行管理决策。作业人员则可以利用信息系统提高作业效率，准确、及时地完成工作，帮助企业规范和优化作业流程，实现标准化。

内部用户对于系统的体验，一般会涉及人资、财务、采销、运营等领域，而好的内部体验与系统的简单、适用密切相关，这体现在企业的所有业务环节。以电商物流单据扫描系统为例，考量这套系统是否重视其作业层用户，即快递员的体验，可以从系统采集单据信息的情况来观察，包括用户扫描系统使用流畅不流畅，工作人员的体验好不好，等等。

同时，在设计过程中，还要考量系统是否针对了管理人员的自身情况，是否考虑到深层次的人性化关怀的表达，是否进行了人性化的管理，并且注重使用者的内部体验。

举个例子，电商物流公司一般是在凌晨 2 点、4 点甚至是早上

6 点提取数据，而这些时间点也正是员工休息的阶段，二者本身存在着冲突。那么，能不能有一种系统设计，既能够不违背企业的物流作息时间，也让员工不违背自己的作息时间呢？这时候，如果能让员工自己去设定数据提取的时间，对他们来说就是最人性化的系统设计。

重视内部体验还体现在数据库架构的设计。要使作业数据调取方便，就要重视数据库存取中的每一个“关键字段”，关注“关键字段”的设计和预存的准确性和科学性。一定要有一个宏观的战略眼光和长远的打算，明确一开始的需求，然后讨论清楚，在剖析各种需求后，才能预设之后的目标和进度。从这种思维出发设计的产品，才能实现持久的目标，才能避免每年都修修补补。要知道，系统修修补补的成本有时比研发的成本还要高。

以某公司的物流系统为例。在系统“关键字段”的设计上，起初有 60 个字段就够了，但实际上做到了保留 200 个字段以上的设计，保持了前瞻性。而正因为它当时对系统的设计采取了宏观长远的战略思维，在设计系统时为之后系统架构的变化保留了一定的空间，后面系统才能随着公司的发展去做出改变，才能在每个发展阶段做出相适应的系统。

对于管理人员来说，是否可以实时知道每个区域、每个分部、每个站点、每个订单的准确率和及时率？影响准确率和及时率的原因是什么？订单录入错误能否修改？未能及时录入或发生错误的原因是什么？对系统稳定性是否会有影响？这些都是管理人员的体验点。

内部用户的需求应当被满足，外部用户的体验就更重要了。企业的任何系统，不管是管理层面还是作业层面，都要考虑它对外部用户体验会产生什么样的影响，要考虑系统的便捷性、顺畅性和体验性。

外部用户包括C端用户和B端用户。C端用户在使用系统时的体验点在于知晓订单信息，也即物流过程的可视化。而B端用户的体验点则在于系统的相互协作、信息共享，以及业务的协同。

以用户查询快递信息为例，若是用户查询快递信息很费事，那么这个系统就失去了本来设计的意义。物流系统里面其实有一部分数据是要给用户看的，属于用户接触面的一部分，比如用户下了一个订单，什么时候生产，什么时候分拣，什么时候出库，什么时候运到用户所在的城市，什么时候到达站点，什么时候快递员开始配送，这些信息都需要让用户知晓。

由此，系统从数据库里抓取数据展现给用户的过程，就要格外重视。也就是说，要重视系统与用户交互体验的数据处理。一旦与用户的数据交互失败，不光会使公司产生现金损失，还会损失公司未来的收益和公司的品牌等。所以，在对待外部的用户体验时，也要站在一定的高度去看，不能仅仅关注局部，只解决单个部门的问题。

B端用户重视的是信息共享和业务的协同。比如，电商物流企业SCT，为电商企业A的物流服务。那么，SCT与A的系统要实现全面对接，包括A的订单系统、仓储管理系统，SCT的运输系统、人员系统、服务评价系统、质控系统等。这样，从一个用户下订单，到订单生产、运输过程、派送过程等，两家公司的信息系统都能看到，这样，用户才能看到完整的物流过程。

因此，系统不仅对企业运营管理、效率和成本有直接影响，同时还影响到用户体验。不管是从内部用户，还是外部用户来看，信息系统均已成为企业运营的重要基础和保障，是打造核心竞争力的有力助手和驱动器。

数据是死的，人是活的

近年来，随着互联网的快速发展、计算机和信息技术的快速迭代和普及应用，使得行业应用系统的规模也得以迅速扩大，行业应用所产生的数据也呈现出爆炸性的增长，这之后就出现了很多人都知道的大数据。

大数据能为我们提供精准营销、精准服务、数据管理、数据质量稽查、数据资产管理等强大服务。

举个例子，2009 年，甲型 H1N1 流感在全球迅速爆发传播，为发现和控制疫情，各国政府卫生相关部门为此付出了巨大的努力，搜集了很多数据，但是得到的数据仍然滞后了一两周。反之，谷歌把人们的搜索历史记录进行处理后，建立了合理的数学模型，得到了与官方数据相关性高达 97% 的预测结果。而且这个预测能够立刻判断出流感是从哪里传播出来的。所以要重视大数据的运用，合理运用大数据会为人们带来意想不到的利益。

数据是死的，人是活的，数据的分析应用应具有灵活性。就传统数据与大数据处理异常问题来说，传统数据库通常是把异常数据先拎出来剔除掉，再应用在需要高精确度的领域，如银行对每个账户的管理。但大数据则允许异常数据的存在，大数据可对海量异构数据进行智能检索，按业务需求汇聚并筛选企业内外部海量结构化和非结构化数据资源，建立业务专题库，有针对性地满足用户对信息的全方位提取和利用，同时保证数据的安全性和可用性以及系统的稳定性。

所以，对数据进行应用分析之前，我们要把采用数据的逻辑想清楚，要想清楚究竟要用数据做些什么，解决哪个业务的什么问题，再将大数据信息进行集成分析，而不是一开始就毫无逻辑地将数据梳理出来。

无逻辑的数据梳理，不深入分析原因，会使整个数据应用存在很多特殊情况，同样的数据可能得出的结论截然相反。比如，看企业销售月度增长，不能用 2 月份和 1 月份的数据进行对比，为什么？因为 2 月份是春节，1 月份就属于业务高峰期，两个月份不具备对比的代表性。

那用有逻辑的数据去做什么？其中之一就是去分析企业的各项成本。系统的成本分析有很多，如运营、财务、质量、效率、用户体验等。未来企业各方面要提升都离不开数据信息的分析，《孙子·谋攻篇》说："知己知彼，百战不殆；不知彼而知己，一胜一负；不知彼，不知己，每战必殆。"只有充分了解自己，才能在残酷的市场竞争中立足，所以企业自身的成本分析非常重要，是了解企业自身情况的途径之一。

对于数据的运用，我们还要知道运用这些数据信息需要系统具备什么功能？系统的业务是什么？现在数据库的架构又怎么样？首先，在数据库的基础上，信息系统具备很强的应用性。在电商物流行业领域，信息系统可以为企业业务提供许多解决异常问题的路径，因为企业在质量、体验、效率、成本等个各方面的异常问题也都会反应在数据库里，由此企业可以凭借系统数据为企业提升管理质量效率。

其次，在应用大数据时不要仅仅看到财务上的数据，还要将数据还原成运营问题，查找原因。也即数据是帮助解决问题，提升管理和作业效率的，那么我们对信息系统的数据的理解应用也必须是基于业务的。

以物流系统为例，物流企业要管理的基本数据大都是基于业务的，并且这些对于企业的人力资源、财务、市场、固定资产乃至公司的战略决策都有着至关重要的作用。对于人力资源和财务的管理，财务的应收、应付和各项成本的核算都要从业务数据中提取，形成基础的业务管理功能。那么，如果人工成本增加了，是什么原因造成的？首先要看各个业务环节的功能成本，再分析企业的业务流程，然后分析人效和大的经济环境，以此来判断成本的增加是否正常，增加多少是在合理范围之内，高出的部分是什么原因造成的。回答了这一系列的问题，数据才算得到了灵活运用，也才真正发挥了信息系统解决问题的作用。

再次，大数据的应用领域越来越广泛。与传统数据相比较而言，大数据不仅仅用于信息的记载和问题的分析，更是带动了一场商业革命和技术革命，如云数据，能够改变企业的商业模式和运营模式。

目前，大数据已经在电视媒体、社交网络、医疗行业、保险行业、职业篮球赛、能源行业、社会生活、公路交通、汽车制造、零售业、总统竞选、电子邮件、音乐等领域得到应用。

如在加拿大多伦多的一家医院，针对早产婴儿，每秒钟有超过

3000 次的数据读取。通过这些数据分析，医院能够提前知道哪些早产儿出现问题并且有针对性地采取措施，避免早产婴儿夭折。

零售企业也通过大数据监控客户的店内走动情况以及与商品的互动。它们将这些数据与交易记录相结合来展开分析，从而在销售哪些商品、如何摆放货品以及何时调整售价上给出意见。此类方法已经帮助某业内领先的零售企业减少了 17% 的存货，同时在保持市场份额的前提下，增加了高利润率的自有品牌商品的比例。

由此可见，当数据静静地躺在系统里时，是起不到任何作用的。只有当系统根据一定的需求进行相关处理分析，帮助企业解决当前运营中存在的问题，预测和引领未来的商业模式和用户需求时，才能让数据为企业和社会创造更多的价值。

移动时代的系统革命

在我国互联网的发展过程中，PC（个人电脑）互联网已日趋饱和，移动互联网却呈现井喷式发展。根据人民网研究院、社会科学文献出版社共同发布的《移动互联网蓝皮书：中国移动互联网发展报告（2017）》，2016 年，中国移动互联网平稳发展，我国手机网民规模大概 6.95 亿，移动互联网用户规模达到 10.93 亿。我国移动互联网用户总数和手机用户总数都占到全球数量的 1/3 左右。

随着我国移动智能终端用户规模的不断扩大和移动互联网应用向更宽领域和更深层次拓展，我国移动互联网市场已进入高速发展期。截至 2016 年 12 月，我国移动智能终端规模突破 13.7 亿台，相当于人均拥有一部移动终端设备；2016 年全年月均移动互联网接入流量达到 172 兆 / 户，远超全球平均水平，其中通过手机上网的流量占了 90%。

移动通信技术的变革为信息传播与商业模式的变革提供了新的方向，游戏、音乐、阅读等产业形态以及零售、出行等生活方式，在移动互联网的助力下衍生出众多新颖的业务模式，促进了行业的升级换代和产业经济的高速增长。

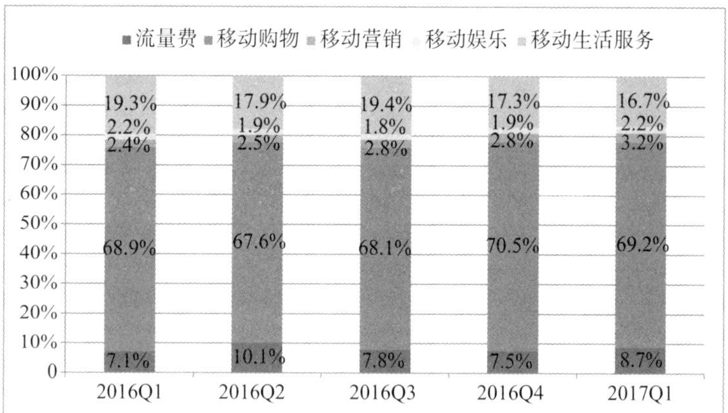

图 7–1　2016Q1—2017Q1 中国移动互联网市场规模

资料来源：易观国际。

目前，我国移动交易处于快速发展时期。根据中国的电子商务研究中心监测的数据显示，中国移动端零售交易在整个中国零售市场的交易规模已连续 5 年都在上升。受“双 11”购物狂欢节的影响，2016 年四季度，移动购物市场份额达到了整个电子商务交易额的 70.5%；2017 年一季度，中国移动网购市场交易规模达 10376.2 亿元，市场份额回落至 69.2%。

在各大电商平台的销售构成中，移动购物一直是其重要组成部分。移动购物不受时间、地点的限制，还可为电商企业搜寻用户消费习惯，分析消费心理，进行精准营销和合理定价提供大数据来源。因此，移动购物已是电商企业必争之地。

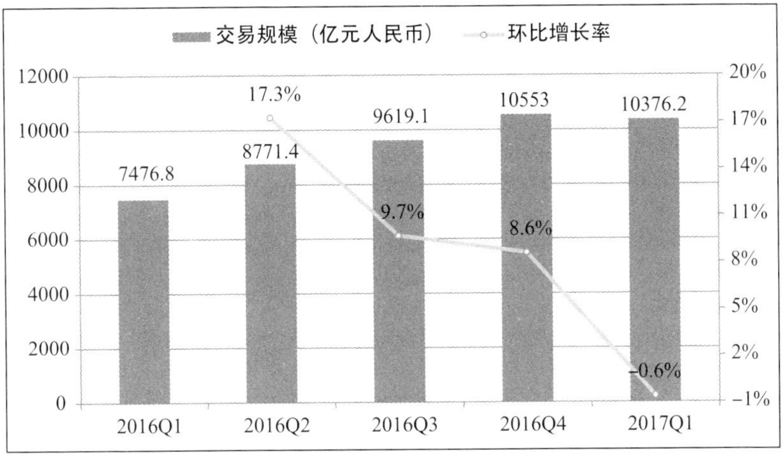

图 7–2　2016Q1—2017Q1 中国移动互联网市场规模

数据来源：易观国际。

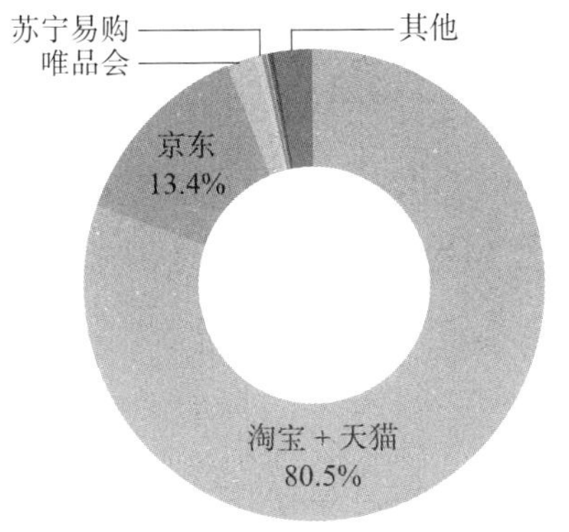

图 7–3　2017 年一季度中国移动网购市场交易份额

数据来源：易观国际。

从各大电商移动网购占总交易额的比重可以看出，淘宝 + 天猫的市场份额达到了 80.5%，京东占 13.4%，而其他电商平台的移动网购占比都在 5% 以下。由此可见，我国移动网购正处于快速发展期，各大电商还有很大的发展空间。

那么，移动互联与电商物流产业和企业联姻到底产生了什么样的影响呢？

从宏观层面上来看，移动互联网给经济发展和产业进步带来的变革性影响主要体现在以下几个方面：

第一，移动互联网的产业价值日益凸显，经济贡献率不断提升。2016 年我国移动互联网信息服务市场总收入达到 13786 亿元，对 GDP 增长的贡献约为 1.52 个百分点，带动就业岗位 306 万个。

第二，新应用、新业态创造新价值。传统业态在嫁接了“互联网 +”尤其是移动互联网以后，由于新技术和新产品的带动，催生了新型经济模式和信息消费新业态，加快了共享经济时代的到来和大数据经济的发展，使得竞争激烈的传统产业再起硝烟。

从企业层面来看，移动时代给电商物流企业提供了新的商机，主要体现在用户体验、商业模式、营销模式、业务模式、资源整合等方面。

第一，用户体验至上。电商企业均已认识到用户体验是赢得用户、建立企业核心竞争力和良好口碑的一把重要利剑。在移动网购时代，谁拥有用户消费习惯的大数据，谁就更了解用户的需求、消费习惯、偏好，谁就走进了用户心里，谁就占领了市场。也就是说，要学会利用“互联网思维”“粉丝经济”“品牌调性”“人文精神”等新的商业思维来打造移动时代的用户体验。

第二，商业模式的变革。移动互联网改变的不仅仅是我们的生活方式，更是我们对世界的认识。移动互联网业衍生出了众多商业模式，如移动支付模式和O2O都是移动新商业模式的主流。其中O2O是电商、电商物流企业与移动互联网融合的新模式，淘宝、京东、苏宁等是O2O模式的先行者。

O2O模式让传统企业重新树立起了双线融合的信心，而让电商平台找到了线上线下融合的最佳途径和更多创新。

除此之外，移动社交、移动社群、移动社区等也是与电商结合进行模式创新的好的接入口。

第三，创新移动营销模式。移动互联网下电商的竞争靠的是品牌文化，移动互联网的营销策略与方法必须适应移动时代的特征，就是让用户参与互动，直接让正确的客户为企业说正确的话，通过口碑传播吸引更多的用户，以用户赢得更多的用户。

第四，业务模式的创新。移动互联网实现了管理人员和作业人员的移动办公，提高了办公效率。企业可以借助移动App把企业内外部打通，再进行移动办公。

以某快递公司为例，王女士寄快递，一般情况下，她要出门到最近的快递站点去寄快递包裹，还需要手写填入很多快递信息，因为字写得不是特别规整，她每次都担心快递站点的人录错自己的信息。而且在站点寄快递的人也特别多，经常需要排队，总体感觉寄快递是一件很麻烦的事情。

不久后，快递公司推出了移动端的App，打消了她很多的顾虑。那么，王女士再寄快递时只要在App上填写电子信息就可以直接下单了，快递小哥会根据App的信息在约定的时间上门取货。

现在，微信几乎覆盖了每一个智能手机用户。快递公司就在公众号上开设了寄件功能，给用户更方便的选择。

可见，移动端相比PC端更加灵活，能够简化寄件流程，提高作业效率，并且提升用户的满意度。

第五，整合生态圈资源。在移动互联网的时代背景下，企业的资源观不要局限于原来的供应链或产业链，而要扩大到整个生态圈。将移动互联网更好地为我所用，抓住行业强势资源，在生态圈的关键节点和重要衔接点进行有效的资源整合。

从供应链或产业链的角度来看，企业可以通过战略合作、纵向一体化或者横向一体化，以及业务的外包等进行资源的整合，将有限的资源用来强化核心竞争力。但是，移动互联网扩展了我们的客户群，创新了商业模式，拓展了业务形态，那么，企业要学会在大电商生态圈里面，把与自己相关的所有的企业和资源进行整合。这样，在提升企业竞争力的同时，也会创造更多的商机，更好地促进产业经济的发展。

新技术的变革往往会带动产业的快速发展和行业商业模式的变革。在移动互联网的大背景下，电商物流赶上了前所未有的发展机遇，同时，也正面临着巨大的挑战。技术的进步与变革是把双刃剑，企业在应用过程中要具备一双慧眼，趋利避害，适时而及时地起动技术创新，抓住市场新机遇，开拓新的商业领域。

第八章

文化的力量

软环境的吸引力

美国华盛顿大学坐落于美国最宜居的城市——西雅图，这里绿树成荫、湖泊广布，天气晴朗时，还能遥望到雪裹冰封的雷尼尔山。在华盛顿大学里，教授的工资比其他大学教授的工资低20%，但这些优秀的教授们宁愿牺牲更高收入的工作机会也不愿意离开，正是因为西雅图美丽的自然风光。

曾有一度，校方提出要在校内的华盛顿湖畔修建一座体育馆，但是消息一出，立即遭到了学院教授们的强烈反对。他们抗议的理由是："体育馆一旦建成，就会遮挡美丽的湖光山色，这绝不可以。"经过一番激烈的辩论，校方最终选择尊重教授们的意见，保留美景，放弃体育馆修建计划。

后来，这一事件就成为管理学上著名的"雷尼尔效应"，指代看重更高级的精神追求，能用亲和的文化氛围留住人才的管理理念。

软环境有两大类：第一类是优美的自然环境，“雷尼尔效应”即为第一类；第二类是心理环境，也就是良好的文化氛围。

现今，企业更多的是重视第一类环境的打造，而忽视了第二类软实力的建设，或者第二类仅停留在愿景、价值观等口头上、纸面上，没有深入人心。

比如，企业都倾向于宣传其薪资福利、科技水平和工作环境等夺人眼球的主题，而忽视该企业管理背后的文化理念。这些营销宣传是企业吸引员工的得力武器，却不是留住员工的制胜法宝。从员工心理出发就会发现，吸引并留住员工的仍然是那些平时看起来不起什么明显作用的东西，诸如企业文化价值观、企业营造的文化氛围等，这些文化心理上的因素发挥着巨大的隐形作用，并且可能在危急时刻起到关键作用。

中国的电商物流企业发展历史也不过二十多年，这二十多年里，借助互联网在中国蔓延开的势头，许许多多的企业前仆后继，有的成了先烈，有的成了巨头。当我们将目光聚焦到这些获得成功的电商物流企业身上，回顾它们的创业历程时，不得不感叹，技术很重要。但同时，个性鲜明、贯穿始终的企业文化则更有利于企业留住人才，获得长期持续稳定的发展。

一个企业的企业文化是在该企业创立之初就形成了的。即使当时没有被白纸黑字地记录下来，也早已通过创始人个人信念的坚持，深深扎根于企业的每个细胞之中，并与企业的成长和员工个人的成长相辅相成。对于中国电商物流企业来说，同样如此。

在中国电商企业中，最有趣的莫过于阿里巴巴的“武侠文化”。阿里巴巴集团创始人马云，在公司创办之初，就提出要借鉴武侠文化来进行文化管理，比如“六脉神剑”价值体系、“独孤九剑”员工价值观等。

此外，他还要求每个员工都选择一个武侠小说中的名字作为自己的花名，他自己的花名是“风清扬”，前淘宝总裁孙彤宇花名是“财神”，现淘宝资深副总裁吴泳铭的花名是“东邪”，而淘宝客服员工则被称为“小二”……对于阿里巴巴而言，中国传统的武侠文化伴随着该企业的创立和发展壮大，它所体现的武侠色彩不仅存在于武侠小说和员工的花名上，更是融入了企业文化价值体系和管理体系之中。

再比如，近些年，许多公司不再使用“员工”一词，而是用“同学”“小伙伴”“团队成员”这样更亲切的词汇来代替“员工”。独特的企业文化，无论是对企业自己的员工还是对外人，都是一种极具吸引力的元素。

京东也是如此。这家从“草根”中脱颖而出的电商企业几乎完全得益于“人”的推动。企业发展初期，老刘经常会招呼加班晚归的员工一起吃饭喝酒谈心，这个无意识的举动促成了京东内部一种“兄弟”文化的形成。老刘早年就已强调，京东最在乎两件事情：一是用户，二是员工。老刘与员工打成一片，关心他们的生活，并不是偶尔为之的举动，而是发自内心地爱护员工。

电商物流企业是典型的劳动密集型企业，企业的业绩是靠基层员工支撑起来的，而基层员工数量又在企业中占了相当大的比重。在这种企业中，对于基层员工的技术能力要求并不高，企业真正要做的就是打动这些基层员工，留住基层员工，简而言之，就是要笼络人心。

当企业的创始人、领导者与自己的员工坐在一起喝酒吃肉，与员工拉家常，关心员工的家庭情况、小孩的学习情况……员工会很容易获得这种信号——平等与尊重。同时，员工会在心理上产生一种亲近感和归属感，这使得他们能够保持较高的忠诚度，能够自觉地去维护企业的利益。

这种文化是潜移默化的，是行为促成的心理感知，由此积累演绎形成的文化更稳定、更持久、更有力量。

“绿林好汉”与“铁血士兵”

侠义情结是指，员工互信互助，讲究兄弟情义、追求公平正义，这些相同或相近的精神追求使得基层员工之间很容易打成一片，抱团取暖。拥有这种文化的电商物流企业，在基层管理方面会更得心应手。

在中国，侠义情节自古有之。水泊梁山的108位绿林好汉，个个身怀绝技，行事光明磊落，做人洒脱豪放，如鲁智深，路见不平拔刀相助，得知素不相识的金家父女遭受郑屠欺辱，毫不犹豫为父女俩出头，解决了一方恶霸。

在这种重义轻利的中国民间传统文化的熏陶下，电商物流企业基层之中也很容易形成这样的“绿林好汉”群体。

这种“绿林好汉”群体的形成，对于中国的电商物流企业来说是天然的。

2016年5月，由北京交通大学、阿里研究院、菜鸟网络联合发布的《全国社会化电商物流从业人员研究报告》中称：“全国社会化电商从业人员总数为 203.3 万人，其中一线人员 163.6 万人（主要包括站点快递员、站点仓库操作人员、基层管理人员），二线人员 33.8 万人（主要包括仓库分拣人员、客服人员、货运司机），三线总部职能人员 5.9 万人。快递员学历以中专 / 高中 / 技校学历较为普遍，20~30 岁男性为主，近 8 成是农村人口。”

这份研究报告表明，在电商物流行业，基层员工数量庞大，并且普遍受教育程度有限。当基层员工聚集在一起，经过一段时间，一种具有相似价值观和行为模式的团体就会很自然地形成。

尤其是以男性员工为主的企业，更容易形成“绿林好汉”文化，他们讲究义气、重哥们儿情谊。如果企业具备了这种文化，可能公司的工资不是最高的，福利待遇不是最好的，但员工们却愿意“生死相随”、死心塌地，且员工关系融洽，凝聚力强。

与绿林好汉相似，电商物流企业通常还有一种文化特征——“铁血士兵”。两者相似之处在于，重视兄弟情，能够团结苦干。如果说绿林好汉是人与人之间由于自觉的付出精神而聚集起来的，那么物流电商企业的铁血士兵就是在严格的规则和制度下训练而成的具有极强执行力的一群人。同时，铁血士兵的形成更是由物流的链网络特性所决定的，它要求精准严密、团队协作，牵一发而动全身，任何环节的失误，都会导致前功尽弃。

在电商物流行业里，快递全网络联合作业，任何一个点都离不开人，任何一个点都不可能孤立存在，要想正常运作，基层人员之间必须紧密联系和相互配合。每一个地方分支都是一支大部队，想要让部队打好仗，就得指挥管理到位。

在电视剧《亮剑》中，革命前辈们拿起枪杆闹革命，一群原本无组织、无纪律的农民聚到一起，为了自由，为了新中国，自发形成了一支又一支组织严明的战队。他们建立了严格的管理规范、遵守军队纪律、作战能力超强。之后现代企业的形成和发展，也借鉴了许多战争时期的军队管理风格和办法。

对“铁血士兵”的要求不仅仅强调时间的准确性、行动的标准化和严格的纪律性，“铁血士兵”较“绿林好汉”身上的江湖义气而言，更能体现出一种“战友情”和纪律性，这是电商物流基层人员在长期配合中真实产生的。他们不仅是队友，更是共同战斗的战友。犯了错误，勇于承担，得到荣誉，共同分享，在集体中互帮互助，这也是企业文化里面的重要精神。

“绿林好汉”和“铁血士兵”，是电商物流基层员工中比较典型的两种文化要素。

物流行业的两个文化并存是不行的，必须进行融合，单独讲某一方面都有可能导致问题的发生。单独讲江湖不行，单独讲军队也不行，尤其面对 90 后。不过，有的时候，团体在发展中会发生“变异”，比如为了哥们儿义气打架斗殴等，由此滋生一些不利于企业发展的因素。这样的因素就像病毒一样，侵蚀企业肌体，有的会恶化成肿瘤，有的被化解治愈。

电商物流企业中两种文化融合不好，就会产生一些不好的影响。因此，在两种文化融合过程中要特别关注以下几种文化：非正式团体、地域文化和亚文化。企业部分人员出于共同利益自发黏合在一起，尤其是同一省市的老乡，就会形成一种无形的力量——“山头与帮派”。对于企业而言，如果无法正确引导这些“山头文化”和“帮派文化”，就有可能产生恶劣的负面影响。因此，合理引导山头与帮派文化，使其朝着健康的路线发展，企业和员工都会从中受益。

对于这些已经产生并且短期内很难消除的非正式团体，电商物流企业可采取三种方式进行管理——鼓励、利用和限制。

鼓励不意味着企业赞同支持这类团体的存在，而是进行策略性的引导，让这些非正式团体为企业利益服务，杜绝不良非正式团体。有的时候，学会倾听小团体成员意见，以他们的方式与他们进行沟通，与他们打成一片，能够达到意想不到的管理效果。这些小团体，或许还能为企业创造新的价值。

同时，关注非正式团体的利益诉求，促成共同目标的达成。最重要的是，逐步扩大企业主流文化的影响力，让非正式团体与正式团体达成一致，即使不能够在短期内合一，也应该分散非正式团体的力量，将非正式团体的影响力降到最低。

那么，如何才能使得“绿林文化”和“铁血士兵”的军队文化很好地融合，形成独特的企业文化，凝聚人心，提升企业竞争力呢？

第一，要尊重员工。

基层员工由于受到教育背景和眼界的限制，可能对于企业的规章制度认识较弱，对于企业所提倡的价值观念和发展愿景认识不到位，当他们聚集在一起形成团体，一个“义”字就是他们生存竞争的行为准则。

首先，管理者如果想真正理解他们、融入他们，就要赢得他们的信任，而赢得信任的关键就是——尊重。

2016 年 4 月 17 日，一名顺丰的快递员因为与一辆京牌轿车发生轻微碰撞，该轿车车主下车后连打快递小哥 6 个耳光，并破口大骂。4 月 18 日，据网友发布的王卫的朋友圈截图，王卫对此事件表示，“如不追究到底，不配做顺丰总裁”。不久顺丰官方再次就事件发表声明，不同意对方调解诉求，不放弃追回尊严。

舆论对于王卫和顺丰公司的态度，称赞叫好。顺丰总裁王卫一向被视为中国最神秘的总裁，极少接受媒体采访，此次却在朋友圈发飙，为一名一线快递员出头，实则也是源自他一贯的观点：顺丰的一线收派员才是“最可爱的人”。

为了给员工一个公道，一向低调的王卫站了出来。他代表的，已不再是个人，也不仅是顺丰，而是电商物流行业的千千万万从业者。电商物流圈为之点赞，是因为顺丰捍卫了基层人员的尊严。之前我们提到过，员工求的是一种安全感。在顺丰，许多基层人员的安全感来自：出了问题有人帮他们解决，他们不会陷入孤立无援的状态。

显然，尊重员工不是停留在口号，而是要付诸行动，满足员工被尊重的需要。首先要关心员工的身心健康，不仅关注在单位的衣食住行，也要多关注员工的家庭情况，尤其基层快递员多是背井离乡。其次，肯定他们的成绩，从心理和能力上认可员工。尊重和包容差异，鼓励创新。

员工受到尊重，一方面，对于企业的认同度和归属感会显著提升，另一方面，在服务客户时会自觉或不自觉地将这个价值观念转化为行动，有效提升服务水平。在电商物流发展的前几年，很多人看不起快递员，认为快递员素质差，岗位低下，使得许多快递员不自信，自认为低人一等。在他们感到无助的时候，队友的相互鼓励和公司对他们的尊重，成为他们坚持下去的动力。那种危难时候的不离不弃，让许多人永生难忘。

只有当员工获得了应有的尊重，他们才可能认真做好工作，服务客户，这是许多快递企业老总的共识。喊一声“兄弟”，不仅拉近了彼此的距离，而且也是男人之间真情的表达。

“恐惧感并不是自己的财富今年丧失掉，最主要想到很多兄弟跟我拼了快十年，他们在北京连房子都没有，车都没有，一直信任我，跟着我，18 岁、20 岁跟着我，公司倒闭的时候，他过去 10 年都白干了。那个时候，你会觉得内心非常愧疚，觉得有一天如果宣布说公司可能办不下去要倒闭了，不知道该怎么面对自己的兄弟们。”这是刘强东在参加央视财经《对话》节目时说过的一段话，他常说自己是“草根创业者”，保留着对兄弟们的一份真感情。听到这样的“表白”，相信感动的人不在少数。

第二，把关怀落到实处。

不管见与不见，要让基层员工感觉到公司领导和其他部门的领导和同事都在看着他，时刻关注着他。比如，在业务高峰期、大促期间，公司所有的领导都下到基层，全员参与，哪怕只是递一杯水，当他出现问题时，领导第一时间出现在他面前，不管帮多帮少，领导的一句关怀、一句鼓励，都会让员工感觉到家的温暖。

第三，仪式感。

我们拿中国人最常见的晚会来说，春晚年年有，平时大节小节也是晚会不断，尤其是一些表彰大会，比如《感动中国》《全国道德模范颁奖晚会》等。获奖人在台上激动得流泪，这是一种自豪感，更是心灵的震动。

再比如，在娱乐圈，有奥斯卡奖、格莱美奖、金像奖、金鸡奖等，拿到这些奖杯，成了许多艺术家的人生追求。各行各业都有一些方式来营造仪式感，让身在其中的人感受到行业的自豪、温暖和光明。

具体到电商物流企业的人员管理方面，举办有仪式感的庆祝活动也特别重要，这是激励员工的一种特别的方式。每家快递企业每年都会举办千人，甚至是万人员工大会，他们的大会不是做总结，而是以年会的方式一边表演节目，一边表彰优秀员工。

在舞台大屏幕上循环播放的宣传视频中，一些老员工站在镜头前，讲述自己的工作；一些在公司相识相恋的情侣们，表达着对大家庭的感谢；公司老总也通过大屏幕为大家加油打气，每句话都打动人心。在晚会现场，公司老总满怀豪情地发表感言，表达对员工的感谢和敬意，在掌声中，公司的文化浸入了大家的心中。

每一个站点负责人、每一个普通的快递员，都有机会站上舞台领奖，他们一年的努力会得到公司的认可。当他们举起荣誉证书和奖金的时候，脸上洋溢着灿烂的笑容。这时候，仪式感是神圣的。

仪式感也体现在平时工作的规范中。当一个人认真对待工作的时候，他会感受到工作最原始的魅力。哪怕是穿着干净统一，给客户打电话时说一声“你好”，或者双手递上物品等，这些细小的礼仪，也是创造仪式感的好办法。

许多电商物流公司都有员工礼仪手册，上面写着一些基本的礼仪要求，这是企业为员工提供的培养自我仪式感的方法。当一份工作加入了仪式感，做出来的成果必定值得期待。

第四，兵头将尾。

兵头将尾是指基层管理者和在基层员工里面有影响力的优秀员工，通过他们带动一个“团队”，如站点的站长决定了站点的工作氛围和团队风格。

因此，企业要重视对基层员工的培训和培养、价值观和文化的传播与传承，放大“兵头将尾”的作用，鼓励和奖励他们之中品质优秀、业绩突出、与企业文化相匹配的“头儿”和“班长”，因为他们是整个基层团队的文化风向标，调动了他们的积极性，就可以提升基层团队的凝聚力，激发员工的战斗力。

总的来说，在电商物流公司，只有将“绿林好汉”和“铁血士兵”们组织在一起，较好地融合起来，营造出一种良好的“家文化”和工作环境，将他们身上的情谊尊重和诚信执行特质相加，才能在工作中提高效率，提供良好的用户体验。

换一种思维做培训

企业培训是企业向员工传递知识、技能、标准、流程、文化、价值观等的过程，是让个体与企业形成共识的过程，这正是培训的主要目的。

在中国，电商物流行业发展非常迅速，但是还很年轻，无论是从历史文化背景来看，还是从社会从业人员的整体素质水平来看，都不可能将美国或者其他国家成功企业的培训经验生搬硬套过来。

对于我国电商物流企业来说，培训到底难在哪里呢？

中国电商物流企业管理者遇到的问题是，快递员们每天都在忙着配送，工作连轴转，根本没有时间坐下来。很多快递员，识字不多，阅读都会比较吃力，就更谈不上拿笔记录知识点了。如果企业这时候还花高价请名师来培训员工，成天地坐在空调房里讲高深道理，恐怕也达不到预期效果。

就我国电商物流行业来说，一个大公司可能就有几十万人，即使公司专门抽出时间培训，一轮下来一两年都不一定能完成。由此可见，传统的培训模式根本不适用于电商物流这种业态。

考虑到我国电商物流从业人员的具体情况，我将电商物流行业的员工培训难点总结成以下三点：

1. 基层员工文化程度普遍不高；
2. 基层员工来自五湖四海，文化背景、价值观念千差万别；
3. 基层员工作业时间紧张且站点分散，集中培训难以开展。

其实，不妨思考一下，培训的目的是什么？

笔者认为，培训的目的很简单，就是掌握技能和融入文化。通俗地说，就是让员工成为企业所需要的人才，这就是企业培训的目的。只要能达到目的，不管什么形式，都是好的培训。因此，当我们弄清楚了一切培训的最终指向时就会发现，过去那些无效的培训，不在培训本身，而在培训的方式和内容。只有将培训与绩效、晋升、文化、公平、人才培养等结合起来，培训才能达到预期效果。

那么，全国性的电商物流企业如何利用这种培训方式呢？一个最好的办法是注重在实际工作中的培养。以某电商物流企业为例，为了让员工主动学习，该企业将培训和晋升连接在一起，设计了一套经理以下人员的晋升机制。

基层员工只要具备一定资格，在公司工作半年以后，没有重大投诉，业绩正常，就可以通过自主学习，参与公平性的竞争——考试。

根据内部的一本规章手册，公司建立了一个5000道题的题库，考试时就从中随机抽取200道题，而且每个人的考题都不一样。考试的最终分数，直接决定了员工是否能够成功晋级。

这种考试在基层员工中非常受欢迎，每次都有上千名员工踊跃报名参加，在平时休息时间，他们会互相抽问手册上的内容。

这种定期考试方式不仅能够及时发现优秀的员工，公平晋升，更重要的作用是，通过配送员的积极备考，企业做了免费培训，而且员工积极性高，培训效果好。

当基层员工成功晋升作为一名站长之后，对他的成长是有很大帮助的，并且如果他愿意继续学习，还有很多发展机会。另一方面，假如他以前是一名基层员工，业绩优秀，工资较高，晋升后，薪水较之前可能有所下降，这时候如果他想回到基层做更多的业务，赚更多的钱，也是可以的。

人人都是一把手

近年来，中国电商物流发展得如火如荼，“四通一达”、顺丰、邮政等大型物流企业的业务节节攀升，快递员的数量也逐年增加。

2016年，我国快递年业务量突破300亿件，达到313.5亿件，全国的快递员每天都处理着上千万甚至上亿的订单。在配送末端交付环节，快递员可能面临着拒收、退货、收货人不在家、用户刁难等各种各样的问题。那么，怎么处理才能快速、高效、低成本地解决问题，不影响甚至提升用户体验？是层层上报、逐级解决，还是快递员当场解决呢？

这就涉及管理中非常重要的问题：授权。

女性管理大师罗莎贝斯·莫斯·坎特（Rosabeth Moss Kanter），被誉为“管理学理论女王”“大公司的舞蹈老师”。在她写的管理学畅销书《变革大师》中，提出了重要的赋能授权概念。她认为，通过给员工授权，让员工更多地参与到企业管理中，能够提高企业整体效益。

赋能授权的目的，是让每一位员工积极主动、充满斗志地参与到企业的建设之中，它要求每一位员工能够怀着进步、学习、成长的心态去面对自己的工作，坚定地跟随企业、实现自己的职业目标。

在电商物流企业中，赋能授权的应用尤为重要。从上到下释放权力，适当给予基层员工额外的决策权，员工就能够更快速地解决客户问题，从而提升公司的服务水平。比如，碰到寄件量大的商家，快递员拥有谈判权，比如价格、收取时间、付款时间等，快递员有权自行与商家商议，最后根据双方协议签订合作合同即可。试想，如果事事都要请示公司，接触一线市场的快递员的工作效率就会非常低，等到请示完毕，客户或许早被竞争对手抢走了。

那么，授权之后如何使用呢？最重要的就是要信任和尊重员工。

其实对员工的赋权，体现的就是公司的一种尊重文化和平等文化。公司信任自己的员工，放手让员工做事，员工遵从公司文化的导向，调动自己的灵活性，将自己的本职工作做好，将用户体验提升到更高水平。

当员工在公司感受到了尊重，他会在面对客户的时候把这种尊重传递出去，把用户体验放在第一位。

如快递公司 RK 对快递员的派送服务有一项规定，用户下单后货物在站点不能超过 72 小时，超过 72 小时就要被退回库房。下单用户如果迟迟不取，货物在站点也没有及时退回库房，虽然有货但其他想买的人在界面上看到的却是“库存不足”的提示。这种情况下，耽误时间越长，站点囤积越多，越影响公司销售和利益。所以，规定不能超过 72 个小时，这是从公司的销售和利益出发，并且公司还明确规定员工不能代替用户保留。

但是在该公司某位员工身上就出现了违反规定的情况。该员工的客户由于在外地出差无法及时赶回去接收货物，而且没有熟人可以代领，也不想放在别人那里，就给这位员工打电话问能不能不要退回仓库，再留一段时间。后来是这位员工自己掏钱替用户把东西留下来了。

在这个案例中，公司在最后调查处理的时候，并没有一上来就指责这位员工不守纪律，而是追其源头，注重公平合理。

公司在面对类似的事件时，首先不能认定这个员工本性是坏的，这会打击员工的积极性。因为员工的本质大都是好的，他们能够为用户考虑，这一点与公司文化相符。而且，他能够主动地为用户提供服务，其实是为公司赢得了用户的忠诚。

人人都是一把手，其实就是适度授权，尤其是基层管理者和基层员工的授权。在权力的使用过程中，要信任和尊重员工，并成为企业的主人。

第九章

电商物流的未来

未来无限大，却又无限近。

我们的世界正以令人难以想象的速度在前进，相比摩尔定律所说的“18个月更新换代”，正在不断缩短，不断超越。新闻信息在发出的那一秒就已过时，手机每年必出重磅新品，软件可以每日升级、随时修改……人们在时光里穿梭奔跑，眼前闪过的一幕幕，来不及看见，更来不及去记住。

而在这时光中，一定会出现一些新鲜的物种。最初，它们只是一个个亮点，就像黑夜里的星星，但它们会不断聚集能量，在自我生长和外界刺激的作用下，重叠、碰撞、融合、分裂、变形……直至最后，成为宇宙中的庞大力量，继而改变所有。

本书所谈的电商物流，就是一个正在未来版图上成形的新物种。我们谈新物种的未来，本就充满了未知、冒险，甚至还有一些迷茫。未来的界限在哪里？五年、三年还是一年？或许下一步，就会迈进那个全新的未来。

为了这个神奇的未来，人们有很多期许，也做了许多准备。试问，谁不想第一个登上挪亚方舟呢？在不确定的时代，唯一可以确定的是，世界正在变化，而这些日积月累的变化将在某一个时刻爆炸，创造出一个新纪元。每一个必然，都是由无数个偶然堆砌起来的。

过去十几年，出现了很多电商公司，也有很多物流公司，它们都是独自生长的物种。只有电商物流才是新生的未来，而未来必将发生变革。关于变革之路，从来不缺想象。我们面前出现了成千上万条道路，选对的人不一定会成功，但不去尝试必定会失败。

自“互联网+”概念普及之后，各行各业迎来一轮发展的春天。有人说，要深入挖掘“互联网+物流”；有人说，要让物流插上互联网的翅膀。其实，谁加谁并不重要，最重要的是如何做好两者的联动。电商物流，则是一个天然的结合体，并不需要刻意调动，其本身就是互联网电商和物流的共同体，缺一不可，共同发展。

偏安于一隅的时代已经结束了，未来属于那些开放自我、融合创新的物种。电商物流将渗入更多行业和领域，打通更多的关卡和入口，连接更多的商家和消费者……这是它的未来使命。不管是互联网技术，还是智能大数据，都将为电商物流所用，酝酿生成新形态、新方式，并且不断衍生。

未来，每时每刻都是新的，它不可预知。只需要一只黑天鹅，我们所有的预言都将成为泡影。对于未来，有多少期待，就有多少破灭。无论我们知道多少事，都是不够的。那些能够对历史和社会产生重大影响的，通常都不是已知或可以预见的东西。

如此，在通往未来的路上，只有避免或减少黑天鹅，才有可能让预测成真，让人们走得更安稳自在，电商物流的未来路途亦是如此。如何对抗黑天鹅？如何增强抵御力？笔者认为，抓住技术、体验和网络化三大核心，即便是黑天鹅来袭，也能够减小冲击力度，不至脆弱到一击就碎。站在颠覆一切的未来，我们用有限的认知去探索未知的世界。

技术

第二次世界大战期间，英国发明了一种能够辨别敌我飞机的技术，将其取名为 RFID（Radio Frequency Identification），即射频识别技术。在射频识别的帮助下，战斗中的飞机能够真正做到瞄准敌人了。

直到 20 世纪 60 年代，射频识别技术才开始投入商用，企业用其识别或追溯产品信息。在零售业，沃尔玛、麦德龙等大型超市率先引入了这一技术，给商品贴上了射频识别标签。

不过，射频识别标签价格较高，增值服务还没有得到完全开发，因此在几十年时间里并没有被大规模应用。直到近年来，随着技术成本的降低，以及各行各业的发展，射频识别技术才渗透到更多领域，得到了更广泛的应用。

在电商物流领域，利用射频识别技术可以跟踪货架上与运送中的货物，又可以监控库存量，实现不缺货的状态。在运送一些保鲜食品的过程中，射频识别技术可以监测路线周围温度，保证食品安全并能将问题及时告知。

如今，类似射频识别这样的老技术，正在散发出前所未有的新光芒，而在未来，它们也将照亮创新应用的道路。

对企业来说，技术不是核心竞争力，只有技术的应用才是核心竞争力。这是因为，企业需要创造价值，就必须将技术应用到实际的场景中。不管是过去，还是现在，人类都有许多技术并没有得到很好的应用。未来，人们将赋予它们七十二变的“神力”，使其脱离单一技术领域，实现在多个领域多种方式的运用。

以物流为例，我们传统的物流管理技术已经过时，为了实现更高的目标，企业必须运用更尖端的技术。必须注意的是，尖端并不代表最新。许多已有技术，包括区块链、射频识别、电子数据交传、条形码扫描、销售点数据、卫星传输、AR/VR、全球定位、智能手机等，它们完全可以运用到物流领域中，发挥新的重要作用。

当各领域之间的融合度越来越高之后，以前独属于某一领域的技术就有可能实现跨行业应用，在一个新的行业发光发热。如此，旧技术的新应用将有无限大的空间和潜力。与此同时，现有技术将继续发展和完善，技术和技术之间还会不断融合，衍生出新的技术。或许很少有人能够想象未来的场景，但我们都将亲眼见证。

尽管我们鼓励技术的应用创新，但并不代表企业可以忽视技术研发。企业若要掌握自己的命运，就离不开自主研发技术。只是在具体研发的选择和方向上，企业应当选择那些应用性强并且能够较快投入运营、产生价值的技术。

以下三类特征的技术，不推荐非技术型公司进行自主研发：

- 虽然尖端，但应用有限。
- 已有技术，自主研发投入巨大。这类技术可通过购买获得。
- 超出企业战略需求，与企业发展阶段不适应的技术。比如，小体量的企业就难以承受自主研发的资金、人力等压力。

不管是技术研发还是创新应用，要谨记一条定律，即技术是为了提高效率、降低成本而生。如果违背了这条定律，再好的技术也不要留恋。对于电商物流企业来说，具有较大前瞻性的科技主要是智能化和大数据。在这两大范畴内，会出现许多不同的技术和设备，并应用到电商物流的各个供应链环节中。

硬件：智能化

这里所说的智能化，主要是指新技术对硬件领域的改变。更多智能硬件设备的普及，能够让电商物流企业更快速地进入自动化时代。

“无人货车、无人配送站、无人机以及送货机器人！今天，京东的无人机已经可以单程飞越 240 公里！“这段话出自老刘在 2017 年 10 月 10 日发布的一条微博消息。早在 2017 年 6 月，京东就在老刘的家乡江苏宿迁市完成了第一次无人机送货。

除了无人机之外，无人车、智能搬运机器人 AGV、SHUTTLE 货架穿梭车、DELTA 分拣机器人等智能设备也已经在京东投入使用。在京东的智慧仓库内，搬运机器人、卸货机、自动分拣机等智慧终端代替了人工，在工厂里忙碌工作。老刘在接受 CNBC（美国全国广播公司财经频道）独家采访时曾表示，京东将利用无人机运送货物，降低物流费用。

德鲁克曾言：“美国人所花的每 1 美元中，几乎有 50 美分都用来支付商品制造后的活动成本……物流货运将物质产品转化为经济价值，为顾客送去商品。”

其实，不仅是美国的物流成本高，中国市场也是如此。数据表明，2013 年，中国企业的物流费用在产品的销售额中占比 9.1%，而在生产成本中所占的比例一般为 30%~40%。[①] 照此比例，企业的物流费用每降低一个百分点，就可以为企业带来成倍的经济效益。

在投入智能设备的时候，有的人看到的是成本，而有的人看到的是效率。两种观点角度不同，没有绝对的对错之分。本书第五章曾讲过，用最低的成本，获取最高的效率，这是成本和效率之间的博弈，更是一种商业智慧。不能单看某一项目或某一举措带来了该环节的成本节约，而要看企业总成本是否最低，尤其要看相邻环节的成本以及本环节的问题机会成本。

2012 年，亚马逊斥资 7.75 亿美元收购 Kiva Systems 公司的机器人项目，将其据为己有。瑞银集团分析师埃里克·谢里丹（Eric Sheridan）预计，亚马逊机器人 Kiva 每年能为公司省下约 9 亿美元的员工支出。对于亚马逊来说，这是一笔相当划算的投资。然而，同样的投资，换成另一家公司来做，可能就会成为沉重负担。

笔者一直在强调，企业既要舍得投入，又必须量力而行；既要布局未来，也要活在当下。智能化、自动化是美好的未来，在迎接它的来临时，企业一定要做好充足的准备，修炼内力，抓住机会。

软件：大数据分析

大数据好比一条无形的河流，无数的数据是水，数据分析技术是航道。如果仅有数据没有分析技术，企业航船就无法在航道上行

---

① 出自中国物流与采购联合会发布的《中国采购发展报告（2014）》。

驶。数据再庞大，没有分析就不会有结论，就找不到问题，也想不出办法。反之亦然。

讲一个有趣的故事。某一天，美国第二大零售企业塔吉特（Target）位于明尼苏达的一家超市内，闯入一名男子。他向经理控诉说："我的女儿才上高中，就收到你们发来的婴儿衣服、婴儿摇车的优惠券，你们是鼓励她早孕吗？"

经理在确认信息之后，向这位顾客表达了歉意。几天后，经理又致电对方进行回访。没想到，这位男子充满歉意地说："我和女儿谈过了，没想到她真的怀孕了，我该向你们道歉。"

实际上，从2002年起，塔吉特就开始记录消费者的购物行为数据，比如消费额、商品类型、年龄、性别等。这些数据在缺乏分析技术之前，不会产生任何价值。当有了分析技术之后，这些数据就能开口说话。比如，它可以告诉一位父亲，你的女儿怀孕了。

大数据和分析技术的结合，将构建出巨大的想象空间。几乎每个行业都会与大数据结合，电商物流也不例外。一方面，大数据可以告诉你过去发生了什么，另一方面，它可以帮助企业预测，未来将是什么模样。仅这两大作用，就足以让众人为之着迷。

电商物流的各个环节，采购、库内作业、运输配送、逆向物流等都将与大数据紧密连接。在采购环节，大数据可以分析客户的偏好和购买行为；库内作业中，可以用大数据分析优化仓储，防止缺货或货物积压等情况发生；在运输配送环节，大数据可以分析配送路线、优化地点等；在逆向环节，大数据分析会告诉你客户为什么退货，并且为解决问题提供有效的办法。

几乎在每一个大数据出现的地方，都会出现成本降低、效率提高的情况。企业投入的那些智能设备，也只有依靠大数据分析，才能有灵活的大脑，实现真正的智能化，为企业发展出谋划策，贡献力量。

当然，大数据分析并非那么神奇，它在运用中会遇到不少障碍。

首先，在技术方面，企业在搭建系统之后，就面临着不断升级换代、解决漏洞的需求。比如，数据从哪儿来？如何筛选出有效数据？回答这些问题并不容易，它们直接关系到大数据分析的精准度。

第二，组织方面。未来将有越来越多的企业新设大数据分析部门，或者通过外包的方式引入大数据分析技术，这是企业组织层面的改变之一。更深入的问题是，大数据不只是一个部门，它需要适宜的组织土壤，才可能生存得更好。因此，企业组织结构的变化也是一大挑战。

第三，在人力方面，大数据分析需要人力资源支持。这不仅包括专业人才引进和培养，还需要企业管理层和基层员工的参与。如何用大数据思维去看待、分析和解决问题，对人才造成了较大挑战。

此外，在战略规划、企业文化、领导力等方面，也存在许多阻碍，有一些可以看见，有一些暗藏其中。面对未知的困难，只有一个一个地解决，才有可能凿出新世界，赋予数据生命的力量。

用户体验

著名物理学家牛顿在晚年的时候，致力于神学研究。他提出的第一定律认为，物质在不受外力的作用下，会保持静止或匀速直线运动。照此，宇宙诞生之初，万事万物应该是静止的，但是后来却都在运动。那么，它们是怎么动起来的呢？对于这个问题，牛顿最终的解释是上帝推了一把。①

这一解释正确与否，我们暂且不评论。但牛顿对于“第一推动力”的思考演变为一种分析工具，被运用到各个领域中，人们把这种思维方式叫作“第一性原理”。这一原理的实施过程，通常是通过连续追问，找到事物的“元起点”或“元问题”。相信在几千年前，牛顿也是问了无数个问题，才找到了上帝这个“元起点”。

那么，企业的元起点是什么？我们不妨用“第一性原理”来进行一次追问：

企业为什么生产产品？

为什么要更新技术？

为什么做营销推广？

……

所有的答案都指向了用户。

德鲁克有一句经典的名言，他提出：“企业的唯一目的就是创造顾客。”深入理解这句话，可以翻译为：企业的存在，是为了给用户创造价值。没有价值，就没有顾客。可以说，追溯至此，企业的起点其实就是用户。

---

① 天体物理学家史蒂芬·威廉·霍金（Stephen William Hawking）在《伟大设计》（*The Grand Design*）中提到：宇宙并不是由上帝创造的，由于诸如引力定律法则的既定存在，宇宙可以“无中生有”，在一无所有中“诞生”。由这个问题我们可衍生出宇宙为什么会存在，以及我们为什么存在于这个宇宙中等问题。

所有的困惑、焦虑和迷茫，都能从这个元起点中找到答案。企业本来是静止不动的，是用户在后面推了一把，才使其运转起来。如果没有用户，企业将在孤寂中死亡。

因此，企业在做任何一个决定的时候，首先要清楚的是，这将为用户创造怎样的价值。企业不断地引入尖端技术，是为了炫耀自己在行业中的领先地位吗？肯定不是。公司每天都在优化产品设计，是为了做出超一流的产品吗？是，也不是。创造一流的产品，实际也是为了给用户创造价值。

在此，我们进一步提出问题，用户的元起点是什么？价格？包装？质量？每个行业的用户特征不同，与之对应的元起点也会有所差异。那么，如果再细化一下，具体到电商物流行业，这些用户的元起点又是什么？

用“第一性原理”再追问一次：

用户为什么喜欢漂亮的包装？

他们为什么想要快速收货？

他们为什么看重质量和价格？

……

不难发现，不管是速度、价格、质量还是包装，其实都是用户体验的一部分。

企业离不开用户，用户则离不开体验。

在第四章笔者曾讲到，体验是满足消费者特定需求的过程。用户体验是一个无形的商品，比品牌资产更为直接，而且可以用价值来衡量，是可以转移的商品，但是不可以出售，其保质期是可变的，同时，也是可以不断升级的。

可以说，用户需求又是用户体验的元问题。用户为什么退货、给差评？为什么他们喜欢你的产品服务？为什么他们对你的产品无感？这些问题，都和用户需求密切相关。用户需要什么？这是一个终极问题，也是企业费尽心思想要找到的答案。

每个群体的需求不同，每个人的需求也有差异。需求的多变性、不确定性使其难以衡量。多少年来，用户需求都是一个谜团。如今，可期望的是，随着人们对消费者研究、心理学、大数据等科学的认知进步，用户需求正在揭开神秘的面纱。通过对消费者行为的记录和分析，企业对用户需求的分析和预测越来越精准，甚至能够做到比用户本人更了解用户。

那么，对于电商物流来说，用户的未来需求是什么呢？

谷歌技术主管、全球知名人工智能专家雷·库兹韦尔（Ray Kurzweil）就曾说：“我想象，未来数年后，用户无须真正进行搜索就可以知道自己想要问的问题的答案。”类似的，阿里巴巴、京东、亚马逊等电商网站上都设置了“猜你喜欢”“你可能感兴趣的商品”等功能，通过用户的日常搜索，它们可以较为准确地了解用户需求，并为用户提供选择。

未来，这样的服务会越来越普遍，也会更加快速、精确。用户的需求总是在不断升级，现在他们可以通过搜索找到自己想要的东西，未来他们的需求是不用搜索就能获得自己想要的物品。

我们再拿用户最关心的送达时间来举例。此前，有的企业错误地理解用户的需求，认为商品越快送达越好，但实际上，延时服务也是一大需求。

某日，A 先生在网上买了一台跑步机，但他第二天就要出差一周。按照标准运送时间，跑步机会在他出差期间送达。对于A先生来说，他既不想跑步机早到，也不想它迟到，他最希望能够在他出差回来当天收货。

以往遇到这样的情况时，A先生需要密切追踪商品的物流信息，并在配送前致电网点，与工作人员商量送达时间。而如今，A先生有了更便捷的选择。

2016年，京东在北京、上海、广州、成都等城市推出了“京准达”业务。基于这项服务，用户只需支付一定费用，便可预约未来一周的特定时间段内收货 。最早可至9点，最晚可至22点。也就是说，A先生只要在下单时选择“京准达”服务，他就可以在指定时间收货。

这一切的实现，得益于企业对用户需求的深入研究。在大数据等新技术的帮助下，企业有机会更细致地了解用户需求，并且为他们提供解决方案。未来，类似“按需送达”这样的服务将越来越普遍。企业在拼命提高绝对速度的时候，不妨停下来想一想：用户是否需要当天送达的极速服务？有多少用户需要？如何兼顾不同用户的需求？

《纽约时报》的一篇文章曾这样写道：“就像煤炭和铁矿在工业革命中所起的作用一样，数据是信息经济不可或缺的原料；而对于学习如何处理这些数据，商业世界才刚刚起步。”也就是说，如何利用大数据找到用户真正的需求，还有很长的路要走。

通过最新的实时定位和路由技术以及基于应用的分析技术，未来几年的包裹运输和配送还将有重大变化。比如，企业可以用技术实现信息透明化，及时进行信息数据交互，通过文字、视频等形式，让用户随时都可以看到物品的状态。然而，在实现这些情景的时候，企业仍然应该返回元起点，思考这是不是用户真正需要的产品服务。

笔者在前文提到，企业要满足用户的期望，但不能满足所有用户的期望。为了打造良好的用户体验，企业服务要适度超出预期。这并不意味着企业要极致地满足用户需求，而是有前提的，首先就是成本必须是合理的，不能超过本阶段的成本承受能力。

站在未来的大门前，我们要有足够的信心。随着各种技术的应用，电商物流配送将做到快且准，不仅能够做到承诺的同城当日达，而且还能做到时间和质量的准确。“质量准”包括定位准、数量准和信息准，让用户可以准确把控收货时间，做到分时送达、多形式送达。

用户需求在不断地变化，但它将一直是用户体验的元起点。技术可以捕捉变化中的用户需求，也就可以帮助企业提升用户体验，进而创造用户价值，让自己活得更长久、更美好。

网络化

随着用户对电商物流的要求越来越高，电商物流网络作为物流服务的基础将进一步强化其网络化趋势，并通过不同形式整合社会资源。其中包括全供应链资源的整合、大运营管理的兴起、各种不同类型平台资源的整合和社会化。也就是说，电商物流将容纳更多内外部资源，通过融合、整合的方式，更有效地利用这些资源，使其发挥更大的效力。

全供应链资源的整合

笔者在前文中提出了电商物流供应链模型，这一新模型分为采购、库内作业、运输配送、逆向物流等几大环节，每个大环节内又有若干小环节。

不得不说，就目前的架构来看，电商物流供应链已经非常复杂了，但这还只是开始。未来，这一链条将继续丰富，电商物流企业将面向全社会，提供供应链一体化的综合性物流服务。这就意味着，企业内采购、储存、销售、配送等物流功能将持续融合，供应链上游和下游融合，线上与线下融合，最终达到全供应链化。

我们来看一家电商物流公司。它将大数据技术应用到了跟踪库存、优化物流路线等方面，提高了自身运营效率。同时，它还和供应链体系内的供应商们分享数据分析成果。通过公司提供的数据分析，每个供应商可以对自家的产品进行追踪，实时了解产品销售情况。如此，供应商就可以提前监测到缺货或压货情况，并及时做好调整。

对于供应商来说，它们不用被动地等待公司通知进货消息；对于电商物流公司来说，至少省掉了与供应商沟通进换货的大笔成本。显然，全供应链在技术、人力、设备等方面的融合共享，能够提升单一环节的效率，也能优化全链条的运行。

大运营管理的兴起

未来，电商物流企业在运营中将会利用信息技术，对以全供应链管理为核心的五条业务线进行协调式和融合式运营管理。这五条业务线包括：全供应链、资源管理、技术应用管理、金融管理、质量和体验管理。

合理的资源管理和合适的技术应用将推动全供应链的优化和提升，而与金融、保险等新兴业务的融合则是物流新的增值点，例如正在兴起的供应链金融。目前，阿里巴巴、京东、苏宁等电商物流企业都已探路供应链金融。

比如京东的“京小贷”，主要服务于京东开放平台的商家，上线一年就累计为超过3万个店铺开通了贷款资格。这样的供应链金融服务极大改善了小微商家融资难、融资成本高的处境。得到融资之后，供应商在京东的贸易量普遍增长，这又为京东创造了新的价值，达到了双赢的效果。

电商物流企业在供应链金融等方面的创新，亦是为了打造优质的用户体验，提供更好的服务。未来，用户体验是全供应链的体验，从整体到细节都必须认真把控。企业需要做好各流程、各环节的联动，从生产源头到销售终端，达到流畅、准确，并要加强各部分的融合。只有各环节协调统一、信息互通，才有可能提高总体效率。

平台化

近年来，国家对物流行业高度重视。此前，李克强总理就曾三次主持国务院常务会议讨论物流的发展问题，还在2014年专门讨论通过了《物流业发展中长期规划》。按照规划，2020年我国要基本建立现代物流服务体系，提升物流业标准化、信息化、智能化、集约化水平，提高经济整体运行效率和效益。

这一规划，是从国家层面为物流业制定了战略方向，具有重大意义，又极其务实。可以预见的是，未来三五年，随着电商物流行业的竞争日益激烈，行业集中度将大大提高。届时，将会形成3~5家综合大型电商配送平台。同时，顺丰、通达系等快递巨头、铁路货运、陆路运输企业将是这些电商物流平台的主要构成部分。这些平台将更开放、更社会化，并容纳电商物流的大部分资源。

以运输平台为例，除了对陆路运输进行整合，重点还要整合铁路资源。随着陆路运输管制的加强和成本的增加，铁路货运将有机会异军突起，以降低物流成本。铁路运输将和公路、航空运输结合在一起，完善现有网络，提高综合运输效率，其地位会愈加重要。

诸如此类的各种创新方式，将为平台构建贡献力量。未来，不管是仓储、运输，还是交易、营销，甚至售后服务，都将趋于平台化。例如，京东的区域仓、阿里巴巴的云仓，就是企业迈向仓储平台化的行动。那些只做单一平台的企业容易陷入瓶颈，生命力和持续力难以和多方位平台化的企业相比。

社会化

美国微生物学家马古利斯认为：“大自然的本性就厌恶任何生物独占世界的现象，所以地球上绝对不会有单独存在的生物。”生物环境是这样，商业环境也是如此。未来，在新的商业文明时代，商业发展逻辑会和自然规律越来越一致。

博弈带来消耗，共生创造奇迹。一个人、一个企业、一个平台的力量有限，只有聚合自然之力，构建与更多生物的共同体，才有可能实现无边界的发展。你死我活的竞争时代已经过去，未来将进入合作的时代。

对未来企业的考验，不再是个体力量多么强大，而是要看企业能够调动多大的势能。开放共享，不仅仅是企业应该负起的社会责任，也是拥抱未来的方式。

每个人都是一个宇宙，每个人的天性中都蕴藏着大自然赋予的创造力。社会中的每一个个体，都是不可小觑的力量，一旦激发，将变得无穷大。如何整合社会力量，就成了未来企业的必修课程。

对于电商物流企业来说，更是如此。这个行业，原本就是劳动力密集型。未来，除了依靠内部力量，还要在外部力量的挖掘和调动方面下功夫。每一个人、每一辆车、每一个仓库，都可以是落入电商物流世界的一滴水，它们从一个点荡漾开来，从小到大，成为一个圈。只要与电商物流发生连接，任何人、事、物都可以是宇宙的中心。最终，电商物流将达到去中心化的状态，全供应链运营的范围将无边无际。

2017年，中国邮政入股成都我来啦网格信息技术有限公司，占股50%，成为控股股东，其余股份由三泰控股、驿宝网络和亚东北辰各自持有，后两者分别是菜鸟网络、复兴集团的旗下公司。从2012年起，我来啦公司推出的“速递易”智能快递柜在全国发展迅速，覆盖了79个城市（2016年数据）。

根据公告，重组后，速递易改名为“中邮速递易”，中国邮政将把旗下的2.1万组快递柜并入其中。菜鸟网络则利用电商和快递公司资源，向中邮速递易快递柜引流，而复星则向中邮速递易开放旗下住宅小区、商用项目，方便其布局网点，同时复星也会与其分享广告客户资源，以提升中邮速递易的广告收入。

如此，多方资源整合将让中邮速递易拥有更可期的前景。未来，随着行业集中化的深入，通过投资、并购等方式整合资源的现象会越来越普遍。谁拒绝整合，谁就会陷入危机；谁自我封闭，谁就会灭亡。整合社会资源，是企业未来生存的基本能力。

此外，在电商物流最关键的“最后一公里”生态圈里，也非常需要社会资源的能量。美国优步已经开始送货了，亚马逊也在探索出租车送货的模式，顺带 App 则以“自营 + 众包”模式调动个人力量为物流配送服务。

未来，这类跨领域的资源整合将激发更强大的社会力量。通过众包物流、众多末端销售网点和快递站点、专业和社会快递人员、自取设施等创新方式，最后一公里生态圈将不断突破，不断完善。

从个人到群体，从劳动力到智能化，从粗糙到精细，从无知到预知，从内到外，从个体到整体，从一个或多个中心再到去中心，从单一企业到平台化……未来的战略版图在我们面前悄然展开，等待我们去实现。

这是一个技术的时代，是一个跳跃式革命性发展的时代，是一个用户为王的时代！电商物流必将在这个过程中，依托技术和数据的创新，依托国家良好的宏观经营环境，迎来革命性的发展！电商物流的春天即将到来！